SEM CLIMA PARA O *Amor*

ROMANCE

RACHEL
GIBSON

SEM CLIMA PARA O *Amor*

ROMANCE

Jardim dos Livros

Título original: I´m in no mood for love

Editor: **Claudio Varela**

Diretor executivo: **Ado Varela**

Projeto gráfico: **Vanderlucio Vieira**

Revisão: **Maria de Queiroz (Tucha)**

Tradução: **Giorgio Cappelli**

CIP-BRASIL. CATALOGAÇÃO-NA-FONTE
SINDICATO NACIONAL DOS EDITORES DE LIVROS, RJ

G383s

Gibson, Rachel
Sem clima para o amor / Rachel Gibson ; tradução Giorgio Cappelli. – São Paulo : Jardim dos Livros, 2008.
il. ;

Tradução de: I´m in no mood for love
ISBN 978-85-60018-03-1

1. Romance americano. I. Cappelli, Giorgio. II. Título.

08-2882 CDD: 813
CDU: 821.111(73)-3

11.07.08 14.07.08 007619

JARDIM DOS LIVROS

Administração e Vendas
Rua Pedra Bonita, 870
CEP 30.430-390 - Belo Horizonte- MG
Telefax. (31)3379-0620
Email: leitura@editoraleitura.com.br
www.editoraleitura.com.br

Editorial
Rua Major Quedinho, 111 - 20º andar
CEP 01050-030 - São Paulo - SP
Tel. (11) 3256-4444 - Fax (11) 3257-6373
Email: editorial@jardimdoslivros.com.br
www.jardimdoslivros.com.br

Impresso no Brasil
Belo Horizonte – 1ª edição – outubro / 2008

— Não acredito que tenha dormido com você — lamentou-se Clare.

Sebastian deu uma risadinha.

— Ontem à noite você me agradeceu.

— Ontem à noite eu estava bêbada. Se não estivesse, jamais transaria com você. Você se aproveitou de mim.

— É o que você acha?

— Óbvio que sim.

— Você não reclamou.

— Não me lembro!

— Isso é mesmo constrangedor. Você me disse que tinha sido a melhor transa da sua vida.

Ele sorriu e deixou a toalha cair.

Aos meus fiéis leitores,
que me encorajaram desde a
publicação do meu primeiro livro.
Este romance é para todos vocês.

Agradecimentos

Agradeço àqueles que gastaram seu tempo para responder às minhas perguntas enquanto eu escrevia este livro. Adam Pittluk, professor de jornalismo na Universidade de Arlington, Texas, e repórter da revista *Time*. Gerri Hershei, editor colaborador das revistas *Vanity Fair*, *GQ* e *New York Times Magazine*. E um imenso "obrigada" a Claudia Cross, da Sterling Lord Literistic*, por ter ido além dos limites da obrigação e me fornecido nomes e contatos.

* N.T.: Uma empresa de agenciamento de autores.

Um

Clare Wingate tinha vinte e um anos de idade a primeira vez em que se descobriu em uma cama que não era a dela, culpa de um mau término de namoro e de uma dose excessiva de vodka.[1] O grande amor de sua vida a havia trocado por uma estudante de arte loira e dona de um par de seios impressionante. Clare passara a noite numa casa noturna, o tempo todo consolando seu coração partido no bar.

Na manhã seguinte, acordava em uma cama cheirando a óleo de patchuli, dando de cara com um pôster de Bob Marley. Ao lado, um sujeito roncava, abafando o latejar de sua cabeça. Não sabia onde estava, tampouco o nome do ressonante rapaz. Não ficou por ali o suficiente para perguntar.

Em vez disso, agarrou as roupas e saiu em disparada. No carro, ao voltar para casa sob a luz cruel da manhã, dizia a si própria que, na vida, havia coisas piores do que sexo aleatório. Coisas ruins, como uma bomba no trabalho

[1] N.T. : No original, *Jell-O shooters*, uma bebida à base de água, vodka e pó de gelatina.

de conclusão de faculdade ou ser pega de surpresa em um prédio em chamas. Verdade, aquilo era ruim. Além do mais, esse lance de uma só noite não era para ela. Tinha deixado uma sensação de náusea e desconforto. Na ocasião em que chegara a seu apartamento, porém, considerou a coisa toda como uma experiência de aprendizado. Algo que muitas jovens fazem. Algo que serviu de lição, algo que era bom guardar para o futuro. Algo que ela jurou que nunca mais aconteceria outra vez.

Clare não tinha sido educada para correr atrás de um copo de bebida e de um corpo quente para sentir-se melhor. Não. Havia sido criada para reprimir seus impulsos e conter os sentimentos por trás de uma fachada perfeita de sorrisos calorosos, palavras gentis e uma educação impecável. Sua família, os Windgates, não costumava beber em excesso, falar alto ou usar sapatos brancos à véspera do Memorial Day.[2] Nunca. Não demonstravam os sentimentos e, sem sombra de dúvida, não iam para a cama com estranhos.

Apesar dessa educação com restrições, Clare nascera uma romântica. No fundo de sua alma acreditava em amor à primeira vista e em atração instantânea, além de ter o péssimo costume de mergulhar em relacionamentos antes de ver onde estava se metendo. Parecia destinada a repetidos sofrimentos, rompimentos dolorosos e, às vezes, a casos rápidos quando ficava bêbada.

Felizmente para ela, antes de completar trinta anos Clare aprendera a se conter, de acordo com a criação recebida. Como recompensa, aos trinta e um o destino a abençoou e

[2] N.T. : Um feriado dos EUA em homenagem a todos os que morreram em guerras.

ela encontrou Lonny, o grande amor da sua vida. O homem que conhecera em uma exposição de Degas e que a deixara maravilhada. Era bonito e romântico, bem diferente dos insensíveis que havia namorado antes. Ele se lembrava de aniversários e ocasiões especiais, além de ser maravilhoso, tratando-se de arranjos florais. A mãe de Clare o adorava, porque ele sabia como usar um apanhador de tomates. Clare o amava porque ele se mostrava compreensivo em relação ao trabalho dela, deixando-a em paz quando ela tinha um prazo a cumprir.

Após um ano de namoro, Lonny mudou-se para a casa de Clare, e ambos passaram o ano seguinte em sintonia total. Ele adorava a mobília antiga da casa dela e era apaixonado por tecelagem. Nunca haviam brigado, sequer discutido. Não havia dramas emocionais com Lonny, e, quando ele a pedira em casamento, ela disse sim.

Sem dúvida Lonny era o homem perfeito. Bem... a não ser pelo impulso sexual. Às vezes ele ficava meses sem querer transar, mas, para dizer a verdade, dizia a si mesma, nem todos os homens são animais no cio.

Ou assim ela acreditava, até o instante em que voltou para casa às pressas, sem avisar, no dia do casamento da amiga Lucy, e encontrou-o em flagrante delito com o rapaz da assistência técnica da Sears. Clare precisou de um bom tempo para assimilar, estarrecida, o que estava acontecendo no chão de seu *closet*. Ficara paralisada, com o colar de pérolas de sua avó nas mãos, chocada demais para se mexer, enquanto o homem que consertara sua máquina de lavar na véspera cavalgava seu noivo como um cowboy. Nada daquilo parecia real até que os olhos castanhos e chocados de Lonny, em um relance, encontraram os dela.

— Achei que você estivesse doente — disse ela, aparvalhada. Em seguida, sem proferir palavra, apanhou a bainha do tule de seda de seu vestido de madrinha e saiu correndo de casa. Enquanto guiava até a igreja, via tudo borrado, e foi obrigada a passar o resto do dia sorrindo com uma saia balonê cor-de-rosa, como se sua vida não tivesse saído dos trilhos e se lançado em um precipício.

À medida que Lucy prometia amar, honrar e respeitar seu noivo, Clare sentia seu coração apertar-se lentamente. Na entrada da igreja, sorria, enquanto se despedaçava por dentro, até que se sentiu vazia, oca, a não ser pela dor que lhe apertava o peito. Na recepção do casamento, suspendeu os cantos da boca enquanto erguia uma taça pela felicidade da amiga. Achava-se na obrigação de brindar de forma adequada, e assim o fez. Preferia morrer a estragar o dia de Lucy com seus próprios problemas. Bastava lembrar-se de que não podia ficar embriagada. Disse a si mesma que um único copo de champanha não faria mal. Afinal de contas, não era como voltar às doses de uísque.

Que pena não ter dado ouvidos a si mesma.

Antes de ter aberto os olhos na manhã seguinte ao casamento de Lucy, uma sensação de *déjà vu* aproximou-se furtivamente de sua mente, enquanto a cabeça latejava. Clare não sentia aquilo há anos. Esfregando as pálpebras, espiou, pela abertura das cortinas pesadas, a luz matinal que se derramava no cobertor dourado e marrom pesando sobre si. O pânico estreitou-lhe a garganta; rapidamente sentou-se, o pulsar do coração ecoando-lhe nos ouvidos. O cobertor deslizou por seus seios nus e caiu-lhe sobre as coxas.

Em meio às sombras mais claras do quarto, seus olhos correram pela imensa cama, pela escrivaninha de hotel e pelos abajures de parede. No rack enorme à sua frente, um noticiário matinal de domingo passava na TV. O som era tão baixo que ela mal podia escutar. Ninguém ocupava o travesseiro ao lado, mas o relógio de pulso prateado e enorme no criado-mudo e o som de água correndo, vindo da porta fechada do banheiro, revelavam-lhe que não estava sozinha.

Empurrou o cobertor para o lado e praticamente pulou da cama. Para sua decepção, não estava trajando nada desde o dia anterior, além de uma borrifada de perfume e uma tanguinha cor-de-rosa. Apanhou o bustiê da mesma cor a seus pés e olhou de relance, em busca de seu vestido. Estava jogado por cima de um sofá pequeno, juntamente com um par de calças desbotadas.

Não havia mais dúvidas. Fizera aquilo outra vez e, como naqueles poucos anos atrás, não se lembrava de detalhes importantes após um certo período das primeiras horas da noite.

Recordava-se do casamento de Lucy na Catedral de St. John e da recepção que se seguiu, no Hotel Double Tree. Lembrava-se de ter acabado com a champanha antes da primeira rodada de brindes, que a obrigaram a encher a taça várias vezes. Recordava-se de ter trocado seu copo de champanha por uma antiquada dose de gim tônica.

Depois disso, as coisas ficaram um pouco incompletas. Em meio a uma névoa de embriaguez, lembrou-se de ter dançado na recepção, e uma vaga e constrangedora recordação de ter cantado *Fat Bottomed Girls*. Em algum lugar. Cenas rápidas de suas amigas Maddie e Adele alugando um quarto de hotel para ela, a fim de que pudesse dormir antes de voltar para casa e enfrentar Lonny. O minibar do hotel. Teria se sentado no bar lá embaixo? Talvez. E mais nada.

Enquanto andava pelo quarto em direção ao sofá, Clare ajeitou o bustiê em volta do abdome e lutou para apertar as presilhas entre os seios. No meio do caminho, tropeçou em uma sandália de cetim cor-de-rosa. A única lembrança clara e cristalina de sua cabeça era a de Lonny com o técnico.

Seu coração ficou apertado. Ela, porém, não tinha tempo para lutar contra a dor e o total assombro do que presenciara. Iria se haver com Lonny, mas antes precisava deixar aquele quarto de hotel.

Com o corselete parcialmente preso entre os seios, apanhou as plumas rosadas de seu vestido de madrinha. Jogou-o por sobre a cabeça e enfrentou quilômetros de tule que torceu, girou, combateu e ajeitou, até que ele ficou ao redor de sua cintura. Sem fôlego, meteu os braços através das alças e buscou o zíper e os botõezinhos nas costas do vestido.

A água parou de correr. Clare voltou sua atenção para a porta fechada do banheiro. Agarrou a bolsa de mão e, em um meio ao farfalhar de tule e cetim, disparou pelo recinto. Segurou a frente de seu vestido com uma das mãos e apanhou os sapatos com a outra. Havia coisas piores do que acordar em um quarto de hotel estranho, disse a si mesma. Assim que chegasse em casa, também pensaria nesse algo pior.

— Já vai tão cedo, Clarita? — disse uma voz rouca masculina a poucos metros dela.

Clare parou bruscamente diante da porta fechada. Ninguém, além de sua mãe, a chamava de Clarita. Deu um giro rápido com a cabeça ao redor do quarto. A bolsa e um dos sapatos caíram no chão num baque abafado. A tira de seu vestido deslizou-lhe nos braços. O olhar se voltou ligeiro para uma toalha enrolada na parte mais baixa do abdomen bem trabalhado. Uma gota d'água deslizava pela linha de cabelos escuros daquele abdome bronzeado, e Clare ergueu a vista para os músculos do peito definidos, cobertos por uma pele morena e firme, de pequenos contornos molhados. Uma segunda toalha rodeava o pescoço do rapaz, e ela continuava percorrendo-lhe os olhos pelo pescoço, pelo queixo coberto por uma barba de um dia até um par de lábios erguidos em um sorriso travesso. Engoliu em seco. Em seguida, olhou naqueles olhos verde-escuros, rodeados por cílios grossos. Conhecia aqueles olhos.

Ele colocou um ombro contra o batente da porta do sanitário e cruzou os braços sobre o peito largo.

— Bom dia.

Diferente da última vez que ouviu, a voz de garoto se tornara a voz grave de um homem. Não via aquele sorriso há mais de vinte anos, mas também o reconheceu. O mesmo sorriso que a chamava para brincarem de War, de Médico ou de Jogo da Verdade. Em geral, ela terminava esses jogos perdendo alguma coisa. O dinheiro. A dignidade. As roupas. Às vezes, todas as opções.

Não que ele precisasse usar tanta lábia. Ela sempre se desmanchava por aquele sorriso e pelo dono. Clare, porém, não era mais uma garotinha solitária, sensível a meninos de fala mansa com sorrisos travessos, que brotavam em sua vida a cada verão e derretiam-lhe o coraçãozinho.

— Sebastian Vaughan.

O sorriso enrugou-lhe os cantos dos olhos.

— Você cresceu desde a última vez que a vi sem roupas.

A mão agarrou depressa a parte da frente do vestido dela. Clare voltou-se e comprimiu as costas contra a porta. A madeira fria tocou-lhe a pele bem no zíper aberto. Ela jogou para trás da orelha um tufo de cabelos escuros e tentou sorrir. Precisava escavar muito fundo aquela porção de si mesma que havia sido duramente trabalhada com boas maneiras. Naquela porção que levava presentes a festas e enviava bilhetes de agradecimento no instante em que chegava em casa. A porção que tinha uma palavra gentil — se não de estima — para todos.

— Como vai?

— Bem.

— Sensacional — lambeu os lábios secos. — Acho que você, finalmente, veio visitar seu pai.

Ele se afastou do batente da porta e apanhou uma das pontas da toalha ao redor do pescoço.

— Falamos disso a noite passada — disse, e enxugou a cabeça. Quando garoto, seu cabelo era loiro como o sol. Agora estava mais escuro.

Era óbvio que haviam falado algumas coisas de que ela não conseguia se lembrar. Coisas das quais nem queria pensar a respeito.

— Soube da sua mãe. Sinto muito pela perda.

— Também falamos sobre isso. — Deixou a mão cair sobre o quadril dela.

Ah...

— O que fez você vir à cidade?

A última coisa que tinha ouvido sobre Sebastian é que havia se juntado aos fuzileiros navais no Iraque, no Afeganistão, ou Deus sabe onde. A última vez que o vira ele estava com onze ou doze anos.

— *Idem* — as sobrancelhas dele baixaram, e ele a observava mais de perto. — Você não lembra da noite passada, não é?

Clare encolheu os ombros nus.

— Que você era manguaceira eu já sabia, mas não pensei que tinha ido tão longe a ponto de não se lembrar de nada.

Era bem do feitio dele salientar aquelas coisas. Obviamente ele não tinha desenvolvido boas maneiras junto com os músculos.

— Nunca entendi mesmo esse termo, mas tenho certeza de que nunca fui "manguaceira".

— Você sempre levou tudo ao pé da letra. Significa que você bebeu até cair. E, sim, você era.

O sorriso de Clare transformou-se em um olhar carrancudo, que ela nem ao menos tentou impedir.

— Tive meus motivos.

— Você me contou.

Ela esperava não ter mencionado tudo.

— Dê uma volta.

— Quê?

Sebastian fez o gesto de virar-se com um dedo.

— Dê uma voltinha, para eu poder fechar seu zíper.

— Por quê?

— Dois motivos. Se meu pai descobrisse que deixei você sair correndo com o vestido quase aberto, ia me matar. E se a gente vai ter uma conversa, é melhor eu não ficar aqui imaginando se essa coisa não vai deslizar totalmente pelo seu corpo.

Durante vários instantes, ela o encarou. Será que queria a ajuda dele? Talvez fosse melhor sair às pressas daquele quarto, com o vestido aberto nas costas. Mais uma vez ela não queria ficar para conversar com Sebastian Vaughan.

— Se é que você não percebeu, eu só estou de toalha. Daqui a dois segundos vai ficar óbvio que eu estou esperando vê-la nua — lhe sorriu, mostrando uma fileira de dentes brancos e perfeitos. — De novo.

As faces de Clare incendiaram-se tão logo entendeu o que ele queria dizer com aquilo, e em um sussurrar de cetim e tule virou-se de frente para a porta. Estava na ponta da língua perguntar-lhe exatamente o que tinham feito a noite passada. Ela, no entanto, não queria os detalhes. Imaginava também o que teria contado acerca de Lonny, mas concluiu que não desejava saber nem aquilo.

— Acho que bebi mais do que pretendia.

— Você tinha todo o direito de encher a cara. Achar o noivo de quatro feito um cavalo xucro faria qualquer um querer beber. — As pontas dos dedos dele roçaram-lhe a espinha de leve, conforme ele alcançava o zíper. Sebastian riu e disse: — Afinal de contas, acho que o cara da assistência técnica não é mais um sujeito solitário na cidade.

— Não tem graça.

— Talvez não — colocou o cabelo dela para um lado e lentamente puxou o zíper para cima. — Mas você não deveria levar isso tão a sério.

Clare pressionou a testa contra a porta de madeira. Isso não estava acontecendo.

— A culpa não é sua, Clare — acrescentou, como se fosse consolá-la. — É que você não tem o equipamento adequado.

Sim, havia coisas piores do que acordar em um quarto de hotel com um estranho. Uma delas era apanhar o grande amor da sua vida com um homem. A outra era fechar o zíper de seu vestido. Fungou e mordeu o lábio inferior para não chorar.

Sebastian largou-lhe os cabelos e apertou as duas presilhas no alto do zíper.

— Não vai chorar, não é?

Ela negou, balançando a cabeça. Não demonstrava publicamente emoções exageradas, ou pelo menos tentava. Mais tarde, depois que tivesse encarado Lonny e ficasse a sós, iria desabar. No entanto, pensava, se alguma vez teve uma desculpa para chorar ela aquela. Havia perdido o noivo e dormira com Sebastian Vaughan. Tirando alguma doença que corroesse a carne, não achava que sua vida pudesse ficar pior do que naquele instante.

— Não acredito que dormi com você — disse, num gemido. Se a cabeça tivesse parado de latejar, bateria a testa na porta.

Sebastian deixou as mãos caírem para os lados.

— Ninguém chegou a dormir exatamente.

— Eu estava bêbada. Se não estivesse, jamais transaria com você — olhou-o por cima do ombro. — Você se aproveitou de mim.

O sorriso dele estreitou-se.

— É o que você acha?

— Óbvio que sim.

— Você não reclamou — disse, encolhendo os ombros e caminhando até o sofá.

— Não me lembro!

— Isso é mesmo constrangedor. Você me disse que tinha sido a melhor transa da sua vida — sorriu e deixou a toalha cair. — Estava insaciável.

Sem dúvida ele não tinha abandonado o hábito das piadinhas inconvenientes, e ela manteve o olhar imóvel no pássaro pintado na parede atrás de sua cabeça.

Sebastian voltou-lhe as costas e pegou os jeans.

— Chegou um instante em que você gritava tanto que achei que a segurança do hotel arrombaria a porta.

Clare nunca fora de gritar enquanto transava. Nunca. Sabia, no entanto, que não se achava em condição de retrucar. Poderia ter berrado igual a uma atriz pornô e nem se lembraria.

— Já estive com mulheres agressivas — balançou a cabeça. — Quem poderia imaginar que a Clarita se tornaria uma selvagem na cama?

Ela nunca havia sido uma selvagem na cama. Claro que escrevia a respeito de sexo selvagem e ardente, mas na verdade nunca perdera o controle na medida certa para isso. Havia tentado umas poucas vezes, mas era muito tímida para gritar, gemer e...

Perdera a batalha, e seu olhar fixo deslizou até a parte mais plana das costas dele, bem na linha da espinha, à medida que ele puxava sua calça por cima do traseiro nu.

— Preciso sair daqui — resmungou ela, e curvou-se para recobrar a bolsa caída no chão.

— Precisa de uma carona até sua casa? — perguntou ele, disposto a realizar a tarefa.

Casa. Seu coração apertou e a cabeça latejou enquanto endireitava o corpo. O que tinha presenciado em casa era um pesadelo ainda maior do que aquele parado à sua frente. Com o abdome bem trabalhado e um bumbum lindo.

— Não, obrigada. Você já me ajudou bastante.

Ele se voltou, as mãos paradas sobre os botões da braguilha.

— Tem certeza? Estamos livres de fazer o *check-out* até o meio-dia — um dos cantos de sua boca se ergueu e seu sorriso travesso estava de volta — Quer criar algumas lembranças que *não vão ser esquecidas*?

Clare abriu a porta atrás de si.

— Sem chance — disse, e saiu do quarto. Andou uns dez passos até que o ouvi chamá-la.

— Ei, Cinderela!

Voltou o olhar por cima do ombro, enquanto ele apanhava e lançava-lhe uma sandália rosa:

— Não esqueça os chinelos!

Clare apanhou o sapato com uma das mãos e caminhou apressada pelo *hall*, sem olhar para trás. Desceu as escadas correndo e atravessou o salão em disparada, com medo de esbarrar em convidados do casamento de fora da cidade ali no hotel. Como explicar o modo como estava vestida para os tios-avós de Lucy?

As portas do hotel escancararam-se e, com o cruel sol matinal a apunhalar-lhe os olhos, Clare caminhou descalça pelo estacionamento e agradeceu a Deus que seu carro estivesse exatamente onde ela se lembrava de tê-lo deixado no dia anterior. Ergueu o vestido, enfiou-se no carro e ligou o motor. Ao engatar a ré, um vislumbre no espelho retrovisor a fez engasgar assim que viu os olhos borrados e inchados, o cabelo despenteado e a palidez do rosto. Parecia a morte. Um bicho atropelado na estrada. Já Sebastian a admirara como um modelo saído de um *outdoor*.

Enquanto Clare dava ré para sair de sua vaga no estacionamento, procurava os óculos escuros no console. Se deitasse os olhos de novo em Sebastian, pensou, seria muito em breve. Concluiu que a carona que lhe oferecera havia sido bem gentil; no entanto, como era do feitio dele, Sebastian estragou tudo sugerindo criar lembranças inesquecíveis. Engatando a marcha, cobriu os olhos com seus óculos dourados.

Deduziu que Sebastian estaria com o pai, como fazia quando garoto e sua mãe costumava enviá-lo de Idaho a Seattle, para as férias de verão. Como não estava nos planos de Clare visitar a própria mãe tão cedo, sabia que não haveria risco de reencontrar Sebastian.

Saiu do estacionamento e dirigiu-se para Chinden Boulevard, rumo à Americana.

O pai de Sebastian, Leonard Vaughan, trabalhara para sua família durante quase trinta anos. Até onde Clare se lembrava, Leo tinha morado na casa dos fundos[3], transformada em moradia comum na propriedade de sua mãe, na avenida Warm Springs. A casa principal havia sido erguida em 1890 e tinha registro na Sociedade Histórica de Idaho. A casa dos fundos ficava atrás da propriedade, meio escondida por velhos salgueiros e arbustos floridos.

Clare não se lembrava se a mãe de Sebastian havia morado na casa dos fundos com Leo, mas achava que não. Parecia que Leo sempre havia morado ali sozinho, administrando a casa e a área, e fazendo as vezes de motorista de quando em quando.

As luzes do semáforo estendia-se por Americana, ligando os parques Ann Morrison e Katherine Albertson, e ficavam verdes conforme Clare ia passando. Não visitava a casa da mãe há mais de dois meses. Não desde a manhã

[3] N. T. : *Casa dos fundos* é como se chamava o espaço no qual eram deixadas as carruagens, por volta do século XVII. Atualmente, esse tipo de imóvel só é encontrado em áreas mais antigas nos EUA, embora não tenham mais a utilidade original.

em que Joyce Wingate contara a um batalhão de amigas da Comunidade de Voluntárias, local onde Clare escrevia romances só para contrariá-la. Clare sempre soubera o que sua mãe achava dessa história de escrever, mas Joyce se mantinha ignorando-lhe a profissão, fingindo que ela, em vez disso, escrevia "livros para mulheres", até o exato dia em que Clare saíra no jornal *Idaho Statesman*, e esse segredo da família Wingates havia deixado de ser secreto, esparramado pela seção de celebridades. Clare Wingate escrevia romances históricos sob o pseudônimo de Alicia Grey, formada pela Universidade Estadual de Boise[4] e Bennington. Não só escrevia; fazia sucesso e não tinha intenção de parar.

Clare já criava histórias desde que tinha idade para juntar palavras. Histórias sobre um cão imaginário chamado Chip, ou da bruxa que sempre acreditou morar no sótão do vizinho. Não demorou muito, a índole naturalmente romântica de Clare e seu amor pela literatura fundiram-se, e Chip encontrou uma namorada, uma poodle chamada Suzie, e a bruxa do sótão casou-se com um mago que parecia muito com Billy Idol no clipe *White Wedding*.

Quatro anos atrás, seus primeiros romances históricos tinham sido publicados, e sua mãe ainda precisava se recuperar do choque e do constrangimento. Até ter saído o artigo no jornal, Joyce conseguia fingir que a escolha profissional de Clare era uma fase passageira e que, tão logo superasse seu fascínio por "romances baratos", passaria a escrever "livros de verdade".

[4] N.T.: Boise é a capital do Estado de Idaho, EUA.

A literatura tinha um lugar de honra na biblioteca dos Wingates.

No porta-copos entre os bancos de seu automóvel, o telefone de Clare tocou. Apanhou-o, viu que a ligação era de Maddie e o devolveu ao lugar onde se achava. Embora soubesse que a amiga talvez estivesse apreensiva, não estava a fim de conversar. Suas três melhores amigas, sem dúvida, eram as três melhores mulheres que se podia ter por perto. Iria falar com elas mais tarde, não naquela hora.

Não sabia o quanto Maddie sabia a respeito da noite passada, mas Maddie escrevia sobre crimes reais e talvez colocasse algum tipo de reviravolta envolvendo um assassino psicopata onde quer que fosse. Adelle tinha o mesmo nível de boas intenções. Seu tema literário era a fantasia, e ela costumava animar os outros relacionando histórias bizarras de sua vida pessoal, e Clare não queria, naquele momento, ficar animada. Havia também Lucy, que acabara de se casar. Os direitos de sua obra de mistério mais recente haviam sido adquiridos por uma renomada produtora de cinema. E Clare sabia que a última coisa de que Lucy precisava era que seus próprios problemas rlhe oubassem um mínimo de felicidade.

Virou rapidamente para Crescent Rim Drive e continuou pelas casas que se erguiam acima dos parques e das cidades abaixo. Quanto mais seu carro se aproximava da casa que dividia com Lonny, mais seu estômago revirava. Enquanto colocava o carro na garagem particular da residência azul e branca em estilo vitoriano onde morava fazia cinco anos, seus olhos ardiam com a emoção dolorosa que não conseguia mais reter.

Mesmo sabendo que tudo estava terminado entre ela e Lonny, ela o amava. Pela segunda vez naquela manhã, a sensação de *déjà vu* apertou-lhe a parte de trás do crânio e fixou-se no alto de seu peito.

Mais uma vez havia se apaixonado pelo homem errado. Mais uma vez entregara seu coração a um homem que não poderia amá-la na mesma medida. E, como todas as outras ocasiões no passado, procurava um estranho enquanto tudo desmoronava. Embora imaginasse que, teoricamente, Sebastian não era um estranho, não importava. Na verdade, só piorava o que ela havia feito.

Mais uma vez, tornara-se autodestrutiva e terminava decepcionando a si mesma.

Dois

Sebastian Vaughan puxou sua camiseta branca por cima da cabeça e enfiou-a dentro dos jeans. Muito barulho por causa de uma boa ação, pensou, enquanto apanhava seu Blackberry[5] no sofá. Bateu os olhos na telinha e viu que tinha sete e-mails e duas chamadas perdidas. Colocou o aparelho no bolso de trás da calça, imaginando que iria cuidar delas depois.

Deveria ter pensado melhor antes de ajudar Clare Wingate. A última vez que fizera isso tinha se ferrado com todas as letras.

Caminhou até o criado-mudo, agarrou seu relógio e observou, no fundo escuro do mostrador, a bússola, os marcadores de quilometragem e outros componentes. Precisava ainda acertar o relógio de pulso de aço inoxidável de acordo com o fuso horário. Assim, puxou o pino lateral. À medida que movia os ponteiros adiantando uma hora,

[5] N.T.: O Blackberry é um aparelho eletrônico utilizado por executivos e empresários . Tem tecnologia móvel, correio eletrônico, Internet e telefone celular.

pensou na última vez em que vira Clare. Deveria ter mais ou menos dez anos e o acompanhara até um lago não muito longe da casa dos fundos onde seu pai morava. Ele havia apanhado uma rede para caçar sapos e girinos, e ela ficara na margem abaixo de um imenso algodoeiro. Sebastian cruzava pela água com dificuldade, passando a se ocupar da tarefa.

— Eu sei de onde vêm os bebês — revelara ela, observando-o através de óculos de lentes grossas, que ampliavam lhe os olhos azuis claros. Como sempre, o cabelo escuro dela havia sido disposto em trancinhas apertadas atrás da cabeça. — O papai beija a mamãe e o bebê vai parar no estômago dela.

Já havia sobrevivido a dois padrastos, além dos namorados da mãe. Sabia exatamente de onde vinham os bebês.

— Quem lhe contou isso?

— Minha mãe.

— É a coisa mais idiota que já ouvi — explicou, e começou a revelar a Clare o que sabia. Disse, em termos técnicos, como o esperma e o óvulo se uniam no corpo da mulher.

Por trás dos óculos, os olhos de Clare haviam se enchido de terror.

— Não é verdade!

— É sim — em seguida, acrescentou suas próprias opiniões. — O sexo é barulhento, e os homens e as mulheres fazem bastante.

— Claro que não!

— Claro que sim! Fazem o tempo todo. Mesmo quando não querem ter bebês.

— Por quê?

Ele encolheu os ombros e aprisionou alguns girinos na rede.

— Acho que deve ser bom.

— Que nojo!

No ano passado, ele também tinha achado aquilo bastante nojento. Assim que fez doze anos, porém, um mês atrás, começara a mudar de opinião sobre sexo. Com mais curiosidade do que repulsa.

Recordou-se de que quando a senhora Wingate tinha descoberto suas conversas sobre sexo com Clare, foi como jogar merda no ventilador. Fizeram as malas dele e o enviaram de volta a Washington mais cedo. A mãe de Sebastian ficara tão furiosa pela forma como o trataram que se recusou a mandá-lo a Idaho outras vezes. A partir de então, o pai foi obrigado a visitá-lo, qualquer que fosse a cidade em que Sebastian estivesse morando. Entretanto, o relacionamento entre seu pai e sua mãe degenerou para um estado de rancor total e absoluto, e houve anos de sua vida em que o pai se ausentara. Vazios imensos nos quais eles nem se viam.

Se tivesse de descrever o relacionamento com seu pai nessa época, teria dito que se tratava de algo quase inexistente. Houve um tempo em sua vida em que culpou Clare pela situação.

Sebastian recolocou o pino do relógio no pulso com um estalo e olhou ao redor, buscando a carteira. Avistou-a no chão e se curvou para apanhá-la. Deveria ter deixado Clare em um balcão de bar a noite passada, disse a si mesmo. Estava sentada a três bancos de distância, e se não o tivesse escutado sem querer dizendo seu nome ao *barman*, não a teria reconhecido. Quando garoto, sempre a achou parecida com um desenho animado, com olhos e boca grandes. Mesmo que na noite passada ela não usasse óculos de lentes grossas, assim que olhou aqueles olhos azul claros e vislumbrou os lábios carnudos e o cabelo escuro percebeu que era ela. As cores clara e escura que, em uma criança eram contraditórias e um pouco esquisitas, tornavam-na uma mulher fascinante. Os lábios grossos demais em uma criança levavam-no agora a se perguntar o que ela teria aprendido a fazer com aquela boca quando adulta. Tornara-se uma bela mulher. No instante em que a havia reconhecido, porém, deveria tê-la abandonado, chorosa e infeliz. Que fosse amolar outro com seus problemas. Dane-se. Ele não precisava daquela dor de cabeça.

— Só uma vez, tente fazer a coisa certa — resmungava enquanto enfiava a carteira no bolso de trás. Acompanhou-a até um quarto do hotel, para ter certeza de que ela chegaria lá, e ela o convidou a entrar. Ficou enquanto ela se lamentava mais um pouco, e quando perdesse a consciência, Sebastian a colocaria na cama. Como uma porra de um santo, pensou. Foi aí que cometeu um erro tático.

Por volta da uma e meia da manhã, quando puxou o lençol que cobria Clare, percebeu que tinha tomado algumas cervejas Dos Equis e *sangritas*[6] a mais do minibar. Em vez de arriscar ir preso por dirigir embriagado, decidiu ficar por ali e ver TV até ficar sóbrio. No passado, tinha dividido uma caverna com líderes guerrilheiros e um tanque de guerra cheio de fuzileiros navais. Tinha caçado histórias infindáveis e sido perseguido por todo o deserto do Arizona por polígamos enfurecidos. Conseguiria lidar com uma garota bêbada, desmaiada, totalmente vestida e cheirando a gim. Não havia problema algum. Não mesmo.

[6] N.T.: Bebida à base de suco de tomate, pimenta, tabasco, limão, laranja e tequila.

Chutou longe os sapatos, escorou-se nos travesseiros e alcançou o controle remoto. Ultimamente não dormia, e estaria bem desperto quando ela acordasse e começasse a brigar com o vestido. Admirá-la era infinitamente mais divertido do que assistir à maratona *As Supergatas* na televisão, e apreciaria o programa enquanto Clare se despia até não ter mais nada além de uma tanguinha cor-de-rosa e um adesivo anticoncepcional bege. Quem teria imaginado que a garota dos óculos de lentes grossas e trancinhas apertadas até o limite teria crescido e ficado tão bem em uma calcinha de dançarina de *strip-tease*?

Caminhou pelo quarto e sentou-se no sofá. Seus sapatos jaziam no chão, e ele colocou os pés sem desamarrar os cadarços. A última coisa de que se lembrava era de ter olhado o relógio: cinco e quinze. Deve ter adormecido em algum lugar entre a quarta temporada de *As Supergatas* e acordado poucas horas depois, com a bundinha nua de Clare pressionando-lhe os botões da braguilha, as costas dela apertando-lhe o peito e suas mãos nos seios nus dela, como se fossem amantes.

Teria despertado com enorme dificuldade, pronto para partir. Será que a teria violentado? Se aproveitado dela? Não, caramba! Clare tinha um corpão e uma boca feitos especialmente para pecar, mas ele não tinha encostado a mão nela. A não ser nos seios, só que não foi culpa dele. Tinha dormido e tido sonhos eróticos. No entanto, assim que se levantou, não tocara nela. Em vez disso, tinha se lançado ao chuveiro e deixado a água fria acalmá-lo. E aonde isso o levara? De qualquer forma, tinha sido acusado de ter transado com ela. Poderia ter trepado com ela de todas as formas até domingo. Mas não fez. Não era esse tipo de cara.

Nunca tinha sido; nem se uma mulher implorasse. Preferia ter suas mulheres em estado racional, e ficava puto da vida de ter sido acusado de se aproveitar dela. Também a deixou imaginar aquilo. Poderia ter esclarecido tudo, mas armou uma mentira completa só para fazê-la se sentir pior. E não se arrependera daquilo. Nem um tantinho.

Sebastian deteve-se e observou o quarto ao redor uma última vez. Olhou rapidamente a cama enorme e as cobertas amarrotadas. Na luz do sol que se derramava, pequenas faíscas azuis e vermelhas chamaram-lhe a atenção. Dirigiu-se até a cama e apanhou um anel ornado com diamantes no meio do travesseiro de Clare. Uns dois quilates, no mínimo, cintilavam na palma de sua mão. Por um instante, imaginou se aquele diamante era verdadeiro. Em seguida deu uma risada sem graça e colocou-o no bolso menor de seus jeans. Claro que era verdadeiro. Clare Wingate não era daquelas que usava imitações. Deus fazia idéia de com quantas mulheres ricas ele tinha saído em sua vida para saber que preferiam cortar o pescoço a usar bijuterias falsas.

Desligou a televisão, deixou o recinto e caminhou para fora do hotel. Não sabia o quanto iria permanecer em Boise. Que saco! Nem sequer tinha planejado visitar o pai até o instante em que começara a fazer as malas. Num minuto, estava organizando suas anotações para uma matéria sobre terroristas nativos, na qual estava trabalhando para a revista *Newsweek*, e no outro estava em pé, procurando pela mala.

Seu carro achava-se estacionado próximo à entrada, onde o deixara na noite anterior. Entrou. Não sabia o que havia de errado consigo mesmo. Jamais tivera problemas para escrever uma história antes. Não naquela etapa. Não quando todas as anotações estavam em ordem e ele só precisava se empenhar ao máximo para acabar logo aquela porcaria. Entretanto, todas as vezes que tentava, terminava redigindo um monte de merda e pressionando a tecla *delete*. Pela primeira vez na vida teve medo de estourar o prazo.

Um par de óculos repousavam sobre o *dash*.[7] Apanhou-os. Estava cansado, só isso. Estava com trinta e cinco anos e bastante cansado. Cobriu os olhos com os óculos escuros e ligou o veículo. Ficaria na capital durante dois dias, tendo pilotado sem parar desde Seattle. Se pudesse ao menos dormir direito — um bom sono de seis horas daria conta do recado —, mas, mesmo enquanto dizia a si próprio que era daquilo que precisava, sabia que era ridículo. Já havia funcionado com muito menos horas de sono, e sempre fizera seu trabalho. Fosse em tempestades de areia ou debaixo de chuva — uma vez, no sul do Iraque, com as duas intempéries juntas — e havia conseguido encerrar seu trabalho e cumprir o prazo.

Não era nem meio-dia enquanto deixava o estacionamento e a temperatura local estava em 25 °C. Ligou o ar-condicionado e apontou-o para o rosto. No mês anterior tinha passado por uma bateria completa de exames físicos. Testaram tudo, de gripe até HIV. Sua saúde se achava em perfeitas condições. Fisicamente, não havia nada de errado.

---

[7] N.T.: Sinônimo de BlueBerry.

Nem com a cabeça. Adorava o emprego. Tinha se empenhado ao máximo até chegar onde estava. Lutara cada centímetro e era um dos jornalistas mais bem-sucedidos do país. Não havia muitos sujeitos como ele por aí. Homens que haviam chegado no topo, não por causa de família, currículo ou graduação em faculdades de renome, mas pelo que tinham dentro de si. Sim, o talento e o amor pela profissão tinham uma parcela naquilo, mas a maior parte de sua conquista se fizera com muito empenho e suor e cem por cento de determinação que lhe corria nas veias. Fora acusado de arrogante, o que, imaginava, tinha muito de verdade. Entretanto, o que incomodava seus críticos era que a verdade o mantinha acordado.

Não. Havia outra coisa mantendo-o acordado. Algo que o atingira de surpresa. Havia estado em todos os lugares do mundo, sempre ficando muito impressionado com o que via. Tinha feito reportagens sobre coisas diversas, desde arte pré-histórica em cavernas de Bornéu oriental até incêndios furiosos no Colorado. Viajara pela Rota da Seda e ficara diante da Muralha da China. Era um privilegiado por ter conhecido tanto o comum quanto o extraordinário, e adorara cada minuto. Quando parou para examinar a vida, novamente havia se impressionado.

Claro que também havia passado por maus bocados. Havia se envolvido com o Primeiro Batalhão do Quinto Regimento dos Fuzileiros Navais, quando foi forçado a caminhar quase cinco mil quilômetros no Iraque, em direção a Bagdá. Participara de programas de treinamento para líderes militares e conhecia os sons de homens lutando e morrendo bem diante de si. Experimentara o gosto do medo e de cordite[8] na boca.

Conhecia o cheiro da fome e da violência, vira as chamas do fanatismo queimando nos olhos de homens-bomba e as esperanças de homens e mulheres corajosos determinados a defender a si mesmos e suas famílias. Pessoas desesperadas olhando para ele como se pudesse salvá-las, e a única coisa que podia fazer por elas era contar suas histórias. Escrever uma reportagem e chamar a atenção do mundo. Mas não era o bastante. Nunca era o bastante. Realmente se empenhava, mas ninguém estava nem aí. A menos que acontecesse com alguém próximo o que Sebastian divulgava.

Dois dias antes do 11 de Setembro, fizera uma matéria sobre o Talibã e a interpretação explícita das leis islâmicas do mulá Muhammad Omar. Escrevera sobre as execuções em praça pública e os açoitamentos de civis inocentes, enquanto as nações poderosas — as campeãs da democracia — permaneciam em seus trabalhos secundários, sem tomar nenhuma providência. Redigira um livro — *Fragmentados: vinte anos de guerra no Afeganistão* — sobre sua experiência e as conseqüências que isso teria num mundo, que olhava para o outro lado. Embora recebesse elogios da crítica, as vendas da obra foram modestas.

Tudo mudou em um dia ensolarado de setembro, quando terroristas seqüestraram quatro aviões comerciais, e de repente as pessoas voltaram suas atenções ao Afeganistão. Jogava-se uma luz sobre as atrocidades perpetradas pelo Talibã em nome do islamismo.

[8] N.T.: Cordite ou cordita: pólvora sem fumaça, à base de nitrocelulose.

Um ano depois do lançamento de seu livro, a obra alcançou o primeiro lugar na lista dos mais vendidos. De repente, Sebastian se tornava o garoto mais popular do colégio. Todos os meios de comunicação, do jornal *Boston Globe* ao programa *Good Morning, America*, desejavam uma entrevista. Algumas foram concedidas, mas a maioria, rejeitada. Ele não ligava para holofotes, política nem políticos. Era um eleitor que tendia a votar em todas as tendências partidárias. Preocupava-se mais em chamar a atenção para a verdade e expô-la para o mundo. Aquele era seu trabalho. Havia batalhado para chegar ao topo — às vezes à força —, e adorava.

Só que, ultimamente, não estava tendo resultados com tanta facilidade. Sua insônia o consumia tanto física quanto mentalmente. Podia sentir que tudo aquilo por que se empenhara tanto estava se escapando. O fogo interior diminuía. Quanto mais batalhava, mais esse fogo enfraquecia, e isso o deixava apavorado.

O trajeto até Double Tree, que para um cidadão local, teria levado quinze minutos, tomou-lhe uma hora. Fez uma curva errada e acabou indo parar ao pé das montanhas, até reconhecer a derrota e acionar o sistema de navegação de seu veículo. Não gostava de usar o GPS e preferia fingir que não precisava daquilo. Sentiu-se um idiota fracassado. Era como parar para pedir informações. Não gostava de perguntar o caminho nem em outros países. Apesar de ser lugar-comum, sabia que era uma verdade a seu respeito. Assim como odiava fazer compras e ver mulheres chorando. Faria qualquer coisa para evitar as lágrimas de uma delas. Algumas coisas eram batidas, pensava, porque na maioria das vezes pareciam reais.

Por volta das onze da manhã, estava mudando de direção rumo à mansão dos Wingate, e guiava pela casa de três andares feita essencialmente de pedra calcária, extraída por condenados de uma antiga penitenciária na rodovia, muitos quilômetros adiante. Lembrou-se da primeira vez em que vira a estrutura imponente. Tinha uns cinco anos e imaginava que, sem dúvida, ali naquelas paredes de pedra escura deveria morar uma família bem grande. Ficou espantado ao ouvir que só duas pessoas moravam ali: a senhora Wingate e sua filha Clarita.

Sebastian prosseguiu ao redor da parte de trás da casa e estacionou em frente à garagem de pedra. Joyce Wingate e o pai dele estavam parados no jardim, apontando para fileiras de botões de rosas. Como sempre, o pai vestia uma camisa bege engomada e calças marrom. Um chapéu panamá cor de canela cobria-lhe o cabelo escuro grisalho. Vinha-lhe à mente uma lembrança nítida de ajudá-lo naquele jardim. De ter se sujado e matado aranhas com uma pá. De fato, adorava aquilo. Naquele tempo, olhava para o pai como se fosse um super-herói. Trocava idéias com ele e absorvia todas as palavras, como adubar, pescar e empinar uma pipa. Claro que, sem dúvida, tudo aquilo acabara, e durante anos o amargor e as decepções substituíram a veneração ao herói.

Após ter se formado na escola, o pai enviara-lhe uma passagem de avião para Boise. Não a usara. Em seu primeiro ano na Universidade de Washington, o pai quis visitá-lo, mas ele recusou. Não tinha tempo para quem nunca tivera tempo para ele. Assim que se formou, o relacionamento entre seu pai e sua mãe tinha ficado tão áspero que ele havia pedido que Leo não viesse à formatura.

Depois da faculdade, Sebastian ocupou-se com a carreira. Ocupado demais para interromper seus afazeres e fazer uma pausa em sua vida por causa do pai. Estagiou no *Seattle Times*, trabalhou durante vários anos para a Associated Press e escreveu centenas de matérias *free-lance*.

Sebastian sempre vivera a fase adulta livre de rédeas. Despreocupado. Vagando pelo mundo sem amarras que o segurassem ou o mantivessem atado. Sempre se sentira superior aos trouxas que precisavam fazer uma pausa para telefonar para suas casas em um telefone via satélite. Sua atenção jamais se dividia em direções diferentes. Havia sido uma pessoa obstinada, determinada e incrivelmente centrada.

Sua mãe sempre o encorajara em tudo que fizera. Havia sido sua maior incentivadora e a pessoa que mais o estimulava. Não a visitou tanto quanto gostaria, mas ela sempre entendeu. Ou pelo menos sempre afirmara isso.

Sempre havia sido a família dele. Sua vida estava cheia. Ele e o pai nem se conheciam, e ele jamais teve vontade de visitá-lo, imaginando sempre que, se em algum instante do futuro sentisse o impulso de reatar com o pai — quem sabe lá pelos quarenta e poucos anos de idade, quando é preciso diminuir o ritmo —, haveria tempo.

Tudo isso mudou no dia em que enterrou sua mãe.

Estivera no Alabama, fazendo pesquisas em profundidade, quando recebeu o telefonema avisando da morte dela. Naquele manhã, mais cedo, enquanto aparava suas trepadeiras, caíra de uma banqueta com degraus. Não sofreu fraturas, cortes ou arranhões. Apenas um ferimento na perna. Naquela noite, morreu sozinha na cama, enquanto uma embolia passou-lhe da perna para o coração. Tinha sessenta e quatro anos.

Sebastian não estava lá. Nem soubera que a mãe tinha sofrido uma queda. Pela primeira vez na vida, sentia-se realmente sozinho. Passou anos vadiando pelo mundo, achando-se livre de amarras. A morte da mãe libertara-o de verdade, e pela primeira vez soube o que era não ter rédeas. Também soube que estivera enganando a si próprio. Não havia viajado o mundo sem amarras. Elas estavam lá. O tempo todo. Mantendo sua vida estável. Até então.

Tinha um único parente vivo. Somente um: um pai que nem conhecia. Que diabos, nem um nem outro se conheciam. Não por culpa de ninguém, apenas as coisas eram daquele jeito. Mas talvez tivesse chegado a hora de mudarem aquilo. Hora de passar uns dias reatando com o velho. Achava que não demoraria. Não estava esperando por um reencontro hollywoodiano. Só algo tranqüilo, sem as tensões que existiram entre ambos.

Saiu do Land Cruiser e caminhou pelo jardim de grama espessa até o jardim de flores, rico em cores explosivas. Sebastian pensou no anel de diamantes em seu bolso. Pensou em dá-lo à senhora Wingate, para que ela o devolvesse a Clare. Teria de explicar onde o encontrara. Esse pensamento trouxe um sorriso para seus lábios.

— Olá, senhora Wingate — cumprimentou a idosa enquanto se aproximava. Tinha crescido odiando Joyce Wingate. Culpara-a por sua relação esporádica e incompleta com o pai. Superou aquilo quase na mesma época em que deixou de culpar Clare. Não que tivesse algum amor por Joyce. Seus sentimentos não eram oito ou oitenta. Até aquela manhã, também não havia pensado em nada tão radical a respeito de Clare. Agora havia, e não era nada de bom.

— Olá, Sebastian — disse, e colocou uma rosa vermelha em uma cesta pousada em seu braço dobrado. Vários anéis de rubi e esmeralda deslizaram por seus dedos ossudos. Usava um par de calças cor de creme, uma blusa lavanda e um imenso chapéu de palha. Joyce sempre fora extremamente magra. O tipo de magreza nascido de estar no controle de tudo em sua vida. Seus traços distintos dominavam o rosto comprido, e sua boca larga, em geral, estreitava-se com reprovação. Pelo menos assim tinha sido sempre que ele se achava por perto, e Sebastian se perguntava se era a personalidade ácida ou o jeito dominador dela que sempre haviam mantido o senhor Wingate plantado firmemente na Costa Leste do país.

Provavelmente ambos.

Joyce nunca tinha sido uma mulher atraente, nem quando mais jovem. Mas, se alguém enfiasse uma arma na orelha de Sebastian e o forçasse a dizer algo gentil, ele diria que ela tinha olhos de um azul claro sombrio. Como os íris que cresciam nas bordas do jardim. Como os olhos da filha. Os traços ríspidos da mãe eram menores e muito mais femininos no rosto da filha. Os lábios carnudos de Clare amenizavam as linhas de sua boca, e ela herdara um nariz menor. Os olhos, no entanto, eram os mesmos.

— Seu pai me disse que você pretende partir em breve — disse. — Que pena não podermos convencê-lo a ficar mais.

O olhar de Sebastian ergueu-se da rosa no cesto até o rosto de Joyce. Penetrando em olhos que lhe lançavam chamas azuis quando menino. Uma abelha enorme lutava contra uma brisa suave, e Joyce a expulsou com um gesto da mão. A única coisa que vira nos olhos dela era uma investigação educada.

— Estou tentando fazer com que ele fique pelo menos até a semana que vem — disse o pai, enquanto sacava um lenço do bolso de trás das calças e enxugava gotas de suor na testa. Leo Vaughan era alguns centímetros mais baixo que Sebastian, e o cabelo antes castanho estava adquirindo dois tons de cinza. Os cantos dos olhos tinham linhas profundas. Em anos recentes, as sobrancelhas haviam ficado cerradas e as "sonecas de vinte minutos" pareciam agora durar uma hora. Ao final da semana, Leo faria sessenta e cinco, e Sebastian percebeu que o pai não circulava pelo jardim dos Windgate tão facilmente quanto se recordava. Não que se lembrasse muito do pai. Uns meses aqui e um fim de semana ali não criavam exatamente uma abundância de memórias de infância, mas uma coisa se lembrava muito bem: as mãos do pai. Eram grandes e fortes o suficiente para partir ramos e tábuas pequenos, gentis o bastante para dar tapinhas no ombro de um garoto e esfregar as costas. Secas e ásperas, as mãos de um homem que trabalhava duro. Agora estavam cheias de pintas, por força da idade e da profissão, a pele frouxa por sobre os nós dos dedos crescidos.

— Na verdade, não sei quanto tempo vou ficar — disse, incapaz de se comprometer com algo. Em vez disso, mudou de assunto. — Ontem à noite encontrei Clare por acaso.

Joyce curvou-se para cortar outra rosa:

— Ah, sim?

— Onde? — perguntou o pai enquanto enfiava o lenço de volta no bolso.

— Encontrei um antigo companheiro de Universidade num bar no Double Tree. Estava lá fazendo a cobertura de uma pessoa da Steelhead[9] que angaria fundos, e Clare disse que estava participando de uma recepção de casamento.

— É verdade. Uma amiga dela, Lucy, casou-se ontem — Joyce acenou com a cabeça e seu chapelão se inclinou. — Não vai demorar muito e Clarita vai se casar com um jovem chamado Lonny. Os dois são muito felizes juntos. Disseram que iam casar aqui no jardim junho próximo. As flores estarão desabrochando e será uma época do ano muito agradável.

— É, acho que ela fez menção a Lonny — lógico que Joyce não sabia das novidades mais recentes. Passou-se um silêncio embaraçoso entre eles, ou quem sabe só fosse embaraçoso para ele, que sabia que não ia haver casamento em junho. — Não tive a oportunidade de perguntar a Clare com o que ela estava trabalhando — disse, para quebrar o silêncio.

Joyce voltou-se para suas rosas.

— Escreve livros, mas não como o seu.

Sebastian não sabia o que o espantava mais: que a senhora Wingate o conhecesse o bastante a ponto de saber que tinha escrito um livro, embora o dele não fosse um romance, ou que Clare era uma escritora.

— Mesmo? — teria imaginado que ela trabalhasse como voluntária profissional, como a mãe. Tinha, entretanto, uma lembrança vaga de ela lhe contando histórias chatas sobre um cão imaginário. — Ela escreve o quê? Livros para mulheres? — perguntou.

— Algo do gênero — respondeu Joyce, e as antigas chamas azuis que ele reconhecera queimavam nos olhos dela...

---

[9] N.T.: Um empresa de tecnologia móvel dos EUA.

Só depois que Sebastian e o pai estavam a sós, jantando, é que ele perguntou:

— Então, o que faz Clare de verdade?

— Escreve livros.

— Isso eu entendi. Que tipo de livros?

Leo empurrou uma tigela com ervilhas na direção de Sebastian:

— Romances.

Sua mão se deteve ao apanhar a tigela. Clarita? A garota que achava que bebês nasciam de beijos? A menininha esquisita com óculos de lentes grossas que se tornou uma mulher linda? A mulher linda que ficava ótima numa tanguinha e cor-de-rosa? Uma escritora de romances?

— Fala sério!

— Joyce não está nada contente com essa idéia.

Sebastian pegou a tigela e começou a rir. Fala sério!

Três

Ele disse que aquilo não significava nada — disse Clare, em um gole de café. — Como se ele não amasse o rapaz da assistência técnica e estivesse tudo bem. A mesma desculpa que meu terceiro namorado usou quando o peguei com uma dançarina de *strip-tease*.

— Que canalha! — xingou Adele, colocando creme sabor amêndoa em sua xícara.

— Gays ou héteros — acrescentou Maddie —, os homens são uns cachorros.

— E o que é pior, ele levou Cindy — revelou Clare, citando a Yorkshire terrier que ela e Lonny tinham escolhido juntos no ano anterior. Enquanto ele fazia as malas, ela tomava uma ducha e trocara o vestido de madrinha por outro. Alguns objetos na casa eram só dele, ou coisas que haviam comprado juntos. Ele podia ficar com tudo. Clare não ligava para lembranças, mas não imaginara que Lonny ia levar Cindy escondido, enquanto tomava banho.

— Correndo o risco de imitar Maddie — disse Lucy, inclinando-se para frente e se servindo de mais café — que canalha! — Embora tivesse casado há menos de vinte e quatro horas, largou o noivo quando soube do problema de Clare.

— Tem certeza de que Quinn não liga de você estar aqui? — perguntou Clare, ao se referir ao marido de Lucy. — Odeio interromper sua lua-de-mel.

— Com certeza — Lucy sentou-se e assoprou o chá na xícara de porcelana, para esfriá-lo. — Deixei ele tão feliz a noite passada que ele não consegue parar de sorrir — os cantos de sua boca ergueram-se e acrescentou. — Além do mais, não iremos a Grand Bahama até amanhã de manhã.

Mesmo tendo visto Lonny com os próprios olhos, Clare ainda não acreditava no que havia acontecido. Emoções ruins queimavam-lhe nas veias e ela hesitava entre o ódio e o sofrimento. Balançou a cabeça e reprimiu as lágrimas.

— Ainda estou em choque.

Maddie inclinou-se para frente e depositou a xícara e o pires sobre a mesa de café de mármore e mogno:

— Querida, você está mesmo em choque?

— Claro que estou — e enxugou a face esquerda, úmida. — O que você quer dizer com isso?

— Quero dizer que todas nós imaginávamos que ele fosse gay.

Os dedos de Clare se detiveram; ela olhou as amigas sentadas na sala de estar, no sofá e na poltrona de sua bisavó:

— Como é? Todas vocês?

Os olhares desviaram.

— Faz quanto tempo?

— Desde que o conhecemos — Adele confessou, enfiada no café.

— E nenhuma de vocês me disse nada?

Lucy tomou o delicado apanhador de açúcar prateado e colocou mais um cubinho dentro da xícara:

— Nenhuma de nós queria revelar isso. A gente adora você e não queríamos que você sofresse.

— E a gente meio que imaginava que você já soubesse isso, até certo ponto — ajuntou Adele.

— Eu não sabia!

— Nunca desconfiou? — indagou Maddie. — Ele montava mesas com cacos de vidro.

Clare pousou a mão diante de sua blusa branca sem mangas:

— Achei que ele fosse criativo.

— Você contou que vocês não transavam com muita freqüência.

— Alguns homens têm pouca pulsão sexual.

— Tão pouca assim? — disseram as três amigas ao mesmo tempo.

— Ele ia ao Balcony Club — disse Maddie, franzindo a testa. — Você sabia?

— Sabia. Mas nem todos os homens que vão beber no Balcony Club são gays.

— Quem lhe disse isso?

— Lonny.

As três não disseram nada. Não precisavam. Os olhares baixos falaram por elas.

— Ele usava roupas cor-de-rosa! — observou Lucy.

— Homens usam rosa hoje em dia.

Adle franziu a testa e balançou a cabeça:

— Bom, alguém precisa avisar-lhes que não deveriam.

— Eu não sairia com um cara vestindo rosa — Maddie deu um gole e logo acrescentou. — Não quero um homem em contato com seu lado feminino.

— Quinn jamais usaria uma roupa rosa — salientou Lucy, e antes que Clare pudesse rebater, lançou a evidência incontestável. — Lonny é muito preocupado com as unhas.

Aquilo era verdade. Seu ex— tinha obsessão por cutículas bem-feitas e unhas perfeitamente cortadas. A mão de Clare caiu-lhe sobre as coxas, sobre sua saia indiana verde.

— Eu achava que ele era metrossexual.

— Ou será que isso — questionou Adel — não passa de outra expressão para homens "no armário"?

— "Homens no armário?"

— Vi isso no programa da *Oprah* ano passado. Homens no armário são homossexuais que se passam por "espada".

— Por que alguém faria isso?

— Imagino que seja mais fácil para se adaptar à sociedade. Ou talvez queiram ter filhos. Quem sabe? — Adele encolheu os ombros. — Não estou nem aí pro Lonny. Quero saber é de você. Você deveria ter contado isso pra gente ontem, em vez de ficar guardando aí.

— Não quis estragar o dia de Lucy.

— Você não ia estragar — garantiu Lucy com um balançar de cabeça, seu rabo de cavalo loiro roçando de leve o decote da camisa azul. — Imaginava que algo poderia estar rolando quando todas vocês sumiram um tempo. Então, quando Adele e Maddie voltaram, você não estava com elas.

— Bebi um pouco demais — confessou Clare, sentindo-se aliviada por nenhuma delas ter trazido à tona o episódio do karaokê, quando cantou *Fat Bottomed Girls* a plenos pulmões, ou qualquer outro momento vergonhoso do dia anterior.

Durante um segundo, ela lutou com a idéia de contar às amigas sobre Sebastian, mas, enfim, nada disse. Eram apenas alguns momentos humilhantes que uma garota deveria guardar para si mesma. Partir para bebedeira e promiscuidade, com a idade que tinha, era um deles. *Você me disse que tinha sido a melhor transa da sua vida*, disse ele, e riu, deixando a toalha cair. *Estava insaciável*. É. Não resta dúvidas; certas coisas, devemos levar conosco para o túmulo.

— Os homens são muito cruéis — disse, pensando na gargalhada de Sebastian. Se havia algo que Clare detestava, era que rissem dela. Principalmente um homem. Mais especificamente, Sebastian Vaughan. — É como se eles pudessem ver quando estamos na pior, quando ficamos vulneráveis; então ficam cercando e esperam até o momento certo para se aproveitar da gente.

— Verdade. Assassinos seriais podem calcular o momento mais vulnerável em questão de segundos. Isso se torna uma segunda natureza — acrescentou Maddie, fazendo suas amigas gemer por dentro. Já que criava romances sobre crimes reais, vivia de entrevistar sociopatas. Escrevera sobre alguns dos crimes mais violentos ao longo da História. Como conseqüência, tinha uma visão distorcida da humanidade e estava há quatro anos sem namorar.

— Já lhes contei do meu encontro de semana passada? — indagou Adele, esforçando-se para mudar de assunto antes de Maddie começasse. Adele escrevia e publicava ficção científica e tinha uma inclinação para sair com homens muito estranhos. — Ele é *barman* em um cantinho lá em Hyde Park — riu. — Olhem só, ele me disse que era a reencarnação de William Wallace.

— HÃ-hã — Maddie bebeu um gole de café. — Por que será que todo mundo que toca nesse assunto alega ser a reencarnação de alguém famoso? É sempre Joana D'Arc, ou Cristóvão Colombo ou Billy the Kid. Nunca é uma camponesa de dentes podres ou o marinheiro que limpou a privada de Colombo.

— Talvez só gente famosa reencarne — justificou Lucy.

Maddie emitiu um som áspero e nasal:

— Mais provável que seja tudo mentira da grossa.

Clare desconfiava do comentário mais recente e fez o que achava ser a primeira de duas perguntas pertinentes:

— Esse *barman* se parece com Mel Gibson?

Adele balançou a cabeça:

— Infelizmente não.

Agora vinha a segunda pergunta, mais importante que a primeira:

— Você não acredita nele, não é mesmo?

Isso porque, às vezes, Clare divagava se Adele acreditava no que escrevia.

— Nada! — Adele balançou a cabeça e seu tufo de cabelos compridos, loiros e crespos fez com que recuasse, — Perguntei e ele não sabia nada sobre John Blair.

— Quem?

— O amigo e capelão de William Wallace. Fiz uma pesquisa sobre o tema ano passado, para escrever sobre uma viagem no tempo pela Escócia. Aquele *barman* só estava tentando me levar para a cama.

— Cachorro!

— Palhaço!

— E ele conseguiu?

— Não. Hoje em dia não me pegam tão fácil.

Clare pensou em Lonny. Gostaria de poder dizer o mesmo.

— Por que os homens nos enganam? — em seguida, respondeu à própria pergunta. — Porque são todos uns mentirosos e falsos — viu as expressões das amigas e consertou rapidamente. — Desculpa, Lucy. Todos, menos Quinn.

— Ei — disse Lucy, e ergueu uma das mãos. — Quinn não é perfeito. Acreditem, ele nem passava perto da perfeição quando eu o conheci — fez uma pausa e um sorriso surgiu sorrateiro em seus lábios. — Bem, a não ser na cama.

— Todo esse tempo — afirmou Clare com um meneio de cabeça. — Achei que Lonny tinha mesmo pouca libido, e ele me fez acreditar nisso. Pensava que não o atraía o bastante, e ele também me deixava acreditar nisso. Como pude me apaixonar? Deve haver algo errado comigo.

— Não, Clare — garantiu Adele. — Você é perfeita do jeito que é.

— Isso.

— Era ele. Não você. E um dia — acrescentou a recém-casada — você vai achar um cara formidável. Igual a um desses heróis sobre os quais você escreve.

Entretanto, mesmo depois de horas restabelecendo a confiança, Clare ainda não conseguia acreditar totalmente que não havia nada errado com ela. Algo a fazia escolher homens como Lonny, que jamais a amavam por inteiro.

Depois que as amigas se foram, ficou caminhando pela casa sem conseguir se recordar de uma ocasião em que se sentira tão solitária. Sem dúvida, embora Lonny não tivesse sido o único homem de sua vida, havia sido o único que trouxera para dentro de casa.

Entrou no quarto e se deteve diante da penteadeira que partilhara com ele. Mordeu o lábio inferior e cruzou os braços sobre o coração. Os pertences dele haviam sumido, deixando vazia metade da mesa de centro. A colônia e as escovas de sapato. A foto dele com Cindy e a tigela vazia que ele guardava para hidratantes labiais e botões sobressalentes. Tudo desaparecera.

Recusava-se a chorar, mesmo com a vista se embaçando, pois temia não parar mais. A casa estava tão silenciosa que o único som existente era o do ar-condicionado assoprando pelas aberturas. Nada de sua cachorrinha latindo para os gatos do bairro ou de seu noivo trabalhando no artesanato mais recente.

Abriu uma gaveta onde guardava as meias soquete dobradas em ordem. Vazia. Clare recuou alguns passos e sentou-se na ponta da cama. Acima, uma cobertura de cama com laços recortava padrões de sombra por seus braços e pela dobra de sua saia verde. Nas vinte e quatro horas mais recentes experimentara todo o tipo de emoção. Dor. Raiva. Pena. Confusão e perda. Em seguida, pânico e terror.

Naquele instante, achava-se anestesiada, tão cansada que talvez pudesse dormir até a semana seguinte. Adoraria fazer isso. Dormir até que o sofrimento fosse embora.

Ao voltar do Double Tree para casa naquela manhã, Lonny tinha aguardado por ela. Implorara-lhe perdão:

— Foi só esta vez — dissera. — Não vai acontecer de novo. Não podemos jogar fora o que temos só porque eu errei. Não significou nada. Foi só sexo.

Tratando-se de relacionamentos, Clare nunca entendera totalmente esse conceito de sexo sem compromisso. Se uma pessoa não estava envolvida com a outra, era diferente. Ela, entretanto, não compreendia como um homem poderia amar uma mulher e, ainda assim, transar com outra pessoa. Ah, claro, entendia o que eram desejo e atração. Só não conseguia compreender como uma pessoa, gay ou hétero, poderia magoar alguém a quem declarara ter amado por causa de uma relação sexual que não significava nada.

— A gente pode superar isso. Juro que só aconteceu esta vez — dizia Lonny, como se fosse repetir aquilo até que ela acreditasse. — Adoro nossa vida.

Sim, adorava a vida deles. Só não amava Clare. Houve uma vez em sua vida em que teria lhe dado ouvidos, de fato. Nada iria mudar, embora ela talvez levasse em consideração a idéia de escutá-lo. Teria tentado acreditar nele, ou achar que precisava entendê-lo, mas não agora. Estava farta de ser a rainha da negação. Farta de ter investido tanto de sua vida com homens que não conseguiam investir totalmente as deles.

— Você mentiu para mim e me usou para viver essa mentira — respondeu. — Não vou mais viver sua mentira.

Tão logo percebeu que ela não mudaria de opinião, Lonny passou a agir como um homem típico e retrucou com grosseria:

— Se você tivesse sido mais ousada, eu não precisaria ir atrás de algo fora da nossa relação.

Quanto mais Clare pensava naquilo, mais tinha certeza de que era a mesma desculpa que seu terceiro namorado tinha usado quando ela o pegara com a dançarina de *strip-tease*. Em vez de se sentir envergonhado, o rapaz a convidou para se juntar aos dois.

Clare não achava escandaloso nem egoísta bastar-se para o homem que amava. Nada de triângulos amorosos. Nada de chicotes, correntes ou acessórios assustadores.

Não, Lonny não era o primeiro homem de sua vida que lhe partira o coração. Apenas o último. Allen tinha sido seu primeiro amor. Depois veio Josh, baterista de uma banda medíocre. Em seguida, Sam, que curtia B.A.S.E. jump[10] e mountain bike radical, Rod, o advogado, e Zack, o criminoso. Mesmo o namorado seguinte sendo diferente do anterior, no final das contas, fosse ela ou ele quem tivesse terminado, nenhum relacionamento durava.

Escrevia sobre amor. Histórias de grandes amores, amores envolventes, maiores do que a vida. No entanto, quando se tratava de amor na vida real, Clare era um fracasso completo. Como conseguia escrever sobre aquilo? Conhecia, experimentava mas sempre se dando mal? O tempo todo?

O que estava errado com ela?

Seráqueasamigastinhamrazão?Seráque,noinconsciente, ela sabia de Lonny era gay? Será que sabia mesmo, e vivia procurando justificativas para o comportamento dele? Mesmo tendo aceito a desculpa para a falta de interesse sexual dele? Mesmo culpando a si própria?

Clare fitou-se no espelho sobre a penteadeira, observando os círculos escuros debaixo dos olhos. Ocos. Vazios. Como a gaveta de meias de Lonny. Como sua vida. Tudo se fora. Havia perdido muito nos últimos dois dias. O noivo e a cachorra. Sua crença em almas gêmeas e os brincos de diamantes de dois quilates de sua mãe.

Percebera a falta dos brincos pouco antes de ter chegado em casa naquela manhã. Daria um certo trabalho, mas

[10] Modalidade esportiva em que se salta de pára-quedas sem estar em vôo. B.A.S.E. quer dizer *Building, Antenna, Span* e *Earth* (prédio, antena, ponte e montanha). A maioria dos saltos é realizada de alturas muito baixas. (Disponível em: http://www.lost.art.br/base.htm)

conseguiria achar um diamante para substituir o que perdera. Difícil era encontrar quem preenchesse seu vazio.

Embora esgotada, um impulso de sair correndo e ocupar o vácuo forçava-a levantar-se. Uma lista mental de tudo o que necessitava atravessou-lhe a cabeça velozmente. Precisava de um casaco para o inverno. Apesar de estar em agosto, se não se apressasse, o casaco de lã que vira em *bebe.com* estaria esgotado. E precisava daquela bolsa nova, na qual batera os olhos em uma loja. Preta, para combinar com o casaco. Ou vermelha... ou ambas. Assim que chegasse à loja, compraria uma máscara e um estojinho de maquiagem para as sobrancelhas. As duas que tinha estavam acabando.

No caminho até o shopping, faria uma parada na Wendy's[11] e pediria uma porção grande de batatas fritas com uma pitada extra de sal. Compraria na Mrs. Powell's[12] um rolinho de canela bem pegajoso, depois daria um pulo no See's[13] para apanhar uma porção de balas de caramelo e...

Clare sentou-se na cama e resistiu ao ímpeto de preencher sua sensação de vazio com coisas. Comida. Roupas. Homens. Se era de fato a rainha da negação, precisava olhar para a própria vida e reconhecer que encher a cara de maquiagem, forrar o guarda-roupas e correr atrás de um homem jamais a haviam ajudado a preencher-lhe o terrível buraco no peito. Nem a longo prazo. Terminaria com uns quilos a mais, obrigada a enfrentar uma academia, a usar roupas fora de moda e com uma gaveta de meias vazia.

[11] N.T.: Uma rede de *fast-food* dos EUA.

[12] N.T.:Uma rede de doces norte-americana semelhante ao Dunkin Donuts.

[13] N.T.: Uma rede de chocolates norte-americana.

Talvez precisasse de um psiquiatra. Alguém objetivo, que enxergasse dentro de sua cabeça e lhe dissesse o que havia de errado e como consertar a vida.

Provavelmente só precisava de umas férias prolongadas. Sem dúvida, era necessário afastar-se de comer porcarias, dos cartões de crédito e dos homens. Pensou em Sebastian e na toalha branca enrolada ao redor da cintura dele. Precisava ficar bem longe de qualquer coisa dotada de testosterona.

Estava com esgotamento fisco e emocionalmente magoada. Além disso, sendo honesta consigo mesma, ainda estava um tanto baqueada. Levou uma das mãos à cabeça ainda dolorida e jurou ficar longe do álcool até ter resolvido sua vida. Até ter um instante de lucidez. Aquele momento mágico em que tudo voltasse a fazer sentido.

Clare ergueu-se e envolveu os braços no suporte da cama e nos enfeites bordados de cortina. Seu coração e seu orgulho estavam dilacerados, mas ela iria se recuperar.

Havia algo mais. A primeira coisa com o que ela precisava se preocupar pela manhã. Algo potencialmente sério.

Alguma coisa que a amedrontasse mais do que um futuro incerto, sem farras consumistas nem batatas fritas salgadas: não ter futuro algum.

Vashion Elliot, Duque de Rathstone, deteve-se, mãos para trás, enquanto baixava o olhar que ia da pena azul no barrete da senhorita Winters até seus olhos verdes e sérios.

Os dedos de Clare pairavam por cima do teclado, ao mesmo tempo em que seus olhos bateram no horário exibido junto ao canto inferior direito do monitor.

A senhorita Winters era bastante bonita, apesar do queixo empinado com teimosia. Preferia não lidar com aquilo. A mais recente mulher bonita de sua vida havia demonstrado uma paixão excessiva, na cama e fora dela, algo que tão cedo não esqueceria. De fato, aquela mulher havia sido sua ex-esposa. Não uma governanta de boas maneiras, afetada e conveniente.

— Meu emprego anterior foi com o senhor e a senhora Pomfrey. Fui governanta de seus três filhos.

O casaco de peles engolia-lhe a constituição frágil. Parecia que um vento forte poderia carregá-la. Perguntava-se se ela era mais forte do que aparentava. Tão resoluta quanto o queixo indicava. Se decidisse por contratá-la, ela deveria revelar essa força. O fato de ela estar em pé em seu gabinete mostrava certa força e determinação de caráter que em geral se encontrava ausente no sexo oposto.

— Sim. Sim — agitava a mão impaciente sobre as cartas de recomendação diante dele, em sua mesa. — Já que está aqui, presumo que leu meu anúncio.

— Sim.

Deu a volta pela mesa e abotoou os punhos do roupão de seu casaco marrom. Sabia que o achavam alto e não qualificado para muitas horas de esforço físico empregadas com suas propriedades em Devon e em seu navio imenso, o Louisia.

— Então você está ciente de que, caso haja ocasiões em que viagens serão necessárias, espero levar minha filha comigo. — não tinha certeza, mas pensou ter detectado uma fagulha naqueles olhos sérios que lhe encaravam de volta, como se a idéia de uma viagem a deixasse animada.

— Sim, sua graça.

Clare redigira muitas páginas antes de interromper o trabalho com *O Duque Perigoso*, terceiro livro da série com sua governanta. Às nove da manhã, apanhou o telefone. Estivera acordada na cama a maior parte da noite, apavorada com esse telefonema. O que mais temia, mais do que embrulhar as poucas coisas que a faziam lembrar de Lonny, era telefonar para o escritório do doutor Linden.

Teclou os sete números e, quando a recepcionista atendeu, disse:

— Por favor, eu preciso marcar um horário.

— A senhora é paciente do doutor Linden?

— Sim. Meu nome é Clare Wingate.

— A senhora precisa se consultar com o médico ou pode marcar com a enfermeira Dana?

Ela não sabia. Nunca fizera aquilo antes. Abriu a boca e diria tudo de uma vez. Era só falar. Sua garganta secou e ela engoliu.

— Não sei.

— Eu vi que seu exame atual foi em abril. A senhora acha que está grávida?

— Não... não... É que... recentemente, eu descobri uma coisa. Peguei meu... bem, eu descobri que meu namorado... digo, meu ex-namorado era infiel — respirou fundo e levou a outra mão à garganta. Sua pulsação vibrava sob os dedos. Aquilo era loucura. Por que tanta dificuldade? — Assim... eu preciso fazer um teste de... sabe como é... HIV. — Uma risada nervosa fugiu-lhe da garganta seca. — Quer dizer, eu não acho que tenho nada, só preciso ter certeza. Ele disse que me traiu só uma vez e que usou preservativos, mas dá pra confiar em quem trai a gente? — Deus do céu. A gagueira foi substituída pelo atropelo. — O mais depressa possível, por favor.

— Vou dar uma olhada — do outro lado da linha, várias teclas eram pressionadas, até que, por fim. — Atenderemos a senhora o mais breve possível. Dana tem uma consulta cancelada na terça-feira. Às quatro e trinta estaria bom para a senhora?

Terça-feira. Três dias. Era uma eternidade.

— Está ótimo — a ligação foi tomada pelo silêncio, e Clare obrigou-se a dizer. — Quanto tempo leva?

— O teste? Não é demorado. O resultado sai antes de a senhora sair da clínica.

Terminada a conversa, Clare reclinou-se na cadeira e botou o olhos no monitor. Dissera a verdade à recepcionista. Não acreditava mesmo que Lonny a tivesse exposto a alguma coisa. Era, porém, uma mulher adulta e precisava ter certeza, de um jeito ou de outro. O noivo lhe tinha sido infiel, e se ela o apanhasse no *closet* com uma mulher, também teria telefonado. Traição era traição. E, apesar do que dissera Sebastian, o fato de ela não ter "equipamento" masculino não facilitava nada.

Sentiu a testa apertada. Ergueu as mãos e massageou as têmporas. Não eram nem dez da manhã e ela estava com uma dor de cabeça fortíssima. Sua vida estava uma confusão, e era tudo culpa de Lonny. Precisava de um teste que lhe tirasse a dúvida, e não era ela quem tinha bagunçado as coisas. Era monogâmica. Sempre fora. Não iria para a cama com...

Sebastian.

As mãos caíram sobre as coxas. Precisava contar a Sebastian. Aquele pensamento fez suas têmporas quase explodirem de tanto pulsar. Não sabia se tinham usado camisinha, e ela precisava avisá-lo.

Ou não. Muito provavelmente o teste daria negativo. Ela esperaria para dizer algo até descobrir o resultado por si mesma. Quem sabe nem diria nada. Qual seria a probabilidade de ele fazer sexo com alguém entre hoje e terça-feira? A visão do rapaz deixando a toalha cair apareceu-lhe na cabeça.

Bem grande, concluiu, e apanhou um frasco de aspirina que guardava na gaveta da escrivaninha.

Quatro

Meu gravador ao lado do bloco de notas amarelo. Olhei para o lado oposto da mesa, para o homem que conhecia apenas como Smith. Ao meu redor, transeuntes conversavam e riam, mas tudo me parecia forçado, pois mantinham um olhar vigilante sobre mim e Smith. Se não estava enganado, se a língua falada à minha volta estava salpicada de árabe e temperada com cuminho, diria que me achava em Bagdá, diante de um fanático chamado Mohammed. O monstro interior brilha igualmente tanto em olhos castanho-escuros quanto em azuis. Os dois homens...

Sebastian releu o que escrevera e esfregou o rosto com as mãos. O que acabara de ler era *ruim demais* e estava *errado.* Voltou aos mãos ao teclado do *laptop* e, com alguns toques, apagou o que tinha escrito.

Ergueu-se e empurrou a cadeira da cozinha, que deslizou pelo piso de madeira maciça. Não entendia aquilo. Tinha as anotações, um esboço na cabeça e um *lead*[14] bem-feito

[14] N.T.: Em linguagem jornalística, o *lead* é o parágrafo introdutório que contém as principais informações referentes à notícia.

para elaborar. Bastava sentar-se e redigir um parágrafo de abertura decente.

— Porra! — algo muito semelhante a medo mordia-lhe atrás da garganta e ia mastigando tudo até o estômago. — Porra! Porra! Porra!

— Algum problema?

Respirou fundo e expirou, enquanto se voltava e via o pai parado na entrada dos fundos.

— Não. Problema nenhum.

Nenhum que admitisse em voz alta. O primeiro parágrafo iria sair. Iria. É que Sebastian nunca lidara com aquele problema antes, mas iria resolvê-lo. Foi até a geladeira, abriu-a e apanhou uma caixa de suco de laranja. Teria preferido uma cerveja, mas ainda não era nem meio-dia. Sabia que, quando começasse a beber logo de manhã, seria o dia em que precisaria mesmo começar a se preocupar consigo.

Levou a caixa até a boca e tomou vários goles grandes. O suco gelado acertou por detrás de sua garganta e lavou-lhe o gosto de pânico na boca. Sebastian levantou o olhar da ponta da embalagem até um pato de madeira repousado sobre a geladeira. Uma plaqueta de metal identificava-o como um marreco oveira. Outro, do mesmo material, procedente da Carolina, e uma marreca-arrebio do norte dos EUA repousavam acima da lareira da sala de estar. Havia vários pássaros de madeira pela casa, e Sebastian se perguntava de onde o velho tirara esse fascínio por patos. Abaixou a mão que segurava a caixa de suco e bateu os olhos no pai, que o observava por sobre a aba de seu chapéu.

— Precisa de ajuda com alguma coisa? — indagou Sebastian.

— Se tiver um tempinho, você poderia me dar uma mão com uma mudança para a senhora Wingate. Mas eu odeio interromper quando você está se concentrado no trabalho.

Ele daria um braço para estar concentrado no trabalho em vez de ficar escrevendo e apagando o parágrafo inicial tantas vezes. Enxugou a boca com as costas da mão e devolveu a caixa à geladeira.

— O que ela quer mudar? — perguntou, e fechou a porta.

— Um aparador.

Não sabia que diabos era aquilo, mas soava como uma coisa pesada. Como algo que lhe desanuviasse a cabeça de seu prazo final se aproximando e de sua incapacidade de produzir três frases que concordassem entre si.

Atravessou a pequena cozinha e seguiu o pai porta afora. Antigos olmeiros e carvalhos faziam sombra no chão e em uma mobília de ferro branco, formando pedaços profundos e sombreados. Sebastian caminhava pelo terreno bem próximo de Leo. Um quadro perfeito de pai e filho. A imagem, porém, estava longe de ser perfeita.

— Hoje vai ser um dia bom — disse Sebastian, enquanto passavam por um carro prateado próximo ao carro dele.

— A previsão disse que ficaria por volta dos 32 graus — retrucou Leo.

Em seguida, caíram em um silêncio incômodo, que parecia inibir a maioria das tentativas de diálogo. Sebastian ignorava o porquê de tamanha dificuldade para conversar com o pai. Havia entrevistado chefes de Estado, assassinos em massa, assim como líderes religiosos e militares e, contudo, não conseguia pensar em nada para dizer ao pai além de um comentário insignificante sobre o tempo ou uma conversa superficial sobre o jantar. Obviamente, o pai tinha a mesma dificuldade para falar com ele.

Caminharam juntos pelos fundos da casa. Por algum motivo que Sebastian não sabia explicar, alojou a camiseta Molson cinza dentro do jeans e penteou os cabelos com os dedos. Olhando toda aquela pedra calcárea, sentia-se indo à igreja, e reprimiu o impulso de fazer o sinal-da-cruz. Leo tirou o chapéu da cabeça.

As dobradiças da porta de trás rangeram quando Leo abriu a porta, e o som dos saltos de suas botas preencheram o silêncio, conforme ambos continuavam subindo os degraus de pedra rumo à cozinha. Tarde demais para ambos. O pai se achava tão desconfortável de ficar com ele quanto ele com o pai. Era melhor partir, pensou. Tirar os dois daquele sofrimento. Não sabia por que tinha vindo, e não era como se não tivesse mais nada a fazer do que ficar por ali sem se comunicar com o pai. Havia muita coisa esperando por ele em Washington. Tinha de preparar a venda da casa da mãe e precisava seguir a vida. Já estava lá havia três dias. Tempo bastante para começar um diálogo... que não estava acontecendo. Ajudaria o pai a mudar o aparador e, na seqüência, faria as malas.

Uma imensa mesa de cortar carnes dominava o centro da cozinha. Durante sua passagem, Leo atirou o chapéu sobre o tampo cheio de marcas. Do chão até o teto, eram quase quatro metros com armários brancos demarcando as paredes. A luz do sol do final da manhã derramava-se pelas janelas e brilhava sobre as ferramentas de aço inoxidável. Os saltos das botas de caminhada de Sebastian ressoavam pelos tacos velhos, brancos e pretos, à medida que ele e o pai se dirigiam a uma sala de jantar formal. Um enorme vaso de flores recém-cortadas repousava no centro de uma mesa de seis metros, coberta por um pano vermelho cheio de arabescos. A mobília, as janelas e as cortinas, tudo lhe lembrava algo que vira em um museu. Tudo encerado e bem distribuído. Também tinha cheiro de museu. Frio e um pouco embolorado.

Um capacho espesso abafava-lhes as passadas, conforme Sebastian e o pai caminhavam em direção a uma mobília talhada com enfeites diante de uma parede. Tinha pernas longas, finas e estreitas, e umas poucas gavetas pomposas.

— Creio que isso é o aparador.

— Sim. É francês e muito antigo. Está na família da senhora Wingate há mais de cem anos — disse Leo enquanto retirava do móvel um enorme jogo de chá prateado e colocava-o sobre a mesa.

Sebastian tinha imaginado que era antigo e não se surpreendeu que fosse francês. Preferia linhas claras e modernas e conforto em vez de coisas antigas e espalhafatosas.

— Para onde vamos levá-lo?

Leo apontou para uma parede próxima à entrada, e cada um deles agarrou uma das extremidades do aparador. A peça não era tão pesada, e ambos a levaram com facilidade. Assim que a colocaram em seu novo local, Joyce Wingate ergueu a voz que vinha do recinto próximo.

— O que vocês fizeram?

— Não sabia o que fazer — respondeu uma segunda voz, que Sebastian reconheceu. — Estava transtornada — adicionou Clare. — E tinha acabado de sair da casa e ido ao casamento de Lucy.

— Isso não faz o menos sentido. Como é que um homem vira gay, assim, do nada?

Sebastian olhou para o pai. Este se dirigiu até o jogo de chá e se ocupou ajeitando o açucareiro e o recipiente para o creme, ambos na cor cinza.

— Um homem não "vira gay", mãe. Olhando para trás, os sinais estavam todos lá.

— Que sinais? Não vi nenhum.

— Fazendo um retrospecto, ele tinha uma queda por ramequins antigos. Isso não é normal.

Ramequins? Que diabo era um ramequim? Os olhos de Sebastian retornaram à entrada vazia. Ao contrário do idoso, não fingia que não tinha bisbilhotado a conversa. Aquele era assunto dos bons.

— Muitos homens adoram um ramequim bonito.

E essas duas não sabiam que o cara era gay?

— Cite um homem que adora ramequins — exigiu Clare.

— Aquele chefe de cozinha da TV. Não lembro do nome dele. — Houve uma pausa, e Joyce perguntou: — Então você tem certeza de que acabou?

— Tenho.

— Que vergonha. Lonny era tão educado. Vou sentir saudade do *mousse* de tomate dele.

— Mamãe, eu o peguei transando com outro homem. No meu *closet*. Pelo amor de Deus, o *mousse* que se foda!

Leo levava o jogo de chá até o aparador e, por uma fração de segundo, seu olhar encontrou o de Sebastian. Pela primeira vez desde que chegara, viu um esboço de risada nos olhos verdes do mais velho.

— Clarita, olha essa boca. Não há por que ficar gritando blasfêmias. Podemos discutir isso sem gritaria.

— Podemos? Você está agindo como se eu devesse ter ficado com Lonny porque ele usa o garfo certo e mastiga de boca fechada.

Um novo intervalo. Em seguida, Joyce respondeu:

— Bom, eu *imagino* que seja necessário cancelar esse casamento.

— Você imagina? Sabia que você não ia entender, e eu discutiria até mesmo sobre o tempo para não ter de lhe contar. Só decidi revelar tudo porque pensei que você perceberia a ausência dele se não aparecesse no jantar de Ação de Graças — a voz de Clare ficava mais nítida conforme ela entrava pela ampla passagem aberta. — Sei que ele era o homem perfeito para você, mamãe, mas ele acabou não sendo o homem perfeito para mim.

Seus cabelos estavam totalmente presos naquele rabo de cavalo, tão liso e impecável quanto o aparador de mogno. Trajava um *tailleur* branco com lapelas grandes, uma blusa azul-marinho e um longo colar de pérolas. A saia chegava até acima do joelho. Calçava um par de sapatos brancos que lhe cobriam o peito do pé. Os saltos pareciam bolas de prata. Estava muitíssimo bem trajada; estava mais escondida nas roupas do que uma freira. Uma mudança e tanto desde a noite passada em que a vira com as costas comprimidas contra uma porta de quarto de motel, aquele vestido rosado e idiota querendo cair, manchas escuras sob os olhos e o cabelo de quem estava de ressaca.

Bem do lado de fora da sala de jantar, ela se voltou para o aposento de onde saíra:

— Preciso de um homem que saiba onde está sua colher de pau e que queira usá-la com mais freqüência.

Houve um engasgar chocado, e em seguida a voz da mãe:

— Que coisa vulgar. Você parece uma vadia.

Clare colocou uma mão sobre o peito:

— Vadia? Eu? Estive morando com um gay. Fiquei sem sexo por tanto tempo que praticamente sou uma virgem.

Sebastian deu risada. Não conseguiu evitar. A imagem de Clare tirando as roupas não se enquadrava com uma mulher que se declarava "praticamente uma virgem". Clare voltou-se para o som e seu olhar encontrou o de Sebastian. Por alguns segundos, sua vulnerabilidade ficou exposta; a confusão franziu-lhe a pele suave entre as sobrancelhas, como se tivesse descoberto algo que teoricamente não deveria estar ali. Como o aparador na parede errada ou o filho do jardineiro na sala de jantar. Um rubor rosado e fraco surgiu-lhe nas faces e a ruga entre as sobrancelhas aprofundou-se. Em seguida, como ocorrera na manhã em que se virou e o viu em pé atrás dela, trajando nada além de uma toalha de hotel e algumas gotas de água, recuperou-se depressa e se lembrou das boas maneiras. Puxou os punhos da jaqueta e entrou na sala de jantar.

— Olá, Sebastian. Que surpresa maravilhosa! — a voz mostrava suficiente satisfação, embora ele não acreditasse. Clare ergueu os cantos de sua boca exuberante, e nem naquilo ele viu um gesto sincero. Talvez porque o sorriso perfeito nem chegasse aos olhos azuis. — Seu pai deve estar empolgado — ofereceu a mão e ele a cumprimentou. Os dedos dela achavam-se um tanto frios, mas o rapaz quase podia sentir o suor na palma. — Quanto tempo pretende ficar na cidade? — perguntou, toda educada e cortês.

— Não tenho certeza — respondeu e encarou-a. Embora não pudesse afirmar quão "empolgado" o pai se achava com a visita, conseguia praticamente ler os pensamentos de Clare. Ela se perguntava se ele ia entregar o ouro sobre a noite anterior. Ele sorriu, deixando-a inquieta.

Clare puxou a mão, e ele imaginou o que ela teria feito caso aumentasse a força do aperto de mãos. Teria perdido a compostura? Em vez disso, soltou-a, e Clare se voltou em um abraço para o pai.

— Olá, Leo. Quanto tempo!

O idoso deu um passo adiante e abraçou-a, as mãos velhas dando tapinhas nas costas como se ela fosse uma criança. Como faziam quando Sebastian era um menino.

— Você não deveria se ausentar por tanto tempo — disse Leo.

— Às vezes eu preciso fazer uma pausa — Clare inclinou-se para trás. — Uma pausa bem prolongada.

— Sua mãe não é tão ruim assim.

— Não para você — recuou alguns passos e as mãos caíram para os lados do corpo. — Acho que vocês não conseguiram deixar de escutar minha conversa sobre Lonny — A atenção fixou-se em Leo, como se ela tivesse dispensado. Sebastian. Como se ele não estivesse na mesma sala, tão perto que conseguia ver pequeninas mechas perdidas na faixa de cabelos dela.

— Sim. Pena que ele se foi — respondeu Leo, baixando a voz por um instante e dando-lhe um olhar inteligente. — Sempre desconfiei que havia uma certo excesso de delicadeza nele.

Se o velho soubesse que o noivo de Clare era gay, Sebastian ficaria admirado pelo fato de Clare não ter descoberto isso.

— Não digo que haja algo errado em ser... sabe... é engraçado isso, mas se um homem prefere... hã... outros homens, não deveria fingir que gosta de mulheres — Leo pousou uma mão confortante sobre o ombro de Clare. — Isso não é correto.

— Você também sabia, Leo? — respondeu ela, balançando a cabeça e continuando a ignorar Sebastian. — Por que era tão óbvio para todo mundo, menos para mim?

— Porque você queria acreditar nele, e alguns homens são cheios de truques. Você tem um coração bondoso e uma boa índole, e ele se aproveitou disso. Você tem muito a dar ao homem certo. É bonita e bem-sucedida. Um dia vai encontrar alguém que a mereça.

Desde que chegara à cidade, Sebastian jamais escutara o velho agrupar tantas frases seguidas. Pelo menos não quando estava por perto.

— Ah! — Clare inclinou a cabeça para um lado. — Você é o homem mais doce do mundo.

Leo abriu um sorriso imenso e Sebastian teve um desejo arrebatador de arrancar os alfinetes de Clare, puxar seu impecável rabo de cavalo ou jogar-lhe lama na cara e bulir com ela como fazia quando eram crianças.

— Eu contei à sua mãe e ao meu pai que eu encontrei você por acaso no Double Tree — disse o rapaz. — Foi mesmo uma pena você ter de ir embora e a gente não poder ter... ééé ... batido um papo.

Clare, enfim, voltou a atenção para Sebastian e, com o sorrisinho falso recurvando-lhe os lábios carnudos e rosados, respondeu:

— Sim. Sinceramente foi uma das coisas das quais mais me arrependo na vida — retornou a Leo e perguntou. — Como está sua escultura mais recente?

— Quase pronta. Você deveria ver.

Sebastian enfiou os dedos nos bolsos da frente de seu jeans. Mais uma vez, ela mudara de assunto e o dispensara.

Por ora, deixaria que fizesse isso. Mas fingir que ele não estava ali? De jeito nenhum. Inclinou os glúteos no aparador, perguntando:

— Qual escultura?

— Leo esculpe os animais selvagens mais lindos do mundo.

Sebastian não sabia. Claro que os vira por toda a casa dos fundos, mas ignorava que seu pai os tivesse feito.

— Ano passado ele inscreveu um de seus patos na Feira de Idaho e venceu. Que tipo de pato era aquele, Leo?

— Um pato-trombeteiro.

— Era lindo — o rosto de Clare iluminou-se como se ela própria tivesse esculpido.

— O que você ganhou? — perguntou Sebastian ao pai.

— Nada — a nuca de Leo corou acima da gola de sua camisa bege. — Uma faixa azul e só.

— Uma faixa azul *enorme*.Você é muito modesto. A competição foi dura. *Veni, vidi, vici.*

Sebastian observou o rubor crescendo aos poucos nas faces do pai:

— Vim, mandei ver e venci com uma escultura de pato?

— Bom — dizia Leo enquanto baixava os olhos para o carpete. — Nada que se compare aos prêmios que você ganhou, mas foi bom.

Sebastian nem ao menos sabia que seu pai estava por dentro de seus prêmios jornalísticos. Não se lembrava de tê-los mencionado nas poucas vezes em que se falaram ao longo dos anos, mas deve ter dito algo.

Joyce adentrou a sala de jantar toda vestida de preto, como o anjo da maldição, e encerrou a discussão sobre patos e premiações:

— Hmm — disse, apontando para o aparador — agora que estou vendo, não sei se gosto dele aí. — colocou um lado de seu cabelo chanel cinza curto atrás da orelha com uma das mãos e torceu o colar de pérolas ao redor do pescoço com a outra. — Bom, tenho de resolver isso — virou-se para os três à sua frente e colocou as mãos na cintura ossuda. — Fico feliz por estarmos todos na mesma mesa graças a uma idéia minha — olhou a filha. — Caso tenha esquecido, Leo faz sessenta e cinco anos no sábado, e no mês que vem completa trinta anos trabalhando com a gente. Como você sabe, ele tem um valor inestimável e praticamente faz parte da família. Em alguns aspectos, mais do que o senhor Windgate jamais fez.

— Mamãe! — advertiu Clare.

Joyce deteve-a, erguendo a mão magra.

— Pensei em fazer algo no mês que vem para comemorar as duas datas, mas na verdade eu acho que, já que Sebastian está na cidade, deveríamos organizar uma reuniãozinha com os amigos de Leo este fim de semana.

— Nós?

— Este fim de semana? — Sebastian não planejara ficar o fim de semana.

Joyce voltou-se a Clare:

— Eu sei que você vai querer ajudar nos preparativos.

— Lógico, vou ajudar no que puder. Na maior parte das vezes trabalho até as quatro da tarde; depois disso, estou livre.

— Claro que você pode tirar uns dias de folga.

Clare parecia que ia discutir, mas no último instante colocou no rosto um de seus sorrisos falsos:

— Sem problemas. Vou ficar feliz em ajudar no que for possível.

— Não sei, não — afirmou Leo, balançando a cabeça. — Isso me parece que vai dar muito trabalho. E Sebastian não sabe quando vai partir.

— Tenho certeza de que ele pode ficar mais alguns dias — então, a mulher que um dia o expulsou de suas terras como uma rainha, pediu. — Você pode ficar? Por favor.

Ele abriu a boca para dizer "não". Em vez disso, outra coisa foi dita e ele se ouviu dizer:

— Por que não?

Por que não? Existem vários bons motivos para isso. Primeiro, não sabia ao certo se mais tempo não faria de seu relacionamento com o pai menos embaraçoso. Segundo, seu artigo para a *Newsweek* obviamente não seria escrito na mesa da cozinha de seu pai. Terceiro, precisava lidar com a propriedade da mãe, embora chamar aquilo de propriedade fosse um esforço. Os motivos quatro e cinco estavam diante dele: um foi nitidamente aliviado por conta de sua decisão. O outro, perturbado e ainda fingindo que ele era invisível.

— Maravilha — Joyce juntou as mãos e colocou os dedos debaixo seu queixo. — Clare, já que você está aqui, podemos começar agora mesmo.

— Pra dizer a verdade, mamãe, eu preciso ir embora — e virando-se para Sebastian. — Você me acompanha até a saída?

De repente, ele não era mais invisível. Estava certo de que Clare tinha algo para lhe dizer sobre a noite passada, algumas lacunas que queria que ele preenchesse, e ele ponderou se a deixaria ou não em suspense. Por fim, ficou curioso quanto ao que ela iria pedir.

— Claro — desencostou do aparador e tirou as mãos dos bolsos.

Saiu da sala de jantar acompanhando-a, os saltos prateados dos sapatos dela ressoando suavemente pelos tacos da cozinha: *tap, tap...*

Sebastian chegou antes à escadaria e abriu a porta de trás para Clare. Seu olhar percorreu ligeiro o azul dos olhos dela até o cabelo puxado para trás com gel. Quando era criança, parecia sempre que o cabelo causava-lhe sofrimento. Agora que era uma mulher, parecia seda negra pedindo para ser desarrumada.

— Você está diferente — afirmou ele.

A manga do *tailleur* dela resvalou-lhe na camiseta.

— Não foi bem o melhor sábado à noite da minha vida.

Sebastian deu uma risadinha e fechou a porta atrás deles.

— Quero dizer, você está diferente de quando era criança. Você usava aqueles óculos de lentes grossas.

— Ah.. Fiz uma cirurgia *Lasik*[15] há uns oito anos.

Baixou o olhar para os próprios pés enquanto caminhavam debaixo um velho carvalho na direção da garagem. Uma brisa brincava com as folhas sobre sua cabeça e as sombras agitaram-se sobre seu cabelo e seu perfil.

— Quanto você escutou da conversa com a minha mãe? — perguntou durante a caminhada do jardim até a garagem particular de pedra.

— O suficiente para saber que sua mãe não recebeu tão bem as novidades sobre Lonny.

— Na verdade, Lonny é o homem perfeito para minha mãe — detiveram-se ao lado do pára-choque traseiro do Lexus. — Alguém que arrume as flores e que não a incomode na cama.

---

[15] N.T.: *Lasik*: uma intervenção cirúrgica para correção de miopia.

— Parece até um empregado — *Como meu pai* — pensou.

Clare colocou uma das mãos sobre o automóvel e olhou para os fundos da casa.

— Tenho certeza de que você adivinhou por que pedi pra você me acompanhar até aqui. Precisamos conversar sobre o que aconteceu a outra noite. — Balançou a cabeça e abriu a boca para continuar, mas não veio nada. Ergueu a mão do carro para, a seguir, colocar de volta. — Não sei por onde começar.

Sebastian poderia ajudá-la. Esclarecer tudo bem rápido e contar que não haviam dormido juntos, mas não era de seu feitio facilitar a vida dela. Em seus anos como jornalista aprendeu que bastava ter paciência e ouvir. Inclinou a cintura dentro do carro, cruzou os braços por sobre o peito e esperou. Vários raios de sol distinguiam-lhe os fios de cabelos castanhos, e o único motivo que poderia pensar por que havia reparado naquilo era por ter sido treinado para perceber pequenos detalhes. Era seu trabalho.

— Imagino que a gente se encontrou no bar do Double Tree — recomeçou.

— Certo. Você estava entornando um licor com um cara que usava um boné de basebal para trás e uma camiseta regata. — Era verdade. Então ele quebrara a regra de "apenas ficar ouvindo" e adicionou uma mentirinha para se divertir. — Ele tinha um *piercing* no nariz e uns dentes a menos.

— Ai, meu Deus — ela fechou a mão em um punho — Não sei se quero saber todos os detalhes. Quer dizer, talvez eu devesse.. até um certo limite. É que...

Fez uma pausa e engoliu em seco, com dificuldade. O olhar de Sebastian foi até a boca de Clare, desceu para o pescoço e para o primeiro botão da blusa. Estava abotoada até o pescoço, mas existia outro lado dela. Aquele que vira a noite anterior. Que não puxava o cabelo para trás, nem colocava colar de pérolas no pescoço antes do meio-dia. Imaginava se ela estaria usando o bustiê cor-de-rosa debaixo daquele tailleur sem sal. Estava escuro no quarto do hotel, e não dera uma boa olhada antes que ela o dispensasse.

— Em geral eu não sou do tipo que bebe até esquecer nem convida homens para o quarto do hotel. Você talvez não acredite nisso, e eu não o culpo. Eu... tive um dia muito ruim mesmo, e disso você já sabe — disse ela, atropelando as palavras.

Enquanto ouvia, Sebastian deixou a mente fluir, divagando se ela usava uma tanguinha debaixo daquele *tailleur* virginal. Igual à que vestia naquela noite. Aquela tanguinha era demais. Não se importaria em vê-la novamente. Não que gostasse tanto de Clare. Não gostava, mas nem toda mulher ficava bem de tanguinha. Tinha viajado o mundo e visto uma boa parcela de mulheres vestidas assim. Precisava ser uma com bumbum firme e ter uma belo traseiro para encarar uma tanguinha.

— ... camisinha.

Epa!

— Quê? — voltou a olhá-la no rosto. As faces ganhavam um tom vermelho forte. — Repete!

— Preciso saber se você usou um preservativo na noite passada. Não sei se estava tão embriagado quanto eu, mas espero que tenha lembrado. Sei que foi minha responsabilidade... tanto quanto sua, é verdade. Mas já que eu não estava planejando... éééé... não tinha nenhum comigo.

Então, espero que você... tenha sido responsável e usado. Porque hoje em dia, há conseqüências sérias para quem não pratica sexo seguro.

Ela o acusara de ter se aproveitado dela quando estava bêbada. Fingira que ele não existia, e agora estava parecendo que se preparava para acusá-lo de ter dado-lhe algo realmente desagradável.

— Vou fazer uma consulta com meu médico no fim de semana, e se a gente não usou um preservativo, acho que seria bom você também consultar seu médico. Pensei que estivesse em um relacionamento sério, mas... você sabe o que dizem, não é só a pessoa com quem você está dormindo, mas também todo mundo com quem você já dormiu — deu uma risadinha nervosa e piscou algumas vezes, como se estivesse lutando contra as lágrimas. — Então...

Sebastian olhou-a diante dele, as sombras bulindo com aqueles cabelos escuros e tocando um dos cantos da boca de Clare.

Lembrou-se da garotinha de óculos imensos que o seguia por todo lugar quando era garoto, e como fizera todos aqueles anos, começou a sentir pena dela.

Diacho.

Cinco

A gente não transou.

— Como é? — os olhos de Clare ardiam enquanto brigava com as lágrimas que insistiam em cair. Achava-se humilhada e constrangida, mas não iria chorar em público, principalmente diante de Sebastian. Sua natureza era inflexível. — Que foi que você disse?

— A gente não transou — encolheu os ombros grandes. — Você estava bêbada demais.

Durante vários longos segundos, Clare olhou Sebastian, mal acreditando nos próprios ouvidos.

— Não? Mas você disse que a gente tinha!

— Não, desde o começo, não. Você acordou nua e concluiu que a gente tinha. Eu deixei você pensar que sim.

— O quê? — não haviam transado e ela havia acabado de reviver a agonia dos últimos poucos momentos, e por nada? — Você fez mais do que me deixar pensar que sim. Disse que tínhamos feito muito barulho e que você teve medo de que chamassem a segurança.

— É, talvez eu tenha enfeitado um pouco.

— Um pouco? — a dor atrás dos olhos transformava-se em raiva aguda — Você me chamou de insaciável!

— Bom, você mereceu — apontou para a cerveja Molson em sua camiseta e teve a ousadia de se fingir ofendido. — Nunca me aproveitei de uma mulher bêbada. Nem mesmo de uma que dançasse nua bem na minha frente, me arrastasse para cama e me acariciasse a noite toda.

— Acariciei? Acariciei? — será que fizera mesmo aquilo? Não sabia. Talvez ele estivesse mentindo sobre aquilo, também. Tinha mentido sobre a transa. Respirou para ficar calma e tentou se lembrar de que não gritara em público. Nem gritara ou esmurrara até a morte algum canalha deitado. *Seja gentil*, avisava a vozinha em sua cabeça. *Não se rebaixe ao nível dele.* Havia sido criada para ser uma garota gentil e veja onde isso foi parar. Garotas gentis não são as primeiras a terminar. Ficam sentadas, reprimindo dizer a grosserias, já que são garotas muito gentis. Guardando tudo, apavoradas que algum dia venham a explodir, e o mundo veria que, afinal de contas, elas não eram assim tão gentis. — Não acredito em você.

— Você estava esparramada em mim. Praticamente grudada.

— Com certeza você está delirando. — ele a provocava como quando eram crianças, só que ela não ia cair nos antigos padrões infantis — Mas eu não tenho de acreditar em suas fantasias malucas.

— Você queria uma transa pervertida, baixa e suja. Mas eu não achei que era correto me aproveitar de uma manguaceira.

Sentiu a cabeça apertando.

— Não sou uma bêbada.

Ele ergueu os ombros.

— Você estava. Eu só não fiz o que você ficou me implorando para fazer.

A pressão na cabeça explodiu:

— Mentiroso! Escroto! — respondeu, sem se importar se seu ataque era sinal de imaturidade, de grosseria ou se havia caído na armadilha dele. Ele merecia. Ou, melhor, ela se sentiu bem, até ele dar o sorrisinho travesso. Aquele que ela bem conhecia. Que ia até os olhos verdes dele e roubava o prazer dela.

Sebastian caminhou alguns passos adiante até que sobrasssem quase dois centímetros e meio de ar separando-lhe o peito das lapelas da jaqueta dela.

— Você me apertou tanto que os botões da minha braguilha marcaram seu bumbum.

— Vê se cresce — moveu a cabeça para trás e passou os olhos pelo queixo e pelos lábios escanhoados até chegar aos olhos. — Por que eu ia acreditar em você? Você acabou de reconhecer que estava mentindo. Nós não transamos e — parou e segurou o fôlego — Graças a Deus. — Sentiu-se como se de repente houvesse tirado uma carga pesada do coração. — Graças a Deus não dormi mesmo com você — disse, em meio a um fluxo imenso de alívio. Balançou a cabeça e começou a rir como doida. Não era das que bebiam e ficavam promíscuas, afinal. Não havia voltado aos padrões autodestrutivos. — Você não sabe o quanto estou aliviada. Não tivemos uma transa gostosa, daquelas que fazem suar. — Levou a palma da mão até a testa. Até que enfim uma boa notícia, depois de uma semana infernal! Ufa!

Sebastian cruzou os braços sobre o peito e encarou-a. Uma mecha de cabelos loiros cor de areia caiu-lhe sobre a testa bronzeada.

— O seu jeito de andar é tão tenso que eu duvido que alguma vez já tenha experimentado uma transa com gritos, gostosa, das que fazem suar. Nem ia saber o que é isso mesmo se fosse agarrada e levada ao êxtase.

Clare praticamente conseguia sentir a indignação nos hormônios dele. Tinha razão: jamais experimentara sexo com gritos, gostoso, que fizesse suar. Ela, porém, saberia se fosse levada ao êxtase.

— Sebastian, eu ganho a vida escrevendo romances — levou as mãos aos bolsos de sua jaqueta.

— Ah, é?

Apanhou as chaves. Não havia jeito de ela deixá-lo saber que tinha razão quanto a ela.

— De onde você acha que eu tiro minhas idéias para toda a transa com *gritos*, fogo e suor que coloco em meus livros? — Aquela era uma das perguntas mais freqüentes que faziam para autores de romances e uma das mais absurdas. Embora houvesse motivos para chamar o que fazia de *ficção* romântica, se lhe dessem um dólar todas as vezes em que lhe perguntavam de onde vinham as idéias para as cenas de amor que escrevia, poderia facilmente criar uma renda paralela — Tem toda uma pesquisa cuidadosa. Você é jornalista, sabe o que é pesquisa, não sabe?

Sebastian não respondeu, embora seu sorriso travesso se mostrasse enfraquecido.

Clare abriu a porta de seu carro e Sebastian foi obrigado a recuar um passo.

— Você não acha que eu invento tudo aquilo, acha? — disse, sorrindo, e entrou no carro. Sem esperar pela resposta, ligou o carro e fechou a porta. Enquanto ia, olhou no retrovisor do carro para Sebastian, parado exatamente onde o deixara, olhando para ela aturdido.

Jamais lera um romance romântico. Achava-os melosos. Coisa de mulher. Sebastian enterrou os dedos nos bolsos dianteiros do jeans e observou os faróis traseiros de Clare sumirem. Quanto sexo ela colocava naqueles livros que escrevia? E até que ponto parecia gostoso?

A porta traseira da casa fechou e chamou a atenção para o pai, caminhando na direção dele. Seria por que a senhora Wingate não apreciasse falar que a filha escrevia profissionalmente? Era pornografia? E, o mais importante: será que Clare fazia mesmo aquele tipo de pesquisa?

— Vejo que Clare foi embora — disse o pai, enquanto se aproximava. — É uma garota adorável.

Sebastian olhou para o pai e duvidou que estivesse falando da mesma Clare que acabara de chamá-lo de mentiroso e escroto. Ou da Clare que se mostrara tão aliviada pelo fato de não ter transado com ele que parecia um presidiário no corredor da morte que encontrara Deus de repente. Como se pudesse cair ao chão e louvar a Jesus.

— Sei que Joyce pressionou você lá atrás — Leo se deteve diante de Sebastian e enfiou o chapéu na cabeça. — Sei que você não estava planejando ficar o fim de semana — olhou o jardim e acrescentou: — Sinta-se à vontade para não ficar. Eu sei que você tem coisas importantes para fazer.

Nenhuma das quais sentia-se *obrigado* a fazer.

— Eu posso passar o fim de semana aqui, pai?

— Bom — Leo balançou a cabeça. — Então está bom.

Acima de suas cabeças, esquilos faziam barulho nas árvores e Sebastian perguntou:

— O que você vai fazer hoje?

— Bom, depois de me trocar, eu estava pensando em ir até a concessionária Lincoln.

— Precisa de um carro novo?

— Pois é, o Lincoln já chegou aos cinqüenta.

— Você tem um Lincoln de cinqüenta anos?

— Não — Leo balançou a cabeça. — Não. O contador é que chegou às cinqüenta mil milhas. Compro um modelo Town Car novo a cada cinqüenta mil milhas.

Ah, é? O Land Cruiser de Sebastian tinha mais de setenta mil, mas ele não conseguia se ver livre dele. Na verdade, não era assim tão materialista. A não ser com relógios de pulso. Adorava um bom relógio de pulso cheio de apetrechos.

— Quer companhia? — ouviu-se dizendo. Passar um tempo como pai longe da casa dos fundos talvez fosse o que os dois precisassem. Quem sabe alguns carros servissem para estreitar o relacionamento pai-e-filho. Sebastian poderia ajudar o pai. Poderia seria bom.

Os esquilos continuavam a fazer barulho em meio ao silêncio. Então Leo respondeu:

— Claro. Se você estiver com tempo. Ouvi seu celular tocando hoje de manhã e achei que você estivesse atarefado.

O telefonema dizia respeito a uma matéria para uma destacada revista de notícias, que ele e o editor chefe haviam conversado muitos meses atrás. Agora não sabia se estava mesmo querendo pegar um avião e viajar para Rajwara, na Índia, atrás de uma epidemia de Febre de Lábrea. Os métodos convencionais de tratamento naquela região do mundo haviam criado parasitas que resistiam a medicamentos, e não produziam mais efeito. O índice projetado de mortalidade era de duzentos mil em todo o mundo.

Quando conversara com o editor acerca da matéria, parecia algo fundamental e empolgante. Ainda era de vital importância, só que agora não se achava tão entusiasmado em ver os rostos sofridos e desesperados, nem de ouvir os lamentos que vinham das cabanas, à medida que caminhava pelas ruas cheias de poeira. Estava perdendo a paixão pela história, e sabia disso.

— Não tenho nada para fazer nas próximas horas — afirmou, e ambos rumaram até a casa dos fundos. Podia sentir que o desejo pelo trabalho esfriara um pouco, e isso o deixava apavorado. Se não fosse jornalista, não estivesse caçando histórias nem ajeitando parágrafos de introdução, que diabos era ele? — Aonde mais você quer ir além da concessionária Lincoln?

— A lugar nenhum. Sempre fui apaixonado pelo Lincoln.

Os pensamentos de Sebastian voltaram à infância, e ele se lembrou do carro que seu pai dirigia:

— Você tinha um Versailles, com dois tons de marrom e bancos de couro bege.

— Cor de palha — corrigiu Leo, ao passarem por uma fonte de mármore com um querubim urinando em uma concha. — O couro era cor de palha naquele ano.

Os dois tons eram palha e abóbora claro.

Sebastian gargalhou. Quem iria adivinhar que seu pai era o *nerd*[16] dos Lincolns? O BlackBerry pendurado em seu cinto tocou, e ele ficou do lado de fora para atender, enquanto

[16] N.T.: Ele se referia ao filme *Rain Main.* Na história, o autista gênio interpretado por Dustin Hoffman era "especialista" em números.

o pai entrava na casa dos fundos a fim de mudar de roupa. Um produtor do *History Channel* desejava saber se Sebastian queria ser entrevistado para um documentário sobre a História do Afeganistão que estavam elaborando. Sebastian não se considerava um especialista no assunto. Era mais um observador. Entretanto, aceitou conceder a entrevista e a marcou para o mês seguinte.

Meia hora depois que o telefonema tinha acabado, ele e o pai achavam-se a caminho da concessionária, à procura de modelos Town Car. Leo estava todo arrumado em um terno azul-marinho e uma gravata com o Diabo da Tasmânia. Seu cabelo cinza estava lustroso e escovado para trás, como se tivesse penteado com uma bisteca de porco.

— Por que esse terno? — indagou Sebastian, enquanto o carro ia pela avenida Fairview e passava pelo Drive Inn Rocky's. Conforme seguiam, uma garçonete de patins e minissaia rodava por uma fila de caros com uma bandeja sobre a cabeça.

— Vendedores respeitam quem usa terno e gravata.

Sebastian voltou-se para o pai:

— Com uma gravata dos Looney Tunes, não.

Leo olhou o filho de relance. Em seguida, voltou os olhos verdes para a estrada:

— O que tem de errado na minha gravata?

— Esse personagem de desenho animado — explicou.

— E daí? É uma gravata ótima. Muitos caras usam gravatas assim.

— Não deviam — murmurou Sebastian, e olhou pela janela do passageiro. Só porque não gostava de fazer compras, isso não significava que não sabia se vestir.

Andaram em silêncio com o carro por mais alguns instantes, enquanto Sebastian observava o terreno que subia e descia pela rua movimentada. Nada lhe parecia familiar.

— Já passei por aqui antes? — perguntou.

— Claro — respondeu Leo, conforme acelerava e ultrapassava uma mulher que levava um cachorrão preto e um beagle. — É onde eu tive aulas — disse, e apontou uma antiga escola com um sino no alto. — Lembra-se de quando eu levei você e a Clare no cine *drive-in*?

— Ah, lembro! — comeram pipoca e beberam Fanta laranja — Assistimos ao *Superman II*.

Leo passou para a pista do meio.

— Derrubaram tudo. Hoje é lá que vendem os Lincolns. — virou para entrar na concessionária e passou com o automóvel devagar pela fileira de carros brilhantes, planejada para despertar o desejo no mais minimamente materialista. Estacionaram perto do centro do local. Logo chegou J. T. Wilson, que trajava uma camisa pólo com o símbolo da concessionária acima do bolso esquerdo.

— Em qual dos Town Cars vocês estão interessados? — perguntou J. T. enquanto os três atravessavam o estacionamento a pé. — Temos três modelos do Signature.

— Ainda não decidi. Queria fazer um *test drive* em alguns para comparar.

Sebastian não conseguia entender por que um sujeito ficaria empolgado com um Town Car. No entanto, tão logo cruzaram por duas filas de utilitários, parou como se seus pés tivessem subitamente colado no asfalto.

— Que tal um *test drive* no Navigator?

Olhou de relance o estofamento de veludo do veículo e passou a mão pela pintura preta e brilhante. Conseguia se ver naquele carro e imaginar-se estrada afora tamborilando os dedos com o som estéreo.

— Eu gosto do Town Car.

— Você pode colocar um conjunto de rodas cromadas — insistiu Sebastian, sentindo uma inesperada paixão por carros. Talvez fosse mais parecido com Leo do que pensava. — Uma grade personalizada, quem sabe?

— Eu me sentiria ridículo, igual àquele tal de Puff Daddy.

— Agora é "P. Diddy".

— Hein?

— Esquece. Que tal um rolé[17]?

Leo balançou a cabeça e continuou andando.

— Não gosto de bife à rolé.

— Aqui na rodovia tem um restaurante com cardápio bem variado — explicou J. T.

Sebastian não se preocupou em avisá-los que estava falando em dar um passeio com o carro. Prosseguiram a caminhada com hesitação e, juntos, Sebastian e Leo pegaram um Town Car dourado para o *test drive*.

— Por que você troca um carro perfeito a cada cinqüenta mil quilômetros? — perguntou, à medida que saíam da concessionária.

— Por causa da perda de valor. Dá pra dar o carro como entrada. — respondeu Leo — E eu adoro carro novo. — Sebastian não sabia nada sobre perda de valor e não vivia acompanhando de perto a quilometragem de seu automóvel. — Bem macia esta coisa.

[17] N.T.: No original consta a expressão *haul*, que causou um mal-entendido entre Sebastian e Leo. Leo queria dizer *haul ass*, que significa "pisar fundo no acelerador", ao passo que seu pai entendeu *haul* como "colocar carga". O vendedor, então, entendeu menos ainda, conforme aparece nos diálogos.

— Também é boa para dar um rolé por aí.

Sebastian olhou para o pai, e dentro do carro ambos partilharam um sorriso. Até que enfim concordavam em alguma coisa. A importância de dar um rolé.

Ambos passaram a meia hora seguinte queimando o asfalto e desfrutando momentos de silêncio agradável, pontuados por conversas fáceis. Falaram sobre as mudanças percebidas em Boise, embora fosse mais novo a última vez que visitara a cidade. A população tinha crescido demais e trazido com ela muito progresso. Uma coisa, porém, ficara do mesmo jeito que ele se lembrava: o edifício do capitólio, construído de arenito e elaborado para ficar igual ao prédio do Capitólio em Washington, na capital. Na infância, o pai o levara para conhecer, e ele se recordava do interior de mármore e de ficar engatinhando ao redor de um canhão em algum lugar interessante. Lembrava-se mais de como aquilo era à noite. Todo aceso, com a águia dourada brilhando no alto do domo, a sessenta e poucos metros de altura.

Ao retornarem à concessionária, a hora do recreio havia se esgotado, e Leo voltou aos negócios.

— Não sei — balançou a cabeça. — Você precisa baixar esse preço.

— É minha melhor oferta.

— E dá pra dar como entrada — ajudou Sebastian, empenhando-se para auxiliar o pai. — Não é?

Leo voltou a cabeça e olhou-o. Dez minutos depois, partiam do local no Town Car antigo, de volta à casa dos fundos.

— Jamais diga a um vendedor que vai dar seu carro antigo como entrada, a menos que ele pergunte. Eu tinha acabado de fazer ele chegar até onde eu queria — dizia Leo, enquanto deixavam a concessionária para trás. — Você talvez ache que saiba uma coisa ou outra sobre se vestir, mas não sabe nada sobre comprar um carro — balançou a cabeça. — Agora vou ter de desistir da concessionária. Nunca vou conseguir uma boa oferta lá.

Grande maneira de estreitar a relação pai-e-filho.

Após o jantar daquela noite, Leo trabalhou no jardim, e depois do noticiário das dez ambos foram se deitar. Sebastian pediu desculpas por ter estragado a oferta e Leo sorriu, dando tapinhas no ombro do filho enquanto este ia para a cama.

— Desculpe se fiquei meio esquentado. Acho que a gente ainda não está acostumado um com o outro. Ainda vai levar um tempo.

Sebastian duvidou que um dia fossem "se acostumar um com o outro". Ambos estavam pisando em terreno desconhecido, lutando para encontrar algo em comum. Mesmo assim, não deveria ser tão difícil.

A sós na cozinha, foi até a geladeira e apanhou uma cerveja. Sua vida estava no apartamento em Mercer Place, em Seattle. E ele nem tinha um caminhão de coisas esperando por ele — precisava lidar com os próprios problemas, e era necessário arrumar tudo na casa da mãe, em Tacoma. Morara naquela casa durante quase vinte anos, e aprontá-la para a venda seria um transtorno daqueles.

Ele ainda tinha dez anos, e a mãe se casara e divorciara três vezes. Em cada ocasião, os caras prometiam que ela seria feliz para sempre. Em cada ocasião, tivera muita esperança de que o casamento durasse toda a vida. Cada marido, porém, ficava com ela menos de um ano. Seus namorados não duravam tanto. E sempre que outro relacionamento não dava certo ela punha Sebastian para dormir e chorava até cair no sono, enquanto ele ficava acordado, escutando os soluços através das paredes finas.

As lágrimas dela também o faziam chorar. Magoavam-lhe o coração e o faziam sentir-se indefeso e amedrontado.

No ano em que se formou no colégio, Sebastian e a mãe se mudaram meia dúzia de vezes. Ela trabalhava como "consultora de beleza", ou seja, cortava e penteava cabelos. Isso fazia com que arrumasse emprego com mais facilidade sempre que precisavam mudar, e todas as vezes desejando um "novo começo". O que significava também uma nova vizinhança e que Sebastian precisava fazer amizades novamente.

No verão em que completou dezesseis anos, fixaram-se na casinha em North Tacoma. Por algum motivo — provavelmente porque a mãe amadurecera ou se cansara de tantas mudanças — ela decidiu fixar-se naquela casinha da Eleventh Street. Também deveria ter se cansado dos homens. Deixou de namorar quase na mesma ocasião e, em vez de empregar tantas energias em relacionamentos, passava o tempo reformando o quarto da frente da casa, transformando-o na Boate da Carol — batizada em sua homenagem — e equipando-a com dois salões de beleza, dois lavatórios para os cabelos e cadeiras com secadores. Myrna, sua melhor amiga, sempre trabalhara lado a lado com a mãe, cortando cabelos, fazendo permanentes e partilhando as mais recentes novidades.

Na Boate da Carol, permanentes e fixadores jamais saíam da moda e enchiam a casa com o aroma de xampu alcalino, água oxigenada e álcool. A não ser aos domingos. O salão fechava aos domingos e sua mãe lhe aprontava um enorme café da manhã. Durante algumas horas, as panquecas de mirtilo[18] expulsavam o cheiro da química para permanentes, corantes e spray para cabelo.

---

[18] N.T.: O mirtilo (*blueberry*) é uma fruta pequena, redonda e de cor azulada, mais comum nos EUA do que aqui.

Naquele mesmo ano, Sebastian conseguiu um emprego lavando pratos em um restaurante local. Depois de algum tempo foi promovido a gerente do turno da noite. Comprou uma picape, laranja desbotado, com um pára-choque traseiro amassado. Naquele emprego, aprendeu o valor do trabalho árduo e como obter o que desejava. Naquele ano também conquistara a primeira namorada. Monica Diaz era dois anos mais velha. Dois anos a mais de vivência. Foi com ela que aprendeu a diferença entre sexo bom, sexo ótimo e sexo de enlouquecer.

Sebastian apanhou a cerveja e foi à cozinha. Seus passos faziam o único som na silenciosa casa dos fundos. Ao se formar no colégio, optou por jornalismo porque se atrasou na hora da inscrição e todas as outras opções haviam se esgotado. Passaria os três anos seguintes fazendo reportagens sobre a cena musical local para o jornal da escola. No último ano de faculdade, tornou-se o editor do jornal, mas logo aprendeu que determinar e editar histórias não tinha tanta graça. Preferia mexer com o lado informativo do jornalismo.

Levou a cerveja até os lábios e apanhou o controle remoto da televisão, que repousava em uma mesa perto da cadeira reclinável do pai. Pulou de um canal para o outro usando o polegar. De repente, sentiu um aperto no peito e atirou o controle na mesa. Como colocar a vida de sua mãe toda arrumadinha em caixas de papelão?

Pensar em empacotar a vida dela deu-lhe um espasmo no peito. Se fosse honesto consigo mesmo, a idéia de limpar aquela casa foi um dos motivos que o haviam trazido à cidade — uma das coisas que o deixavam acordado à noite.

Andou até uma estante embutida perto da lareira e pegou o primeiro dos álbum de fotos ali enfileirados. Abriu-o, folheando suas páginas. Recortes de artigos de jornais e revistas caíram no chão, cobrindo-lhe os pés. Na primeira página do álbum, uma foto de Leo encarava-o de volta. O pai segurava nos braços um bebê enrolado em panos caídos. A foto achava-se desbotada e dobrada ao meio. Concluiu que havia sido tirada pela mãe. Imaginou que teria uns seis meses na ocasião, o que significaria que os três teriam morado em Homedale, uma cidadezinha a leste de Boise, e seu pai estaria trabalhando em uma fábrica de laticínios.

Como todos os filhos de pais divorciados, Sebastian lembrava-se de ter perguntado à mãe por que não moravam com o pai.

— Porque seu pai é preguiçoso — dissera ela. Na época, não compreendera o que a preguiça tinha a ver com não morarem juntos, como uma família. Quando ficou mais velho, soube que o pai não era preguiçoso, apenas não tinha ambição, e que uma gravidez inesperada juntara duas pessoas completamente diferentes. Duas pessoas que nunca deveriam ter trocado um aperto de mãos, sem contar que geraram um bebê.

Folheou o resto do álbum repleto de instantâneos diferentes e fotos de escola. Uma das imagens era dele mesmo, segurando um peixe tão grande quanto ele mesmo na época. O peito estava estufado e um sorriso enorme mostrava dois dentes da frente faltando.

Abaixou-se, recurvado sobre um dos joelhos e apanhou os recortes. Sua mão se deteve assim que reconheceu que eram algumas antigas matérias dele. Havia uma sobre a morte de Carlos Castañeda e artigos da *Time* sobre a válvula cardíaca de Jarvis e o assassinato de James Bird. Foi um choque ver todos seus artigos. Não sabia que o pai estivera acompanhando sua carreira. Recolocou-os dentro do álbum e se deteve.

Conforme o encaixava de volta na primeira brecha, um par de apoios de livro metálicos sobre a abóbada acima da lareira chamou-lhe a atenção. Entre os patos de ouro que brilhavam havia uma coleção de oito brochuras de uma autora chamada Alicia Gray. Apanhou os dois primeiros livros da prateleira e puxou-os. O primeiro tinha uma capa roxa e exibia um homem e uma mulher em roupas de época. O vestido vermelho dela estava apertado nos ombros e os seios encontravam-se prestes a saltar do decote. O homem estava sem camisa e vestia calças pretas apertadas e botas. Letras douradas em alto-relevo exibiam o título: *O Abraço do Pirata do Diabo*. O segundo livro, *A Prisioneira do Pirata*, trazia um homem em pé na proa de um navio, o vento esvoaçando-lhe a camisa branca inflada. Não tinha sabre, perna de pau ou tapa-olho. Apenas uma caveira com dois ossos cruzados e uma mulher com as costas pressionadas contra seu peito. Sebastian guardou um dos exemplares e abriu o outro. Deu uma risadinha ao abri-las em leque até o final. Clare devolvia-lhe o olhar em uma foto publicitária em branco e preto.

— Esta noite está cheia de surpresas — completou, lendo a biografia dela.

Alicia Gray é formada pela Boise State University and Bennington, começava, seguindo para uma lista de conquistas, incluindo algo chamado o prêmio RITA dos Escritores de Romance da América. *Alicia adora jardinagem e está esperando que seu próprio herói levá-la às nuvens.*

— Boa sorte com isso — ridicularizou Sebastian. Um cara teria de estar desesperado para tentar algo com Clare. Apesar da opinião de seu pai sobre ela, Clare Wingate era um estorvo, e qualquer homem esperto ficaria longe dela.

De onde você acha que eu tiro minhas idéias para toda a transa com gritos, fogo e suor que coloco em meus livros?, perguntara, quando resolveu não ignorá-lo. *Tem toda uma pesquisa cuidadosa.* Um estorvo com curvas suaves nos lugares certos, e uma boca que fazia um homem pensar em sexo oral. O que Sebastian imaginou ser uma vergonha e um desperdício completo.

Folheou até chegar à página de propaganda *teaser* na frente e foi até a cadeira reclinável de couro do pai. Apertou o interruptor do abajur e começou a ler assim que se sentou.

— Por que o senhor está aqui? — leu.

— Você sabe por que eu vim, Julia. Beije-me — exigiu o pirata. — Beije-me e deixe-me provar da doçura de seus lábios.

— Jesus! — exclamou Sebastian, e foi até o Capítulo Um. Aquilo o faria dormir depressa.

Seis

Clare ergueu a mão e bateu à porta vermelha da casa dos fundos. Pelas lentes escuras de seus óculos de sol, deu uma rápida olhada no relógio de pulso dourado. Pouco mais de duas da tarde. Na varanda, o sol impiedoso aquecia-lhe os ombros nus. A temperatura se mantinha nos 35 graus, querendo chegar a 38.

Havia escrito cinco páginas pela manhã, caminhara pela esteira por meia hora em seu quarto de hóspedes e fizera uma lista de nomes para o aniversário de Leo. Nesses últimos dias, embora houvesse se desgastado com planos, ficava atarefada demais para pensar em sua vida. Agradecia por isso, apesar de nunca admitir para a mãe. Depois de ter buscado os nomes para Leo, tinha de comprar produtos de lavagem a seco e artigos para decoração de festas. Em seguida, prepararia o jantar e lavaria a louça, o que, pelos seus cálculos, a deixaria ocupada até seis ou sete horas da noite. Depois disso, quem sabe escreveria mais um pouco. Sempre que pensava em Lonny sentia um pedacinho de seu coração se partindo aos poucos. Talvez se ficasse se ocupando bastante pelos próximos meses, recuperasse seu coração magoado e poupar a si mesma de um pouco do sofrimento.

Ainda esperava por um momento de iluminação. Uma luz que seria lançada em sua vida, mostrando-lhe por que havia escolhido Lonny. Um estalo que lhe traria uma explicação sobre o porquê de não ter visto a verdade em seu relacionamento com ele.

Ajeitou a bolsinha no ombro. Ainda não havia acontecido.

A porta se abriu em um balanço. A luz derramou-se pela entrada e brilhou dentro da casa.

— Santa mãe de Deus! — exclamou Sebastian, erguendo um braço para proteger os olhos do sol.

— Infelizmente não é ela.

Abaixo de seu braço nu, admirou-a com olhos avermelhados, como se não a tivesse reconhecido de todo. Usava o mesmo jeans e a mesma camiseta Molson que vestira na véspera, amarrotado e de cabelos em pé.

— Clare? — disse, enfim, com a voz áspera e sonolenta, como se tivesse acabado de pular da cama.

— A própria — fios de barba marrom-claros deixavam a metade inferior do rosto dele sombreados, e a sombra que vinha do braço caía-lhe sobre a linha dos lábios — Acordei você?

— Já levantei faz um tempinho.

— Ficou acordado até tarde?

— É — esfregou o rosto com as mãos. — Que horas são?

— Mais ou menos duas e quinze. Dormiu vestido?

— Não seria a primeira vez.

— Saiu de novo para beber?

— Beber? — as mãos foram parar dos lados do corpo — Não. Fiquei a noite toda acordado, lendo.

Livros de fotos não eram considerados literatura. A frase chegou-lhe na ponta da língua. Clare, porém, seria gentil naquele dia, mesmo se isso a matasse. Chamar Sebastian de escroto no dia anterior tinha sido ótimo. Por um tempo. Mas, no momento em que entrara na garagem de casa, o orgulho tinha diminuído e ela se sentira deselegante e malcriada. O melhor a fazer seria pedir desculpas — educadamente. Preferia se matar.

— Deve ter sido um bom livro.

— Era interessante — um esboço de sorriso curvou-lhe os lábios.

Ela não perguntou que tipo de livro havia lido. Na verdade, não se importava.

— Seu pai está por aqui?

— Não sei — afastou-se, e ela entrou na casa, passando por ele. Sebastian cheirava a linho de roupas de cama e pele aquecida; era um homem tão grande que parecia encolher o espaço ao redor. Ou, quem sabe, só parecesse assim porque ela se acostumara com Lonny, apenas alguns centímetros mais alto que ela, uma mulher de altura mediana, além de bastante magro.

— Procurei por ele na casa da minha mãe e não o achei — levou os óculos escuros ao topo da cabeça e olhou para Sebastian enquanto este fechava a porta. Ele curvou as costas, ficou diante dela, cruzou os braços sobre o peito e olhou os pés de Clare. Ergueu a vista vagarosamente, desde os dedos nas sandálias vermelhas, subindo até o vestido de alças com estampas de cereja vermelha. Sua atenção parou na boca de Clare, antes de continuar até os olhos. Inclinou a cabeça para um lado, estudando-a, como se tentasse descobrir alguma coisa.

— O que foi? — perguntou ela.

— Nada — afastou-se da porta e caminhou ao lado dela até a cozinha. Seus pés estavam descalços. — Acabei de fazer café. Quer um pouco?

— Não. Às duas horas, em geral, eu tomo uma Coca *diet*.

Ela o seguia logo atrás, fitando seus ombros largos. As mangas da camiseta grudadas em volta dos bíceps protuberantes e as pontas de seu cabelo loiro cor de areia tocavam o colarinho na base do pescoço. Não havia dúvida quanto aquilo. Sebastian era o protótipo do macho alfa. Um *cara*. Enquanto Lonny tinha suas particularidades quanto às roupas, Sebastian dormia com elas.

— Meu pai não toma Coca *diet*.

— Eu sei. Ele curte RC Cola[19]. Já eu, odeio.

Sebastian voltou o olhar para Clare e passou para a velha mesa de madeira empilhada de blocos de notas, cadernos de anotações e pastas-arquivo. Um *laptop* jazia aberto e um pequeno gravador com três fitas ficava ao lado de um BlackBerry.

— Ele é a única pessoa que conheço que ainda toma isso — disse Sebastian, enquanto abria um guarda-louça e apanhava uma caneca no alto da prateleira. A parte de baixo de sua camiseta enfiada no jeans passava pela cinta, abaixo da cintura. A tira de elástico da cueca surgia muito branca, em contraste com a pele bronzeada do final das costas.

A lembrança de seu traseiro nu surgiu de repente no cérebro dela. Clare, então, ergueu os olhos para a parte de trás daquele cabelo de quem tinha acabado de acordar. Naquela manhã no Double Tree ele não usava cueca.

[19] N.T.: Uma das inúmeras imitações da Coca Cola, também à venda no Brasil.

— É um cliente bastante fiel — disse ela.

As lembranças daquela manhã lhe davam vontade de afundar no chão da cozinha e sumir. Não tinha transado com ele. Embora fosse um alívio imenso, ela precisava se perguntar o que haviam mesmo feito, e como terminara praticamente nua. Se tivesse achado que ele daria uma resposta direta, pediria que preenchesse as lacunas.

— Está mais para teimoso — corrigiu Sebastian, de costas para ela. — Com opiniões muito bem formadas.

Clare, porém, não acreditava que ele lhe daria a verdade sem enfeites, só por pura diversão. Não era possível acreditar em Sebastian, mas aquilo não era novidade.

— Faz parte do charme dele.

A poucos metros dele, ela inclinou o traseiro contra a mesa.

Sebastian segurou a jarra com uma das mãos e com a outra serviu o café na caneca.

— Tem certeza de que não quer?

— Tenho — com ambas as mãos, Clare agarrou-se à superfície da mesa, perto de seus quadris e, de propósito, percorreu o olhar mais uma vez pelas costas da camiseta amarrotada e pelas longas pernas do jeans que ele usava. Embora não conseguisse evitar a comparação com Lonny, achava esse comportamento natural. Além do fato de ambos serem homens, não tinham nada em comum. Sebastian era mais alto, maior, e tinha uma névoa espessa de testosterona ao redor. Lonny era menor, mais magro e se achava em sintonia com os sentimentos dela. Talvez fosse aquele o charme de seu ex-. Não era ameaçador. Clare esperou que um estalo lhe viesse à cabeça, o que não aconteceu.

Sebastian pousou a jarra e Clare voltou a atenção para o gravador perto de sua mão direita.

— Você está escrevendo um artigo? — perguntou. Não houve resposta, e ela olhou com mais atenção.

As luzes do sol se derramavam pela janela da cozinha, atingindo os ombros e um lado do rosto de Sebastian. Espalhavam-se pelos fios de barba de sua face e se confundiam em seus cílios. O rapaz levou a caneca até os lábios e fitou-a ao mesmo tempo em que assoprava o café.

— "Escrevendo", na verdade, não. Está mais para teclar e apagar o mesmo parágrafo introdutório.

— Você está travado?

— Algo assim — tomou um gole.

— Quando eu fico travada, em geral, é porque estou tentando começar um livro pelo lugar errado ou pelo ângulo errado. E quanto mais tento, mais travada fico.

Ele baixou a caneca. Ela esperou que ele fosse dizer algo depreciativo sobre escrever romances. Suas mãos contraíram-se sobre a mesa, enquanto ela se enrijecia e aguardava ele dizer que o que redigia tinha importância e fazer pouco dos livros dela, dizendo que não passavam de fantasias para donas de casa entediadas. Que saco, a própria mãe banalizava-lhe o trabalho. Dentre todas as pessoas do mundo, não esperaria algo melhor de Sebastian Vaughan.

Em vez de iniciar um crítica pesada e depreciativa, porém, ele a olhou como fazia antes. Como se esperasse para descobrir alguma coisa.

— Quem sabe? É que eu não "fico travado". Pelo menos nunca fiquei, e nem por tanto tempo.

Clare aguardou que ele prosseguisse. Achava-se preparada para que ele defendesse a literatura da moda e dissesse algo para menosprezá-la. Havia defendido a si própria, a seu estilo e seus leitores durante tanto tempo que conseguiria lidar com o que quer que lhe atirasse. No entanto, Sebastian simplesmente bebeu o café, e ela inclinou a cabeça para um lado, olhando para *ele* como se não pudesse descobrir nada sobre *ele*.

Agora era a vez de Sebastian perguntar:

— Como é?

— Acho que ontem eu mencionei que escrevo romances — disse, sentindo-se compelida a salientar.

Ele ergueu uma sobrancelha enquanto baixava a caneca.

— É, você mencionou, sim, com o fato de que você faz toda sua pesquisa sexual.

Verdade. Que inferno! Ele a deixara furiosa e Clare dissera coisas que voltavam para assombrá-la. Coisas ditas num instante da raiva, raiva que aprendera, há muito tempo, manter sob uma fachada de felicidade.

— E você não tem nada depreciativo a dizer?

O rapaz balançou a cabeça.

— Nenhuma pergunta sarcástica?

— Só uma — sorriu, virou-se e colocou a caneca na bancada diante da cintura.

Clare segurou uma das mãos como se fosse um guarda de trânsito.

— Não. Não sou ninfomaníaca.

O sorriso se transformou em risinhos, os vincos da boca deixando linhas nos cantos de seus olhos verdes.

— Essa não é a pergunta sarcástica, mas obrigado por esclarecer — cruzou os braços sobre a camiseta amarrotada. — O que eu quero saber mesmo é *onde você faz* essa pesquisa toda.

A mão de Clare despencou. Imaginou ter duas respostas para aquilo. Ficar ofendida e dizer para ele "Vê se cresce" ou manter a calma. Ele parecia estar fazendo o tipo simpático hoje, mas Sebastian era daquele jeito. O homem que tinha mentido sobre terem transado.

— Está com medo de me contar — provocou-a.

Não tinha medo de Sebastian.

— Tenho um quarto especial em casa — mentiu.

— O que tem nesse quarto?

Ele parecia totalmente sério. Como se acreditasse mesmo nela.

— Sinto muito, não divulgo esse tipo de informação para um repórter.

— Eu juro que não conto para ninguém.

— Sinto muito.

— Ah, qual é? Faz tempo que ninguém me fala nada tão picante.

— Fala ou faz?

— O que é que tem no seu quarto de safadezas, Clare? — insistiu. — Chicotes, correntes, presilhas, cordas, roupas de látex?

Cordas? Pelo amor de Deus!

— Parece que você entende bem de quartos com safadezas. — disse ela.

— Sei que não tenho alergia a látex. Além disso, sou hétero. Não entro nessas de ser espancado ou amarrado como um peru na ceia de Natal — afastou-se do bancada e bebeu alguns goles em silêncio. — Imobilizadores?

— Algemas — disse, aproximando-se quase trinta centímetros. — Com plumas, porque sou legal.

Sebastian riu, como se ela tivesse dito algo divertido.

— Desde quando você é legal?

Talvez nem sempre tivesse sido gentil com Sebastian, mas ele adorava tirá-la do sério. Endireitou-se e voltou o olhar para os fios de barba no queixo e para os olhos verdes.

— Eu tento ser legal.

— Queridinha, você precisa se esforçar mais.

Sentiu que se exaltava um pouco, mas não ia morder a isca. Hoje não. Sorriu e deu tapinhas no rosto dele.

— Sebastian, não vou brigar com você. Nada que você faça hoje vai me irritar.

Ele virou o rosto e mordeu-lhe de leve o lado da palma da mão.

— Certeza?

Os dedos dela curvaram-se de encontro ao rosto áspero dele, à medida que uma conmsciência perturbadora revolveu-lhe o estômago. Baixou a mão, mas podia sentir o calor da boca dele e as pontas afiadas dos dentes na palma da mão. De repente ela não tinha tanta certeza de nada.

— Sim.

— E se eu beliscasse... — levantou a mão e tocou o canto da boca de Clare. — ...Aqui? — as pontas dos dedos dele deslizaram pelo maxilar dela e roçavam-lhe um lado da nuca. — E aqui — fez os dedos escorregarem até as pontas do vestido de alças e ao longo da clavícula. — E aqui?

A respiração ficou interrompida no peito, enquanto ela o olhava fixamente.

— Acho que vai doer — controlou-se, o espanto apertando-lhe a garganta. — Tinha de ser espanto, e não o calor do toque dele roçando-lhe de leve a garganta.

— Nem um pouco — o olhar subiu do pescoço para os olhos. — Você vai gostar, confie em mim.

Confiar em Sebastian? O garoto que era legal só para poder instigá-la e torturá-la? Que só fingia gostar dela para atirar-lhe lama no vestido limpo e fazê-la chorar?

— Aprendi a não confiar em você faz muito tempo.

Ele desceu a mão para um lado.

— Quando eu era desse tamanho?

— No dia em que você quis que eu mostrasse o rio a você e jogou lama no meu vestido — disse, imaginando que ele, sem dúvida, esquecera aquele dia tanto tempo atrás.

— Aquele vestido era muito branco.

— Quê? — como é que uma coisa pode ser *muito branca*? Ou era branco, ou era sujo.

Sebastian recuou alguns passos e apanhou o café.

— Você sempre foi perfeita demais. Seu cabelo. Suas roupas. Seu jeito. Não era natural. A única vez em que estava divertida foi quando ficou toda bagunçada e fazendo algo que pensava que não devia.

Clare apontou para o próprio peito.

— Eu era bem divertida — Sebastian franziu a testa, em dúvida, e ela insistia. — Ainda sou divertida. Todas as minhas amigas acham.

— Clare, seu cabelo era muito puxado para trás na época e você o usa muito puxado para trás hoje — balançou a cabeça. — Ou suas amigas estão mentindo para você não sofrer, ou são tão divertidas quanto um grupo de orações.

Não ia discutir sobre o quanto ela e as amigas eram divertidas.

— Você já esteve em um grupo de orações?

— Você acha difícil de acreditar? — franziu a testa e olhou-a de cara feia por quase dois segundos, antes que o canto de sua boca erguesse e revelasse seu segredo. — Na faculdade, uma das primeiras histórias que me mandaram cobrir envolvia um grupo de evangélicos recrutando pessoas no *campus*. Uma gente tão chata que eu dormi em uma cadeira dobrável — deu de ombros. — Provavelmente não ajudou eu estar numa ressaca dos infernos.

— Que pecado dizer isso.

— Você conhece o provérbio que diz sobre encontrar aquilo que a gente gosta e ir atrás — o outro lado da boca dele se tornou um sorriso travesso, deixando poucas dúvidas sobre ele ter transformado o pecado em um tipo de arte.

O coração dela palpitou um pouco, quisesse ela ou não que isso acontecesse. E ela não queria. Apanhou os óculos sobre a cabeça, e o cabelo deslizou sobre a orelha até a bochecha.

— Se você encontrar seu pai, diga-lhe que preciso falar com ele sobre a lista e convidados para a festa — pediu, mudando intencionalmente o assunto da conversa e eliminando qualquer pensamento sobre pecado.

— Claro — levou o café até os lábios. — Deixe a lista e eu prometo que ele vai ler.

Ela jogou o cabelo para trás.

— Você faria isso?

— E por que não?

Talvez porque ser gentil e prestativo com ela não fosse do feitio de Sebastian.

— Obrigada.

Ele bebeu de novo e a fitou por cima da caneca.

— De nada, E-Clare[20].

Clare franziu a testa e apanhou um pedaço de papel da bolsa no ombro dela. À medida que iam crescendo, ele a chamava criando variações com o nome dela. Hairy Clary[21] era a de que menos gostava. Fez a lista na mesa e ajeitou a bolsa. Lembrava-se da época em quase se achava muito esperta e tentou passar-lhe a perna, chamando-o de bananão. Ouvira a expressão em algum lugar e achou que estava chamando-o de tonto... Até que ele perguntou se ela queria ver o bananão dele. Nunca vencera nada contra Sebastian.

— Diga-lhe que essas são as pessoas com quem já entrei em contato e que vêm à festa. Se ele perceber que falta alguém, alguma pessoa da qual me esqueci, preciso saber o mais rápido possível — olhou-o novamente — Mais uma vez, obrigada! — disse, e tomou o rumo da porta.

Sem uma só palavra, Sebastian observou-a ir embora. O café quente desceu por sua garganta enquanto seus olhos correram para os cabelos escuros e brilhantes que roçavam levemente os ombros e as costas nuas dela.

Que mulher mais certinha, toda arrumada. Alguém deveria fazer-lhe um favor e bagunçá-la só um pouco. Amarrotar-lhe as roupas e borrar-lhe o batom. Na frente da casa, a porta se abriu e se fechou, e Sebastian foi até a mesa. Aquele alguém não seria ele. Não interessa se era uma tentação. Era empertigada demais para o gosto dele. E mesmo se ela se soltasse não conseguia imaginar que

---

[20] N.T.: *E-Clare*: Sebastian faz um trocadilho com o nome Clare e uma empresa que trabalha com organização de eventos e festas.
[21] N.T.: Uma menção aos pêlos pubianos da mulher.

levar Clare para a cama melhoraria suas relações com o pai. Sem falar de Joyce.

Chutou a cadeira para longe da mesa e sentou-se, ligando o computador. O único motivo que poderia arrumar para explicar a inexplicável atração que sentia por Clare era que 1) tinha a visto sem roupas; 2) fazia um bom tempo que não tinha relações sexuais; e 3) o maldito livro dela. Não tinha pensado em lê-lo de uma só vez, mas ela o fisgou, e ele leu tudo. Cada página, muito bem escrita e bem ardente.

Naquelas raras ocasiões em que Sebastian encontrava tempo para ler algo que não estava relacionado a seu trabalho, escolhia um livro de Stephen King. Quando garoto, adorava terror e ficção científica. Quando adulto, jamais tinha pensado em ler romances. Desde o primeiro capítulo ficara impressionado com a escrita uniforme e profunda de Clare. Claro, havia alguns exageros emocionais em certas partes, tanto que ele chegou a resmungar algumas vezes. Mas também tinha um erótico excessivo. Não do tipo de erotismo escrito por homens, como o fórum da revista *Penthouse*. Estava mais para conduzir o leitor pela mão do que dar-lhe um tabefe na cara.

Na noite anterior, quando caíra no sono, tinha sonhado com Clare. Outra vez. Só que agora, em vez de uma tanguinha, ela vestia pantalonas e um corselete branco. Graças ao estilo literário muito claro, conseguira visualizar cada tira e cada laço.

E naquele dia, ao abrir a porta, encontrara-a na entrada da porta, como se tivesse evocado a presença dela. Para piorar, havia as cerejas no vestido. *Cerejas*, pelo amor de Deus. Como se fosse uma sobremesa. Isso o fez lembrar no mesmo instante, do pirata que atirou Lady Julia sobre sua enorme mesa e lambeu o creme Devonshire que havia nos seios dela.

Puxou a camiseta sobre a cabeça e esfregou-a no peito. Precisava transar. Aquele era o problema. Só que não conhecia ninguém na cidade que pudesse ajudá-lo com o tal problema. Não apanhava mais mulheres só por uma noite. Não sabia dizer ao certo quando dormir com uma estranha tinha perdido a graça, mas imaginou ter sido na mesma época em que escolheu uma mulher num bar em Tulsa, que se tornou violenta no instante em que não quis lhe dar o número do celular.

Seu processador de texto surgiu na tela. Atirou a camiseta aos pés. Um rápido olhar em suas folhas de anotações e Sebastian embaralhou e puxou algumas. Passava por outras rapidamente, deixando esta e aquela de lado, apanhando-as em seguida e colocando-as em outra ordem. Pela primeira vez, em semanas, tivera um estalo. Observou depressa as anotações em um bloco, apanhou um lápis e rabiscou mais um pouco. A inspiração surgiu, e ele levou os dedos ao teclado. Seu pescoço ia de um lado a outro, conforme escrevia:

Disseram-me que seu nome é Smith, mas poderia ser Johnson ou Williams, ou qualquer sobrenome tipicamente americano. É loiro e usa terno e gravata, como se algum dia quisesse concorrer à presidência. Seus heróis, entretanto, não são Roosevelt, Kennedy ou Reagan. Ao falar de grandes homens, cita Tim McVeigh, Ted Kaczynski e Eric Rudolph. Terroristas locais que se escondem no subconsciente americano, ofuscados e esquecidos, por ora, por seus correspondentes estrangeiros, até o próximo ato de extremismo americano invadir os noticiários noturnos e espirrar tinta preta pelos jornais do país como o sangue escoa pelas ruas.

Tudo estava se encaixando e saía com naturalidade. Durante as três horas seguintes, o som uniforme do bater de teclas encheu a cozinha. Fez uma pausa para encher novamente a caneca de café e, quando terminou, sentia-se como se um elefante tivesse lhe saído de cima do peito. Inclinou-se para trás na cadeira e respirou aliviado. Por mais que odiasse admitir, Clare tinha razão. Estivera tentando forçar, começar a matéria pelo lugar errado, e não era capaz de enxergar. Tinha estado tenso demais. Tinha perdido a flexibilidade, olhando para o que era tão óbvio e evidente. Se Clare estivesse diante dele, teria lhe beijado a boca linda. Claro que beijá-la *em qualquer lugar* estava absolutamente fora de questão.

Sebastian ergueu-se da cadeira e se espreguiçou. Antes, quando perguntara sobre a pesquisa, estava apenas a fim de provocá-la um pouco. Quebrar-lhe as pernas. Irritá-la, como fazia quando garoto. Só que, agora, a piada era com ele. Tinha trinta e cinco anos, viajara o mundo todo e estivera com várias mulheres diferentes. Não ficava excitado nem incomodado com uma escritora de romances em um vestido com estampas de cereja, como quando era menor. Principalmente aquela escritora em especial.

Mesmo se Clare estivesse disponível para mais algumas rodadas de sexo descompromissado, livre, gostoso e que fizesse suar — e coloque um belo *se* aí — jamais ia acontecer. Estava em Boise para tentar criar um relacionamento com o pai. Algo que renascia das cinzas, e dormir com Clare colocaria a perder o pouco sucesso que obtivera. Não importava o fato de Joyce não ser a patroa dele. Era patroa do pai dele, e isso fazia dela a filha da chefe. Se anos atrás haviam feito uma tempestade em copo d'água por causa de um diálogo sobre sexo, odiava imaginar o que fariam se eles tivessem *mesmo* transado. No entanto, mesmo se Clare não fosse a filha da chefe, Sebastian sabia, por instinto, que ela era mulher de um homem só. O problema com mulheres assim é que ele não era um homem de uma só mulher.

Sua vida havia desacelerado nos anos mais recentes, mas, dos vinte anos em diante, passara a maior parte quicando de uma cidade a outra. Seis meses aqui, nove ali, aprendendo a profissão, lapidando suas habilidades, fazendo nome. Encontrar mulheres jamais havia sido um problema. Ainda não era, embora ele fosse muito mais atento aos trinta e cinco do que fora aos vinte e cinco.

Um dia, quem sabe, ele se casaria. Quando estivesse pronto. Quando a imagem de si mesmo fazendo isso não fizesse erguer as mãos e recuar com a idéia de ter esposa e filhos. Talvez porque não tinha sido criado exatamente na melhor das situações. Tivera dois padrastos: um, do qual gostava; o outro, de que não gostava. Gostara de alguns dos namorados de sua mãe, embora sempre soubesse que era uma questão de tempo antes que a abandonassem, e ela, mais uma vez, iria se trancar no quarto.

À medida que ia amadurecendo, sempre soube que seus pais o amavam. Apenas odiavam-se mutuamente. A mãe nunca ocultara seu ódio com relação ao pai. Para ser justo, o velho nunca dissera *nada* contra a mãe. No entanto, aquilo que uma pessoa não diz fala mais alto. Jamais quis ficar preso àquele círculo vicioso com uma mulher, e ele, sem dúvida, não queria educar um filho num ambiente assim.

Sebastian dobrou-se até a cintura e apanhou sua camiseta do chão. Não, nunca iria descartar casamento e família. Um dia iria decidir quando estivesse pronto, mas esse dia ainda nem passava pela sua cabeça

A porta da cozinha abriu-se e seu pai entrou. Foi até a pia e abriu a torneira:

— Você está trabalhando?

— Acabei agora.

Leo pegou um sabonete e lavou as mãos.

— Amanhã é meu dia de folga. Se você não estiver ocupado, achei que talvez a gente pudesse ir de carro até a represa Arrorock dar banho em umas minhocas.

— Você quer ir pescar?

— É. Você gostava de pescar, e eu ouvi dizer que tem bastante peixe lá.

Pescar com o pai. Poderia ser exatamente do que estavam precisando, ou se transformar em um desastre. Como a compra do carro.

— Eu adoraria pescar com você, papai.

Sete

No dia seguinte ao casamento de Lucy, Clare havia feito um voto de sobriedade. Às 5h32 da tarde de quinta-feira, esse voto foi quebrado. A verdade é que havia motivos para comemorar.

Clare tinha em mãos uma garrafa de Dom Perignon e ia tirando da rolha com os polegares. Momentos depois, o som de um estouro, e a rolha voava pela cozinha, atingindo um guarda-louça de mogno muito longe e ricocheteando atrás do fogão. Enquanto a escritora enchia três taças altas de champanha, um fiapo de névoa emanava do gargalo da garrafa.

— Isso vai ser bom — disse, com um sorriso sem remorsos. — Eu o roubei da minha mãe.

Adele apanhou uma taça.

— Champanha roubado é sempre a melhor pedida.

— De que ano é? — perguntou Maddie, pegando sua taça.

— Mil novecentos e noventa. Mamãe estava guardando para o dia do meu casamento. Só porque eu desisti dos homens não quer dizer que uma garrafa de champanha de ótima qualidade tenha de sofrer — a taça tiniu com as de Maddie e Adele. — À minha saúde.

Uma hora atrás, fizera um exame de HIV via oral e, em dez minutos, o resultado tinha sido negativo. Um peso a menos nos ombros. As amigas estavam presentes quando recebeu a boa notícia.

— Obrigada por terem me acompanhado — disse, e deu um gole. A única parte triste da comemoração era a ausência de Lucy. Clare, porém, sabia que a amiga comemorava maravilhosamente por conta própria, abusando do sol das Bahamas com o novo marido. — Sei que vocês duas são ocupadas, e a presença de vocês lá significou muito para mim.

— Não agradeça à gente — Adele passou um braço em volta da cintura de Clare. — Somos amigas.

— Nunca estou ocupada para você — Maddie bebeu e suspirou. — Faz tanto tempo que só bebo coisas com pouco carboidrato. É fabuloso.

— Você ainda está fazendo a dieta Atkins? — indagou Clare. Até onde se lembrava, Maddie vinha passando de uma dieta a outra. Era uma batalha constante para se manter em um jeans tamanho trinta e seis. Como eram escritoras, claro que passar tanto tempo sentadas adicionava uns quilos à balança, e era algo contra a qual todas lutavam. Contudo, para Maddie, tratava-se de um combate sem fim.

— Agora estou fazendo a de South Beach — respondeu.

— Você deveria tentar voltar para a academia — sugeriu Adele, e a inclinou o traseiro no gabinete de granito preto. Todas as manhãs, Adele corria oito quilômetros, morrendo de medo de um dia herdar a bunda grande da mãe.

— Não. Já me matriculei em quatro e saí depois de uns meses — Maddie balançou a cabeça. — O problema é que eu odeio suar. É um nojo!

Adele levou a taça aos lábios:

— Faz bem suar. Todas as toxinas ruins saem do corpo.

— Não. Pra *você* que é bom. Gosto das minhas toxinas ruins onde elas estão.

Clare deu uma gargalhada e apanhou a garrafa pelo gargalo.

— Maddie está certa. Ela precisa manter longe do conhecimento do mundo todas as suas toxinas ruins.

As três caminharam até a sala de estar, repleta de mobília antiga que, durante gerações, estivera na família de Clare. Os braços de sofás e cadeiras de encosto redondo achavam-se cobertos com protetores de linho ornamentais que uma bisavó ou tia-avó havia feito com as próprias mãos. Pousou a garrafa na mesa de café com tampo de mármore e sentou-se em uma das cadeiras de espaldar alto.

Maddie escolheu o sofá na outra extremidade.

— Já pensou em chamar os caras da *Antiques Roadshow*[22]?

— Por quê? — perguntou Clare, e apanhou um fio branco do seio esquerdo de sua camisa de gola rolé preta sem mangas.

— Pra lhe dizerem o que são essas coisas. — Maddie apontou para o descanso de pé francês e o pedestal com um querubim.

[22] O *Antiques Roadshow* é uma espécie de reality show dos Eua, que existe há doze anos. Nele, especialistas das grandes casas de leilão e negociantes independentes oferecem avaliações gratuitas de antiguidades e artigos de colecionador. (Disponível em: http://www.pbs.org/wgbh/roadshow/about.html)

— Eu sei o que são todas essas coisas e de onde elas vieram — deixou o fio sobre uma cerâmica *cloisonné*.[23]

Adele observava as estatuetas Staffordshire[24] sobre a abóbada da lareira:

— Como você faz pra deixar isso tudo limpo?

— Dá um trabalhão!

— Livre-se de alguns.

— Não posso — balançou a cabeça — Tenho a doença dos Wingates. Acho que está nos genes. Não conseguimos nos livrar das heranças de família, nem mesmo do que é mais horroroso e, acreditem, minha bisavó Foster tinha um gosto medonho. O problema é este: a gente se acostumou a ter uma árvore genealógica imensa, mas fomos reduzidos a alguns poucos ramos. Minha mãe e eu, uns primos na Carolina do Sul e uma montanha de antiguidades de família — tomou um gole de champanha. — Se acha minha casa ruim, vai ver o sótão da minha mãe. Argh! Parece um museu.

Adele afastou-se da abóbada da lareira e foi do carpete até o sofá.

— Será que o Lonny roubou alguma coisa quando foi embora? Além da sua cachorra?

— Não — o gosto por antiguidades era um ponto em comum de ambos. — Ele não ia querer me ver furiosa.

— Alguma novidade sobre ele?

— Nada, desde segunda-feira. Troquei as fechaduras ontem e meu colchão novo chega amanhã.

---

[23] *Cloisonné* é uma palavra francesa que significa estar enclausurado. Tradicionalmente, a técnica do *cloisonné* consiste na fixação de finíssimos fios de metal sobre uma peça, formando o contorno de um desenho. Os espaços (*cloisons*) resultantes são preenchidos com esmalte. (Disponível em: http://www.joiabr.com.br/esmalt/0506.html)

[24] N.T.: As estatuetas Staffordshire são miniaturas de porcelana muito valiosas.

Olhou para baixo, na direção da taça, e agitou a champanha amarelada. Menos de uma semana atrás, tinha uma felicidade ingênua. Agora, estava tocando adiante sem Lonny. Fechaduras novas. Cama nova. Vida nova. Pena que seu coração não se movia tão rapidamente quanto o restante dela. Perdera não só o noivo, mas também um amigo íntimo. Lonny mentira sobre uma porção de coisas, mas não acreditava que a amizade tivesse sido uma farsa.

— Acho que nunca vou entender os homens — disse Adele — Eles têm sérios problemas mentais.

— Que foi que o Dwayne fez agora? — quis saber Clare.

Durante dois anos, Adele namorou Dwayne Larkin e achava que ele pudesse ser o príncipe encantado. Fez vista grossa a seus hábitos indesejáveis, como cheirar o sovaco das camisas antes de vesti-las, porque era musculoso e muito bonito. Adele se conformou com as manias dele: encher a cara de cerveja e tocar uma guitarra imaginária. Até chegar o momento em que disse que ela estava ficando com uma "bunda grande". Ninguém ousava chamar seu traseiro daquela maneira. Para Adele, era um palavrão. Chutou o rapaz de sua vida. Ele, entretanto, não chegou a sair completamente. Semana sim, semana não, Adele achava alguma coisa que tinha deixado na casa dele, colocada diante da varanda dela. Nada de bilhetes. Nada de Dwayne. Apenas coisas aleatórias.

— Ele deixou uma garrafa de loção meio cheia e um protetor de sapatos na varanda — voltou-se para Clare. — Lembra-se dos protetores de sapato em forma de joaninha que você me deu quando tirei o apêndice?

— Lembro-me, sim.

— Ele só me devolveu um deles.

— Canalha.

— Que medo.

Adele encolheu os ombros.

— Estou mais incomodada do que com medo. Queria que ele se cansasse disso e parasse — chamou a polícia e disse o que estava acontecendo, mas um antigo namorado que vinha devolvendo as coisas de uma ex-namorada não era contra a lei. Ela poderia obter uma ordem de restrição,[25] mas não sabia se aquilo valia uma briga. — Sei que ele talvez tenha mais coisas minhas.

— Você precisa arranjar um namorado grandalhão pra colocar esse cara pra correr — afirmou Clare. — Se eu ainda tivesse um namorado, eu emprestaria ele pra você.

Maddie baixou o olhar e fitou Clare.

— Me desculpa, querida, mas o Lonny não ia colocar o Dwayne pra correr.

Adele encostou no sofá.

— Verdade. Dwayne teria dado um nó nele.

É. Talvez fosse verdade, pensou Clare, e bebeu um gole de sua champanha.

— Você deveria falar com Quinn, assim que ele e Lucy chegarem da lua-de-mel.

Quinn McIntyre era detetive do Departamento de Polícia da cidade e saberia o que fazer.

— Ele investiga crimes violentos — salientou Adele, que foi como Lucy conheceu o belo detetive. Estava pesquisando namoros pela internet, e ele procurava uma assassina serial. Lucy tinha sido sua suspeita número um, mas, no fim, ele lhe salvara a vida. Tudo muito romântico no coração e na mente de Clare. Bem, tirando a parte apavorante.

---

[25] N.T.: No original *restraining order*. Aqui no Brasil não existe esse tipo de procedimento jurídico, devido, entre outras coisas, ao *habeas corpus* (direito de ir e vir).

— Vocês crêem que exista o homem certo para cada mulher? — perguntou Clare, que acreditava em alma gêmea e amor à primeira vista. Ainda queria, embora houvesse uma diferença entre querer acreditar e acreditar de fato.

Adele balançou a cabeça:

— Gosto de pensar que sim.

— Eu não. "Enquanto não aparece o homem certo, eu me divirto com os errados".

— Como isso funciona com você? — perguntou Clare a Maddie.

— Muito bem, Doutor Phil[26] — Maddie inclinou-se para frente e posou a taça vazia na mesa de café. — Não quero que me mandem flores nem caixas de bombom. Não quero romantismo, nem quero compartilhar o controle-remoto da minha TV. Só quero sexo. Vocês podem pensar que isso não seja difícil de encontrar, mas é sim. Muito difícil.

— Isso é porque a gente tem padrões — Adele entornou sua taça e secou-a. — Como um trabalho remunerado. Nada de artistas aproveitadores, nada de dentaduras que pulam quando ele fala, a menos que seja um jogador de *hockey* e extremamente fogoso.

— Não pode ser casado, nem assassino — Maddie pensou por instantes e, como era típico dela, adicionou: — Também ter presença cairia bem.

— Presença sempre cai bem.

Clare ficou em pé e encheu de novo as taças:

---

[26] N.T.: Referência a um programa de televisão dos EUA, apresentado por Doutor Phil, um psicólogo que fala sobre problemas femininos.

— É obrigatório não ser gay — ainda aguardava pelo "click" interior. O dia em que saberia e conseguiria ver por que vivia escolhendo enganadores e mentirosos. — A única coisa boa que veio quando desmanchei com Lonny é que meu trabalho está rendendo de um jeito surpreendente.

Encontrava conforto no trabalho de escritora. Conforto de ser transportada, durante várias horas por dia, a um mundo que criava quando a realidade de sua vida era um lixo.

A campainha da porta soou e a versão *musak*[27] de *Paperback Writer* encheu a casa. Clare pousou sua taça e fitou o relógio de porcelana sobre o abóbada da lareira.

— Não sei quem pode ser — dizia enquanto ficava em pé. — Esqueci-me de me inscrever na bolsa de apostas.

— Talvez seja um pessoal de igreja — retrucou Adele. — Andaram invadindo meu bairro andando de bicicleta.

— Se forem bonitinhos — ajudou Maddie —, convide eles para beber e se perderem com a gente.

Adele riu.

— Você vai queimar no inferno.

Clare olhou rapidamente por cima de um ombro e se deteve tempo suficiente para dizer:

— E está tentando levar a gente junto. Nem pense em pecado nesta casa. Não preciso de um karma desses.

Dirigiu-se à entrada, abriu a porta e deparou, cara a cara, com o garoto dos pôsteres do pecado e da perdição parado nas sombras de sua varanda, fitando-a de volta através de um par de óculos escuros. A última vez que vira Sebastian

[27] N.T.: *Musak* é um tipo de música feito para tocar em ambientes como elevadores, supermercados e lojas de departamentos.

ele se achava sonolento e desarrumado. Naquela noite, vinha de cabelos penteados e barba feita. Usava uma camiseta verde-escura enfiada em calças cargo bege. Não ficaria mais chocada se desse de cara com uma equipe de um programa de prêmios pela televisão ali na varanda com um cheque enorme e balões.

— Oi, Clare.

Ela se inclinou para o lado esquerdo e olhou atrás dele. Na beira da calçada, um Land Cruiser estacionado.

— Tá com tempo? — tirou os óculos de sol no rosto, deixou escorregar um fone de ouvido pela gola frouxa de sua camiseta e apoiou-o suavemente no queixo. Devolvia o olhar a Clare com aqueles olhos verdes cercados de cílios grossos que ela achava tão difíceis de resistir quando menina.

— Claro — hoje em dia ela não tinha esse problema, e afastou-se. — Minhas amigas estão aqui e acabamos de fazer um grupo de oração. Entre. Nós vamos orar por você.

Sebastian gargalhou e entrou.

— É meu estilo de diversão.

Clare fechou a porta atrás dele e seguiu-a até a sala de estar. Maddie e Adel ergueram os olhares, as taças suspensas no ar, a conversa parando no meio da frase. Clare conseguia praticamente ler os balões de fala acima da cabeça das amigas. Seria o mesmo "Caramba, hein?" que teria sobre a dela se não conhecesse Sebastian. Mas só porque Maddie e Adele tinham parado para admirar um homem de boa aparência não significava que estivessem babando por um rostinho bonito, nem que iriam começar a ver se estavam com mau hálito ou ajeitar os cabelos a qualquer instante. Não eram mulheres fáceis de impressionar. Em especial Maddie, que enxergava todos os homens como criminosos em potencial até que lhe provassem o contrário.

— Sebastian, essas são as minhas amigas — disse Clare, atravessando a sala. As duas se ergueram e Clare olhava-as como se não as reconhecesse. Adele, com seus cabelos loiros, compridos e cacheados até o meio das costas e olhos azul-turquesa mágicos, que às vezes pareciam mais verdes do que azuis, dependendo do humor. E Maddie, com suas curvas sensuais e pinta no rosto à la Cindy Crawford no canto dos lábios carnudos. Tinha amigas bonitas, e perto delas se sentia, às vezes, a garotinha de tranças apertadas e óculos grossos. — Maddie Jones escreve sobre crimes reais, sob o pseudônimo de Madeline Dupre, e Adele Harris escreve fantasia de ficção científica usando o nome verdadeiro.

Enquanto Sebastian apertava a mão de cada uma, olhava-as nos olhos e sorria; os lábios ergueram-se de modo tão suave que teriam encantado mulheres mais sensíveis.

— É um prazer conhecer as duas — disse, e parecia sincero. O surgimento repentino de suas boas maneiras ocultas foi outro choque para Clare. Tão grande quanto ter aberto a porta e encontrá-lo na varanda.

— Sebastian é filho de Leo Vaughan — prosseguiu — as duas mulheres haviam visitado a casa da mãe de Clare em diversas ocasiões e conheciam Leo. — Ele é jornalista — já que o convidara a entrar, deveria ser hospitaleira. — Quer tomar champanha?

— Não, mas aceito uma cerveja, se você tiver — respondeu, voltando o olhar para ela, fitando-a por cima do ombro.

— Lógico.

— Para quem você escreve? — perguntou Maddie, enquanto levava a taça aos lábios.

— Basicamente, sou autônomo, apesar de hoje em dia trabalhar para a *Newsweek*. Dentre as principais, escrevi matérias para *Time*, *Rolling Stone*, *National Geographic*... — respondia, listando suas impressionantes credenciais, enquanto Clare deixava o recinto.

Na geladeira, a anfitriã apanhou uma garrafa de Hefewezein que era de Lonny e destampou-a. Não conseguia mais ouvir o que diziam, apenas o rumor baixo e a textura profunda da voz do jornalista. Apesar de ter vivido durante um ano com um homem dentro de casa, ter Sebastian nas sala ao lado parecia muito esquisito. Trazia uma energia diferente para a casa. Energia que, naquele instante, ela não podia tocar.

Assim que voltou à sala de estar, ele havia se sentado na cadeira dela, tranqüilo e confortável, como se não fosse a nenhum lugar tão cedo. Obviamente tinha a intenção de ficar mais de "um tempinho", e Clare se indagava o que o havia trazido ali.

Maddie e Adele encontravam-se no sofá, ouvindo as histórias jornalísticas de Sebastian.

– Faz alguns meses, fiz uma matéria bem interessante para a *Vanity Fair*, sobre um negociante de artes de Manhattan que falsificava as histórias de antiguidades egípcias a fim de fugir das leis de exportação do Egito – Clare ofereceu-lhe a cerveja. Ele olhou-a rapidamente. – Obrigado.

– Quer um copo?

Examinou a garrafa e leu o rótulo.

– Não, assim está bom – disse, e Clare sentou-se em uma das cadeiras de espaldar alto. Sebastian cruzou um pé sobre o joelho e repousou a garrafa no salto da bota. – Durante uma porção de anos eu pulei de um Estado para o outro escrevendo artigos para várias organizações novas e diferentes, mas não escrevo mais para os tablóides –

encolheu os ombros largos. – Por alguns anos, desde que fazia parte do Primeiro Batalhão do Quinto Regimento de Fuzileiros navais durante a invasão ao Iraque – bebeu um gole enquanto Clare esperava que ele explicasse o motivo da visita. – Quantos livros vocês já publicaram? – perguntou, e ela entendeu que ele não iria conversar sobre o porquê de sua visita, deixando-a divagar sobre isso sem alternativa além de enlouquecer com tantas especulações.

– Cinco – respondeu Maddie.

Adele tinha seis obras creditadas com o nome dela. Como todo bom repórter, Sebastian devolvia cada resposta com outra pergunta. Em quinze minutos, as duas mulheres difíceis de impressionar tornavam-se vítimas voluntárias do charme renascido de Sebastian.

– Sebastian publicou um livro sobre o Afeganistão – Clare sentia-se impelida pelas boas maneiras a salientar. – Desculpe, não me lembro do nome – haviam se passado alguns anos desde que pedira emprestado para Leo e o devolvera.

– *Fragmentados: vinte anos de guerra no Afeganistão.*

– Eu me lembro desse livro – reconheceu Adele.

– Eu também – acrescentou Maddie.

Clare não se admirava de as amigas terem se lembrado. A obra eclipsou as publicações de destaque das listas de mais vendidos do *Usa Today* e do *New York Times* durante semanas. Escritores não esqueciam nem perdoavam facilmente a um autor que surgia do nada e encabeçava a lista de *best-sellers*. A não ser Adele, pelo que parecia. Clare observava a amiga enroscando uma mecha de cabelo em um dos dedos.

– Como foi ter-se juntado aos fuzileiros navais? – indagou Adele.

– Bizarro. Sujo. Extremamente assustador. E aqueles foram os dias bons. Meses depois que eu voltei para os Estados Unidos, só saía para respirar se o ar não estivesse coberto de areia – fez uma pausa e um leve sorriso tocou o canto de sua boca. – Se vocês conversarem com militares que estão em casa hoje em dia, é uma das coisas que eles mais gostam: ar sem poeira.

Maddie estudava Sebastian enquanto ele bebia, e o interrogatório sobre suspeitas que ela submetia a todos os homens derreteu diante de seus olhos castanhos.

– Eles parecem todos tão novos!

Sebastian lambeu a cerveja do lábio superior e disse:

– O sargento que comandava o veículo que dirigi tinha vinte e oito anos. O recruta mais novo, dezenove. Eu era o mais velho, mas eles me livraram a pele mais de uma vez. – apontou com a cerveja a garrafa de champanha e mudou de assunto. – Vocês estão comemorando alguma coisa?

Adele e Maddie olharam para Clare sem responder.

– Não – mentiu Clare, e tomou um gole. Não se sentia à vontade em partilhar com Sebastian a visita daquela tarde ao médico. Ele parecia normal e conversava como um cara comum, mas ela não confiava nele. Tinha vindo até sua casa porque queria alguma coisa. Algo que não queria discutir na frente das amigas. – Sempre bebemos quando nos juntamos para as orações.

Sebastian bateu os olhos nela com o canto dos olhos. Mesmo sem acreditar, não iria pressioná-la. Maddie ergueu a taça e perguntou:

— Há quanto tempo você conhece Clare?

Durante uma seqüência de batidas do coração, Sebastian olhou dentro dos olhos de Clare antes de voltar a atenção à mulher do outro lado dele.

– Deixa eu ver. Eu tinha cinco ou seis anos da primeira vez que passei o verão com meu pai. A primeira vez que me lembro de ver Clare ela estava com um vestidinho que meio que juntava no alto – apontou para o próprio peito com o gargalo da garrafa. – E meias que dobravam ao redor dos tornozelos. Ela usou essas roupas durante anos.

Conforme foi amadurecendo, ela e a mãe brigaram bastante em termos de roupas.

— Minha mãe era fascinada por vestidos de pregas e sapatos boneca — disse. — Aos dez anos eram as saias com dobras.

— Você ainda usa uma porção de vestidos e saias — salientou Adele.

— Eu estou habituada a isso, mas quando criança eu não tinha escolha. Minha mãe comprava minhas roupas e eu tinha de ficar perfeitinha o tempo todo. Morria de medo de me sujar — pensou de novo e afirmou. — As únicas vezes que eu me sujava eram quando Sebastian estava por perto.

Ele encolheu os ombros:

— Você ficava melhor desarrumada.

Aquilo demonstrou seu lado "do contra". Ninguém ficava bem desarrumado. A não ser, talvez, ele.

— Quando visitava meu pai — afirmava Clare —, Ele me deixava vestir o que eu queria. Claro que minhas roupas precisavam ficar em Connecticut, e, nas vezes seguintes em que eu o visitava, elas não me serviam mais. A minha favorita era uma camiseta dos Smurfs — lembrou-se da Smurfette e suspirou —, mas o que eu queria mesmo, e nem meu pai iria arranjar para mim, era um cinto com um fivelão igual ao da Madonna, escrito "boy toy.[28]" Eu era louca por um daqueles.

Maddie franziu a testa.

— Não dá pra imaginar você querendo ser um "boy toy".

— Eu nem sabia o significado daquilo, mas achava tão legal a Madonna sempre naquele véu de noiva com aquela fantasia cheia de jóias escandalosas. Não me deixavam usar jóias porque Mamãe acha vulgar — olhou Sebastian e confessou. — Eu costumava entrar escondido na casa do seu pai quando ele estava trabalhando e assistir à MTV.

As diminutas linhas de um sorriso marcaram-lhe os cantos dos olhos.

— Que menina mais rebelde.

— Verdade, verdade. Sou mesmo rebelde. Lembra quando você me ensinou a jogar pôquer e levou todo o meu dinheiro?

— Lembro. Você chorou e meu pai me fez devolver tudo.

— Por que você me disse que não estávamos jogando a sério. Você mentiu.

— Eu menti? — tirou o pé de cima do joelho onde se apoiava, inclinou-se para frente e colocou os antebraços nas coxas. — Nada, eu tinha um motivo futuro e estava com grandes planos para aquele dinheiro.

Ele sempre tinha um motivo futuro.

— Que planos?

A garrafa oscilava em uma mão entre os joelhos enquanto ele pensava.

[28] N.T.: Boy toy: brinquedo de meninos. A expressão tem uma forte carga sexual.

— Bom, eu tinha dez anos, então ainda não curtia pornografia nem álcool — bateu a garrafa contra a perna da calça. — Provavelmente ia comprar uma pilha de revistas *Mad* e um pacote de seis unidades de Hires.[29] E teria dividido com você, se não fosse tão chorona.

— Então, seu motivo futuro era me tirar todo o meu dinheiro para dividir revistas e refrigerantes comigo?

Sebastian deu uma risadinha:

— Algo do gênero.

Adele riu e colocou a taça vazia sobre a mesa.

— Aposto que você ficava uma gracinha correndo por aí com seus vestidinhos e sapatinhos engraxados.

— Ficava nada. Eu parecia um inseto.

Sebastian manteve um silêncio evidente. *Cretino.*

— Querida, melhor ser uma criança feiosa e uma adulta linda do que uma criança linda e uma adulta feiosa — afirmou Maddie, empenhando-se por consolar Clare. — Minha prima era uma criança belíssima, mas uma mulher tão feia que nem dá coragem de pôr os olhos em cima. Assim que o nariz dela começou a crescer, não parou mais. Você pode ter começado com uma aparência meio limitada, mas sem dúvida nenhuma é uma mulher bonita.

— Obrigada — Clare mordeu o lábio inferior. — Eu acho.

— De nada — Maddie pousou a taça na mesa e se ergueu. — Preciso ir embora.

— Você precisa mesmo?

— Eu também — avisou Adele. — Tenho um encontro.

Clare ficou imóvel.

[29] N.T.: Hires é uma marca de refrigerantes dos EUA.

— Você não falou nada sobre isso.

— É que hoje o dia é seu, e eu não queria falar sobre meu encontro, sendo que sua vida não anda tão bem assim.

Depois que as duas mulheres se despediram de Sebastian, Clare as acompanhou até a porta da frente.

— Tá bom. O que rola entre você e Sebastian? — perguntou Maddie num tom de voz pouco mais alto que um sussurro tão logo pisou na varanda.

— Nada.

— Ele te olhava como se existisse algo a mais.

— Quando você saiu da sala para pegar a cerveja, o olhar dele seguiu-a — acrescentou Adele.

Clare balançou a cabeça:

— O que não quer dizer nada. Talvez ele estivesse esperando que eu tropeçasse e caísse, ou alguma coisa tão embaraçosa quanto humilhante.

— Não — Adele balançou a cabeça, procurando as chaves na bolsa. — Ele olhava como se estivesse imaginando você sem roupa.

Clare não afirmou que ele não precisava. Ele já sabia como era, e muito bem.

— Em geral eu acharia isso incômodo em um homem. Nele, teve uma coisa ardente — dizia Maddie, também caçando chaves na bolsa. — Então, eu acho que você devia pagar para ver.

Quem são essas duas?

— Alô-ô? Semana passada eu era noiva de Lonny, lembram?

— Você precisa de um esparadrapo para seu cotovelo — Adele afastou-se da varanda. — Quanto a isso, ele seria perfeito.

Maddie balançou a cabeça e acompanhou Adele pela calçada até os carros, estacionados na entrada da garagem — Só de olhar, dá pra ver quando um homem tem presença.

— Tchau pras duas, tá? — disse e fechou a porta atrás de si. Até onde dizia respeito a Clare, Maddie estava preocupada com presença, talvez porque há muitos anos estivesse em "falta". E Adele... Bem, sempre suspeitou que Adele, às vezes, vivia na terra das fantasias que escrevia.

Oito

Enquanto Clare se dirigia à sala de estar, Sebastian estava em pé, de costas para ela, admirando um retrato dela com a mãe, tirado quando a escritora tinha seis anos.

— Você era mais bonita do que eu me lembrava — disse.

— Essa foto foi retocada várias vezes.

Sebastian deu uma risadinha enquanto voltava as atenções para uma foto da cachorrinha de Clare, Cindy, toda arrumada e brilhante em sua tiara cor-de-rosa.

— Esse deve ser seu bibelozinho canino.

Cindy tinha um certificado do Kennel Club dos EUA e fazia parte do Clube de Terriers Yorkshire da América. Não tinha nada de bibelozinho canino.

— Sim. É minha e de Lonny, mas ele a levou daqui quando foi embora — olhar a foto a fez sentir muitas saudades da cachorrinha.

Ele abriu a boca para dizer algo mais. Em vez disso, balançou a cabeça e olhou a sala de relance.

— Aqui parece um bocado com a casa da sua mãe.

A casa não parecia em nada com a da mãe. Seu gosto era muito mais vitoriano, e a mãe tendia mais para os clássicos franceses.

— Como assim?

— Em muitas coisas — o olhar se deteve nela. — Só que sua casa é mais femininazinha, igual a você.

Pousou a garrafa sobre a abóbada da lareira.

— Trouxe uma coisa para você, e não queria mostrar na frente das suas amigas. Só para o caso de não ter mencionado aquela noite no Double Tree — colocou a mão no bolso da frente da calça. — Acho que isso é seu.

Tinha um brinco de diamantes entre os dedos. Clare não sabia dizer o que mais a impressionava: ele ter achado o brinco e trazido ou não ter falado nada a respeito diante das amigas. Ambos os gestos eram de alguém que, inesperadamente, tinha consideração. E era uma atitude até mesmo gentil.

Sebastian pegou-lhe a mão e colocou o brinco de diamantes sobre a palma:

— Achei em cima do seu travesseiro naquela manhã.

O calor das mãos espalhava-se por sua pele e alastrava-se pelas pontas dos dedos. A sensação era perturbadora e tão indesejada quanto as lembranças de como ele estava vestido, ou melhor, como não estava vestido, que lhe invadiu a cabeça e se fixou no cérebro.

— Eu achei que tinha sido bom ter perdido isso — olhava-o dentro dos olhos. Havia algo puramente físico em Sebastian. Uma combinação de força sofisticada e energia sexual ardente, impossível de ignorar. — Ia ser difícil conseguir um igual.

— Também não devolvi quando você estava na casa de sua mãe.

Os polegares das mãos roçaram de leve e um calor se espalhou pela palma da mão de Clare. Ela fechou a mão para manter consigo os formigamento quente, apertando com força os dedos, a fim de impedir que a sensação passasse para o pulso e se estendesse até o peito. Tarde demais. Afastou a mão. Era crescida o bastante para reconhecer o calor acariciando-lhe a carne. Não queria sentir nada por Sebastian. Nem por qualquer homem. Nada. Acabara de romper um relacionamento de dois anos. Embora fosse cedo demais, aquele sentimento não tinha nada a ver com emoções profundas e tudo a ver com desejo.

— Conte-me o que foi que aconteceu no Double Tree no sábado à noite.

— Eu contei.

Recuou um passo.

— Não. Você não contou tudo. Da hora em que você me achou sentada no balcão do bar conversando com um homem banguela de camiseta regata até eu acordar sem roupa, aconteceu alguma coisa mais.

Sebastian sorriu, como se tivesse se divertido com algo que Clare dissera. O sorriso esfriou a atmosfera sexual.

— Digo se você me contar o que você e suas amigas estavam comemorando.

— Por que você acha que a gente estava comemorando algo?

Ele apontou para a champanha.

— Eu imagino que essa garrafa tenha custado perto de cento e trinta dólares. Ninguém bebe um Dom Perignon sem motivo. Além do mais, acabei de conhecer suas amigas, então nem vem com esse papo-furado de "grupo de orações".

— Como é que você sabe quanto custou essa champanha?

— Eu sou repórter. Tenho uma capacidade incrível para os detalhes. Então vê se não dificulta as coisa para mim, Clare.

Ela cruzou os braços acima dos seios. Por que ela iria ligar se ele ficasse sabendo do teste de HIV? Ele já sabia que ela ia fazê-lo.

— Hoje fui ao médico e... lembra segunda-feira, quando eu disse a você que ia fazer um teste?

— De HIV?

— É. — não conseguia encará-lo, e baixou os olhos para os óculos escuros presos ao pescoço dele. — Bom, hoje eu descobri que deu negativo.

— Ah! Boas notícias.

— São, sim.

Sebastian pousou os dedos abaixo do queixo dela e trouxe o olhar para perto do dele.

— Nada.

— O quê?

— A gente não fez nada. Nada de divertido. Você chorou até perder os sentidos, e eu fiz um saque ao seu minibar.

— É só isso? E como fiquei sem roupa?

— Pensei que já tinha contado.

Tinha contado uma porção de coisas.

— Conta outra vez.

Ele encolheu os ombros.

— Você se levantou, tirou a roupa e rastejou de volta para a cama. Foi um show daqueles.

— Que mais?

Sebastian sorriu um pouco.

— Eu menti sobre o cara do bar no Double Tree. O que usava um boné de beisebol e uma camiseta regata.

— Sobre beber Jägermeister? — indagou, cheia de esperança.

— Não, não... Você estava mesmo entornando uma Jägermeister. Só o cara que não era banguela nem tinha *piercing* no nariz.

O que não chegava a ser um alívio.

— Só isso?

— Só.

Não sabia se podia acreditar nele. Mesmo tendo trazido o brinco e a poupado de uma explicação embaraçosa em frente das amigas, não achava que ele ia mentir para poupar-lhe os sentimentos. Deus sabe que ele nunca agira assim no passado. A mão apertava o diamante.

— Bom, obrigado por ter trazido o brinco para mim.

Sebastian sorriu.

— Tenho um motivo futuro.

É claro que ele tinha.

— Você parece preocupada — ergueu as mãos como se quisesse render-se. — Prometo que não vai doer nem um pouco.

Clare voltou-se e guardou o brinco na porcelana *cloisonné* sobre a mesa de café.

— A última vez que você disse isso acabou me convencendo a brincar de médico — ela se endireitou e apontou para o tórax dele. — Acabei totalmente nua.

— Pois é — respondeu, rindo. — Eu lembro, mas não parecia que você não estava querendo brincar.

Dizer "não" nunca foi um problema para ela. Não mais.

— Não.

— Você nem sabe o que eu vou perguntar.

— Não preciso saber.

— E se eu prometer que, desta vez, você não vai acabar nua? — o sorriso dele passou para aos lábios dela, pela garganta, pelos dedos, repousando no vestido, entre os seios. — A menos que você insista.

Clare apanhou as três taças vazias e a garrafa de champanha.

— Esquece — respondeu, entre um suspiro, enquanto saía da sala.

— Eu só preciso de uma idéias sobre o que dar para o meu pai de aniversário.

Ela voltou a olhá-lo.

— Só isso? — devia haver algo mais.

— Só. Desde que tive de esconder o brinco, pensei que você pudesse me indicar a direção certa, me dar algumas idéias. Apesar de papai e eu estarmos tentando nos conhecer de novo, você conhece ele melhor do que eu.

Certo. Agora ela estava se sentindo mal. Sendo preconceituosa, e não era justo. Quando criança, ele era um trapaceiro de fala mansa, mas isso já fazia muito tempo. Sem dúvida, ela não gostaria que a julgassem por coisas que dissera e fizera na infância.

— Dei-lhe um pato de madeira antigo — respondeu, entrando na cozinha, os saltos dos sapatos pipocando pelo piso de madeira maciça. — Talvez você possa dar um livro sobre escultura em madeira.

— Um livro ia ser bom — Sebastian a acompanhava. — O que você acha de uma vara de pescar nova?

— Não sabia que ultimamente ele pescava — Clare colocou as taças e a garrafa sobre a bancada de granito no meio da cozinha.

— Ele e eu pegamos umas trutas na represa hoje à tarde. — reclinou-se no bancada e cruzou os braços sobre o tórax.

— O equipamento dele já é bem velhinho, assim pensei em lhe dar um conjunto novo.

— Tratando-se de seu pai, você tem de ficar atento às marcas.

— Por isso eu achei que você podia me ajudar. Anotei o que a gente vai precisar.

Clare se deteve e, lentamente, voltou-se para Sebastian:

— A gente?

Ele encolheu os ombros.

— Claro. Você vem comigo. Tudo bem?

Havia algo errado. Ele não a olhava nos olhos e... deteve o fôlego. O verdadeiro motivo da visita inesperada ficou claro e cristalino.

— Não tem nada de "a gente". Você veio aqui me convencer a fazer você dar uma vara de pesca para seu pai. Com a minha ajuda.

Então ele a fitou e lançou seu sorriso mais encantador:

— Querida, eu não sei onde ficam as lojas de equipamentos esportivos da cidade. E, na verdade, não vejo problema em sairmos os dois.

— Não me venha com esse papo de "querida" — que idiotice! Havia lhe dado o benefício da dúvida, se sentido mal por ter feito um mau julgamento e ali estava ele, no meio da cozinha, tentando fazê-la levar gato por lebre. Cruzou os braços sobre o peito. — Não.

— Não por quê? — deixou as mãos caírem. — Mulheres adoram fazer compras.

— Comprar sapatos, não varas de pesca. Dããã! — rosnou por dentro e fechou os olhos. Tinha acabado de dizer "Dããã"? Igual a quando tinha dez anos?

Era óbvio que Sebastian tinha se divertido, e ele riu:

— "Dããã"? E o que vem depois disso? Vai me chamar de bananão?

Clare respirou fundo e abriu os olhos:

— Adeus, Sebastian — disse, enquanto se dirigia à porta da cozinha. Deteve-se e apontou para a frente da casa. — Está por sua conta.

Sebastian desencostou da bancada e caminhou na direção de Clare. Lento e tranqüilo, como se não tivesse pressa nenhuma em cumprir com as obrigações.

— As suas amigas estão certas, sabe?

Deus do céu! Ele escutou por acaso a conversa sobre "presença"?

Deteve-se ao passar por ela e disse-lhe ao ouvido:

— Talvez você não tenha siso a garotinha mais bonita de sapatos de couro impecáveis, mas acabou ficando uma mulher linda. Principalmente quando está toda atarefada.

O aroma dele era bom, e se ela virasse o rosto só um pouquinho conseguiria enterrar o nariz no pescoço dele. O desejo de fazê-lo a deixou alarmada; manteve-se o mais imóvel que pôde:

— Esquece. Não vou fazer compras no seu lugar.

— Por favor!

— Sem chance.

— E se eu me perder?

— Arranja um mapa.

— Não preciso. O Land Cruiser tem um sistema de navegação — com um risinho, ele recuou. — Você era mais divertida quando criança.

— Eu era mais inocente. Eu não sou mais uma garotinha hoje, e você não pode me enganar, Sebastian.

— Clare, você queria que eu enganasse você — sorriu e caminhou até a porta da frente. — Ainda quer — disse, e partiu antes que ela pudesse responder ou expressar um adeus ou um "estimo as melhoras".

Andou de volta até a cozinha, pegou as taças de champanha e colocou-as perto da pia. Ridículo! Ela não queria ser enganada. Só queria que ele gostasse dela. Virou-se para a torneira e adicionou algumas gotas de detergente de limão. *Só queria que ele gostasse dela.* Achou que aquela era a história de sua vida. Triste e um pouco patética, mas verdadeira.

A água correu por instantes antes de Clare desligar a torneira e colocar as taças na água morna e ensaboada. Se fosse sincera e examinasse bem o passado, viria os mesmos padrões destrutivos em sua vida. Se fosse sincera ao ponto de magoar, reconheceria que estava deixando a infância influenciar-lhe a vida adulta.

Embora admitir aquilo de fato fosse bem difícil, era óbvio demais para ignorar. Recusara-se totalmente a levar aquilo em conta durante tanto tempo porque era um clichê, e ela odiava clichês. Odiava escrevê-los; mais que isso, odiava ser um deles.

Tivera aulas de Sociologia na faculdade e lera estudos efetuados em crianças criadas por pais solteiros. Tinha pensado que escapara das estatísticas, que mostravam que garotas que cresciam sem um pai apresentavam uma propensão maior a começar mais cedo a vida sexual e corriam mais riscos de cometer suicídios ou atividades criminosas. Nunca tivera um só pensamento com relação a suicídio, jamais fora presa e era caloura na faculdade quando deixou de ser virgem. Amigas que vinham de casamentos com pais separados haviam perdido a virgindade no colégio.

Assim, havia se convencido de que não sofria dos "problemas clássicos com o papai".

Não, não era promíscua. Tinha apenas um vazo emocional e, no subconsciente, procurava a aprovação de homens que preenchessem seus vazios interiores. E não precisava se esforçar muito a fim de descobrir, em sua vida, por que sempre buscara a atenção dos homens para se sentir completa.

Clare lavou os copos e deixou-os secar em uma toalha. Sob todos os aspectos, havia sido criada sem um pai. Quando que visitava o dela, ele sempre estava morando com uma mulher bonita, e sempre eram mulheres diferentes. Para uma garotinha de óculos de lentes grossas e uma boca larga que não se ajustava ao rosto, todas aquelas belas mulheres a fizeram se sentir cada vez menos atraente e mais insegura. Não por culpa delas. A maioria a tratara com gentileza. Nem culpa de Clare. Era uma criança — aquilo era apenas a vida, a vida dela — e ela ainda permitia que as antigas inseguranças influenciassem seus relacionamentos com homens. Depois de tantos anos.

Abriu uma gaveta e apanhou uma toalha. À medida que enxugava as mãos, chegou a uma conclusão dolorosa: havia encontrado homens aquém dela porque, no fundo, sentia que, se os tinha em sua vida, era por sorte. Não era bem o grande *insight* pelo qual esperava e que explicaria seu relacionamento com Lonny. Não respondia por que não enxergava, o que tinha sido tão óbvio para todos, mas explicava por que se envolvera com um homem que jamais poderia amá-la do modo como qualquer mulher merecia ser amada pelo homem da sua vida.

O telefone perto das caixas de porcelana tocou, e ela bateu os olhos no identificador de chamada. Era Lonny. Desde que o pusera para correr, ele ligava todos os dias. Nunca atendeu, e ele nunca deixava uma mensagem. Daquela vez, resolveu atender.

— Fala.

— Ah, você está aí.

— Estou.

— Como você está?

Ouvir aquela voz fez com que todos seus vazios interiores doessem.

— Bem.

— Achei que talvez pudéssemos sentar e conversar.

— Não. Não há nada para dizer — fechou os olhos e enfrentou toda a dor. A dor da perda e de ter amado um homem que não existia. — É melhor cada um de nós cuidar da própria vida.

— Eu nunca tive a intenção de magoar você.

Clare abriu os olhos.

— Nunca entendi o significado dessa frase — riu sem humor. — Você me namorou, fez amor comigo e me pediu em casamento, mas não sentia atração física por mim. Em qual dessas partes você nunca teve a intenção de me magoar?

Ele ficou em silêncio por vários instantes.

— Você está sendo sarcástica.

— Não. Para ser sincera, só quero saber como você conseguiu mentir para mim por dois anos e afirmar que nunca quis me magoar.

— É verdade. Eu não sou gay — disse, mentindo para ela e talvez para si próprio. — Sempre quis ter mulher, filhos e uma casinha com cerca. Ainda quero. Isso me torna um homem normal.

Quase sentiu pena dele. Estava mais confuso que ela.

— Isso faz com que você queira mostrar que é algo que não é.

— Que diferença isso faz? Gay ou hétero, todo homem é infiel.

— O que não os livra da culpa, Lonny. Só mostra que eles são tão mentirosos e falsos quanto você.

Assim que desligou, soube que era a última vez que se despedia dele. Lonny não telefonaria mais, e parte dela sentia saudades. Uma parte que ainda o amava. Ele não havia sido apenas seu noivo, mas também um dos melhores amigos que tivera, e durante muito tempo ela sentiria falta dessa amizade.

Secou as taças e as colocou na arca de porcelana da mesa de jantar. Os pensamentos se voltaram para Sebastian e seus modos furtivos e irritantes. E os feromônios que fluíam dele como ondas de calor rodopiando pelo deserto de Mojave. Feromônios que deixaram Maddie e Adele aturdidas e deslumbradas. Não importava quanto odiava reconhecer, era impossível negar que ela também prestava muito atenção nele. O modo como ele olhava, o cheiro e o toque das mãos dele nas mãos dela.

O que estava errado com ela? Acabara de terminar um relacionamento sério e já estava pensando no toque de outro homem. Agora, porém, que estava pensando naquilo em um momento de sensatez, percebera que sua reação a Sebastian talvez tivesse mais a ver com o fato de não ter sexo de boa qualidade há tempos do que com o homem em si.

Ele quer você, dissera Maddie, e Adele ajuntou: *Você precisa de um esparadrapo para seu cotovelo*. Elas, no entanto, estavam enganadas. Ambas. A última coisa de que precisava, um esparadrapo ou um homem permanente, não importa quanto tempo ela estava sem sexo de boa qualidade, era um homem.

Não. Tinha de estar bem consigo mesma antes de *levar em consideração* permitir que um homem entrasse em sua vida.

Na hora em que se arrastou para a cama naquela noite, Clare tinha certeza de que sua reação a Sebastian havia sido puramente física. A reação de qualquer mulher diante de um homem bonito. Só. Normal. Natural. E ia passar.

Desligou as luzes da cama e deu risadinhas na escuridão. Ele imaginava que iria aparecer na casa dela, fazê-la de trouxa e mandá-la ir às compras por ele. Enfeitiçá-la, como fizera no passado.

— Quem é o trouxa agora? — sussurrou. Pela primeira vez na vida, não havia sido tapeada por Sebastian.

Na manhã seguinte, entretanto, enquanto o café fervia, Clare abriu a porta da frente para apanhar o jornal quando uma vara de pescar caiu dentro de sua casa. Um bilhete nas costas de um guardanapo estava preso em uma fresta de suporte. Ali estava escrito:

Clare,

Por gentileza, será que você poderia levar isto para a festa de amanhã à noite? Sou uma tragédia com essas coisas e não quero envergonhar o velho na frente dos amigos dele. Tenho certeza de que você vai fazer um belo trabalho.

Valeu.

Sebastian.

Nove

Clare embrulhou a vara de pescar com o carretel com um lacinho cor-de-rosa e fitinhas brilhantes. Estava tão feminino e escandaloso que Sebastian o tinha escondido atrás do sofá, na casa dos fundos, onde ninguém visse.

— Que garota meiga.

Sebastian estava abaixo de um toldo imenso, construído no quintal dos Wingates. Havia mais ou menos vinte e cinco convidados, e ele jamais vira qualquer um. Tinha sido apresentado a cada um deles e se lembrava da maioria dos nomes. Depois de anos com reportagens, desenvolvera um talento para recordar pessoas e fatos.

Roland Meyers, um dos amigos mais antigos de Leo, estava parado perto dele, mastigando um *foie gras*.

— Quem? — perguntou Sebastian.

Roland indicou o lado oposto do jardim, em um grande aglomerado de pessoas, o sol poente em laranja queimado banhando-os com sua luz.

— Clare.

Sebastian cravou um palito de dentes em uma salsicha e enfiou-a em seu prato, perto do queijo Camembert com recheio de siri.

— Já ouvi falar.

Percebeu que seu pai usava calças pretas, uma camisa social branca e uma gravata pavorosa, que tinha a imagem de um lobo uivando.

— Ela e Joyce aprontaram isso tudo para o seu pai — Roland bebeu algo com gelo e continuou. — Elas têm sido como uma família para Leo. Sempre cuidaram muito bem dele.

Sebastian notou uma ponta de censura. Não era a primeira vez naquela tarde em que se sentia como se estivessem reprovando-o com educação por não ter visitado o pai antes, mas não conhecia Roland o suficiente para ter certeza.

As palavras seguintes do velho acabaram com qualquer dúvida.

— Nunca estiveram ocupadas demais para ele. Não como a própria família.

Sebastian sorriu:

— Tudo é uma via de mão dupla, Senhor Meyers.

O velho sacudiu a cabeça:

— Verdade. Tenho seis filhos e não consigo me imaginar sem botar meus olhos sobre eles durante dez anos.

Tinham sido catorze anos, mas quem estava contando?

— O senhor trabalha com o quê? — perguntou Sebastian, mudando de assunto de propósito.

— Sou veterinário.

Sebastian passou para a mesa cheia de antepastos. Logo atrás, alto-falantes escondidos por vasos de grama alta e tifáceas tocavam músicas dos anos sessenta. Uma das lembranças mais fortes que Sebastian tinha do pai era de este ser fã de Beatles, Dusty Springfield e, em especial, Bob Dylan. De ficar lendo os quadrinhos do Quarteto Fantástico enquanto escutava *Lay Lady Lay*.

Sebastian comeu o queijo Camembert com biscoitos finos e depois alguns cogumelos recheados. Ergueu o olhar para as pessoas perambulando pelo jardim em meio a archotes acesos e velas flutuando em várias fontes. Seus olhos dirigiram-se ao grupo de pessoas próximas a uma fonte com ninfas e, mais uma vez, pararam em uma certa morena. Clare cacheara os cabelos lisos, e o sol que se punha apanhava-lhe as ondas e um dos lados do rosto. Estava com um vestido azul apertado, com florezinhas brancas que a atingiam logo abaixo do joelho. As tiras finas do vestido pareciam tiras de sutiãs, e o lacinho branco rodeava-lhe as costelas e estava amarrado sob os seios.

Pouco antes de os convidados terem chegado naquela tarde, ele observara o serviço de mesas montadas enquanto Clare e Joyce colocavam as esculturas de Leo por todas as mesas e nas tifáceas. Roland tinha razão. As Wingate cuidavam muito bem de seu pai. Uma pontada de culpa incomodava-lhe a consciência. O que dissera a Roland também era verdade. Tudo era uma via de mão dupla, e ele nunca se importara em ir na direção do pai até uma semana atrás. Tinham deixado as coisas chegarem a um vazio, e, se era por culpa de Leo ou dele, não parecia mais ter importância.

Haviam se divertido bastante pescando juntos, e Sebastian sentira a primeira pista real de otimismo. Agora, se nenhum deles fizesse nada para estragar aquilo, talvez pudessem ter uma base sobre a qual trabalhar. Engraçado como poucos meses atrás sua atitude com relação ao pai era de completa indiferença. Isso, no entanto, tinha sido antes de ele ter ficado diante de um necrotério, escolhendo um esquife para a mãe. Naquele dia, seu mundo mudou, com uma reviravolta de 180 graus que o transformara, quisesse ele ou não. Agora desejava conhecer o velho antes de fosse tarde demais. Antes que, novamente, ele tivesse que decidir entre cerejeira ou bronze; crepe ou veludo; cremar ou enterrar.

Rapidamente acabou com os antepastos restantes e atirou o prato no lixo. Ou, por conta da profissão que tinha, antes que o pai tivesse de resolver seus detalhes finais. Preferia ser cremado a ser enterrado, e que as cinzas fossem espalhadas em vez de mantidas em uma urna ou sobre a lareira de alguém. Ao longo de sua vida, havia sido baleado inúmeras vezes, caçava histórias e havia sido caçado, e não tinha ilusões quanto à própria mortalidade.

Com essa feliz reflexão, pediu um uísque com gelo no *open bar* e foi até o pai. Quando fizera as malas para sua viagem inesperada a Boise, jogara dentro delas alguns jeans, algumas calças e camisetas para uma semana. Pela manhã, o pai lhe trouxera uma camisa social com listras brancas e azuis e uma gravata vermelha. Sebastian deixara a gravata sobre a penteadeira, mas não lhe agradeceu pelo empréstimo da camisa, que enfiara dentro do jeans mais novo que tinha. De quando em quando, sentia o odor do sabão em pedra que vinha do pai e descobriu que vinha dele — algo que, embora desconcertante depois de tantos anos, era confortável.

Assim que Sebastian se aproximou, o pai lhe cedeu lugar:

— Está se divertindo? — perguntou Leo.

Divertindo-se? Não. No vocabulário pessoal de Sebastian, diversão tinha um sentido completamente diverso e fazia meses que não passava por algo do gênero.

— Claro. A comida está ótima — ergueu o copo até os lábios. — Mas evite as bolas de queijo com os pedaços por cima — aconselhou, por detrás dos óculos.

Leo sorriu e, em um tom pouco acima de um sussurro, perguntou:

— O que são esses pedaços?

— Nozes — Sebastian bebeu um gole, e seu olhar correu para Clare, a poucos metros do pai, conversando com um homem de manta escocesa verde e azul, que parecia ter quase trinta anos — e um tipo de fruta.

— Ah, as bolas de queijo com ambrósia de Joyce. Todo Natal ela faz. Uma coisa horrorosa — o canto do sorriso de Leo estremeceu. — Não conte pra ela. Ela acha que todo mundo adora.

Sebastian deixou escapar uma risadinha e baixou o copo.

— Com licença. Vou pegar um pouco de Camembert antes que acabe — disse o pai, e seguiu reto até a mesa do bufê.

Observando o pai se afastar, o andar pouco mais lento do que antigamente. Estava chegando perto da hora de dormir.

— Acho que Leo está doido de felicidade por ter você aqui, finalmente — afirmou Lorna Devers, uma vizinha, parada do lado oposto a uma cerca viva.

Sebastian tirou os olhos do pai e a fitou por cima do ombro:

— Não sei se ele está tão feliz assim.

— É lógico que está — a senhora Devers tinha em torno de cinqüenta anos, embora fosse difícil dizer em que faixa dessa idade se encontrava, por conta do Botox que lhe congelava o rosto. Não que Sebastian tivesse opinião formada sobre cirurgia plástica. Só achava que um observador casual não deveria perceber exatamente onde uma pessoa tinha repuxado, dobrado, aspirado ou injetado. Por exemplo, os seios daquela senhora eram do mesmo tamanho que os de Pamela Anderson. Nada contra seios grandes ou siliconados. Apenas não tão grandes nem tão siliconados em uma mulher daquela idade.

— Conheço seu pai há uns doz... há poucos anos — disse, e prosseguiu falando sobre si mesma e seus poodles, Mocinha e Bonequinha. Para Sebastian, aquilo era fim de carreira. Nada contra poodles, embora não conseguisse se ver com um. Mas “Mocinha” e “Bonequinha”? Deus do céu, só de ouvir aqueles nomes, perdera uns 100 ml de testosterona. Se ficasse ouvindo mais um pouco, temia que lhe nascesse uma vagina. A fim de preservar a sanidade e a masculinidade, Sebastian desviou a atenção para outros diálogos ao redor, enquanto a senhora Devers não parava de matraquear.

— Preciso comprar um de seus livros — disse o rapaz perto de Clare. — Quem sabe eu aprendo alguma coisa — riu da própria piada, sem perceber que era o único ali que ria.

— Você sempre diz isso, Rich — Clare safou-se, suave como manteiga. A luz nos archotes tremeluzia e penetrava pelas tranças suaves de seus cachos negros, tocando os cantos de seu sorriso mais falso impossível.

— Desta vez é verdade. Ouvi dizer que é bem sexy. Se precisar fazer pesquisa, ligue pra mim.

De algum modo, quando Rich dizia aquilo, soava vulgar. Não quando Sebastian dizia. Ou talvez soasse tão vulgar quanto, e ele não queria se achar tão boçal quanto Rich.

Os cantos do sorriso falso de Clare se ergueram, mas ela não respondeu.

Do outro lado de Sebastian, bem à frente, Joyce dialogava com várias mulheres que pareciam regular de idade com ela. Duvidava, seriamente, que fossem amigas do pai. Pareciam ricas demais e velhas demais para a Comunidade de Voluntárias.

— Betty McLeod me contou que Clare escreve romances — disse uma delas. — Adoro essas ficções baratas. Quanto mais barata melhor.

Em vez de defender Clare, Joyce afirmou, em uma voz que não toleraria objeções:

— Não. Clarita escreve *livros para mulheres.*

Debaixo de uma luz cintilante, Sebastian observava o sorriso falso de Clare desaparecer. O olhar dela ficou apertado, ao mesmo tempo em que pedia licença a Rich e se dirigia ao jardim, sumindo entre potes de gramas altas e tifáceas.

— Lorna, se me der licença... — disse, interrompendo os fascinantes contos sobre a paixão de Mocinha e Bonequinha por passeios de carro.

— Não demore muito para voltar — disse, enquanto ele saía.

Seguiu Clare e encontrou-a olhando uma pilha de CDs perto do sistema de som. O brilho dos archotes mal ficava oculto pela grama, enquanto ela lia os títulos, iluminada pela luz do LCD azul.

— O que você vai colocar agora? — perguntou Sebastian.

— AC/DC — ergueu o olhar e, em seguida, voltou-o ao CD que tinha em mãos. — Minha mãe odeia barulho.

Sebastian deu uma risadinha e colocou-se atrás dela. *Shoot to Thrill* talvez subisse a pressão de Joyce e lhe desse um ataque cardíaco. Apesar de ser uma idéia agradável, estragaria a festa de Leo. Olhou por cima do ombro de Clare, na pilha de CDs:

— Faz anos que não ouço Dusty Springfield. Que tal tocar?

— Tá bom, seu desmancha-prazeres — respondeu Clare, e apanhou a sugestão dele. — O que Leo achou da vara de pescar?

Preferia ser chicoteado a admitir que ainda não lhe dera o presente.

— Ele adorou. Obrigado pelo embrulho.

— De nada — respondeu, e Sebastian conseguia ouvir a gargalhada na voz enquanto Clare colocava o CD no aparelho. — Vocês dois vão ter de abrir o presente enquanto estiverem aqui.

— Isso vai ter que esperar. Vou embora amanhã de manhã. Preciso voltar para o trabalho.

Ela o olhou por cima do ombro:

— Quando você volta?

— Não sei.

Depois que terminasse a matéria sobre a epidemia de febre da Lábrea em Rajwara, estava rumando para a fronteira do Arizona com o México para realizar uma matéria de acompanhamento sobre imigração ilegal. Depois disso, partiria até New Orleans para redigir um trabalho de atualização sobre as condições e o progresso naquela cidade. Em algum momento ele ainda teria de lidar com as propriedades da mãe, mas imaginou que esse assunto poderia esperar. Não havia pressa.

— Eu reparei no Lincoln novo de Leo na entrada da garagem. Acho que o carro antigo deve estar com cinqüenta anos.

— Estava. Meu pai comprou o Town Car novo hoje, em uma concessionária em Nampa — respondeu, a delicada essência do perfume de Clare rodeando-lhe a cabeça; sentiu um impulso de baixar o rosto até um dos lados do pescoço dela. — Você conhece bem o meu pai.

— É claro — encolheu os ombros, e uma alça fina escorregou para baixo. — Conheço-o há um bom tempo da minha vida.

Clare apertou a tecla *play* e a voz exuberante e sentimental da cantora Dusty Springfield fluiu dos alto-falantes como um sussurro sexy. Clare balançou a cabeça, e os cabelos deslizaram-lhe pelos ombros nus. Sebastian experimentou um segundo impulso de erguer a mão e apanhar um cacho que repousava na pele dela. Sentir a textura com os dedos. Recuou alguns passos, ocultando-se mais fundo na escuridão. Longe do aroma do pescoço de Clare e da compulsão inexplicável de tocar-lhe os cabelos.

— Até onde me lembro, ele morou no quintal da minha mãe — prosseguiu ela, enquanto Dusty cantava sobre amar um pouquinho pela manhã. Virou-se e encarou Sebastian através das variações de sombra. — Em muitos aspectos, eu o conheço melhor do que meu próprio pai. Com certeza, passei mais tempo com ele.

Sebastian imaginou que suas entranhas estivessem todas amarradas em nós firmes em relação a Clare porque há meses não dormia com ninguém. Com o funeral da mãe e tudo o mais que se seguia, sua vida sexual tinha sido posta de lado. Assim que chegasse em casa, precisaria tomar uma providência.

— Mas ele não é seu pai.

— É, eu sei.

Um homem não deveria deixar de lado coisas como sexo. Principalmente se não está acostumado a passar sem isso. Levou o copo aos lábios e terminou seu uísque.

— Quando era criança, eu ficava imaginando...

— Se eu sabia que Leo não era meu pai? — Clare riu, um som arfante de quem estava achando graça, e avançou um passo — Sabia, sim. O termo "enganador serial" foi inventado por causa do meu pai. Sempre que eu o visitava, ele estava com uma mulher diferente. Ele ainda faz isso. E já está com setenta anos — um facho de luz atravessou a escuridão e iluminou entre os seios de Clare, mas deixou seu rosto em uma sombra escura.

A lembrança de que ela não vestia nada além de uma minúscula tanguinha cor-de-rosa surgiu de súbito em sua cabeça, misturando-se e confundindo-se com a mulher em pé diante de si. O desejo foi se esgueirando por seu abdome e apertou-lhe a virilha. Tirou os olhos do meio daqueles seios e olhou atrás. A última coisa que precisava para complicar-lhe a vida era exatamente Clare Wingate.

— Ele ainda pensa que é o maior dos garanhões — disse ela, em meio a uma gargalhada ofegante.

Sebastian virou-se e caminhou alguns metros na direção de uma bancada de ferro batido abaixo de uma árvore *dog-*

wood[30] podada. Se não a tivessem pintado de branco, estaria invisível na escuridão.

— Nem sei se meu pai tem uma namorada ou alguma mulher especial na vida dele.

Sentou-se e inclinou as costas sobre o metal frio.

— Algumas. Não foram muitas.

A voz emocionada de Dusty escoava pela brisa quente e noturna.

— Sempre me perguntei se havia algo entre sua mãe e meu pai.

Uma nova risadinha arfante veio dela:

— Nada que fosse romântico.

— Porque ele é jardineiro?

— Porque ela é frígida.

Naquilo ele acreditava. Mais uma coisa que mãe e filha não tinham em comum.

— Você não vai voltar para a festa — perguntou ela.

— Ainda não. Se tiver de escutar a senhora Devers por mais um segundo, tenho medo de agarrar uma das archotes e atear fogo em mim mesmo.

Lorna Devers não era o único motivo pelo qual ele não estava interessado em retornar à comemoração. O outro trajava um vestido azul e branco e o estava perseguindo.

— Ai! — Clare riu e se colocou diante dele.

— Pode acreditar, vai doer menos do que ficar ouvindo as histórias idiotas dela sobre Mocinha e Bonequinha.

— Não sei quem é pior, Lorna ou Rich.

— O filho dela é um idiota.

[30] N.T.: *Cornus florida.* Essa árvore não tem nome em português.

— Rich não é filho dela — sentou-se ao lado dele na bancada, e Sebastian desistiu, conformando-se com seu destino atormentado. — É o quinto marido.

— Você está brincando.

— Pior que não — ficou sentada e a noite quase a engolia. — Se eu ouvir minha mãe dizer a mais alguém que eu escrevo livros para mulheres, meu medo é que eu pegue uma dessas archotes e ateie fogo *nela*.

— Qual o problema em ela dizer isso? — o luar filtrado atravessava a *dog-wood*, passando pelo nariz e pelos lábios de Clare. Lábios que o faziam imaginar se era tão gostosa quanto parecia.

— O problema é o motivo pelo qual ela diz isso. Eu a deixo envergonhada — os cantos da boca ergueram-se em um sorriso. — Quem mais a gente deveria atirar na pira além de Lorna e da minha mãe?

Sebastian inclinou-se para frente e pousou os cotovelos sobre os joelhos. Repousou seu copo no chão e fitou a escuridão diante dele. Conseguia ver a silhueta da casa do pai e as luzes do varanda acima da porta vermelha.

— Todo mundo que fez o favor de me lembrar que meu relacionamento com meu pai era um lixo.

— Seu relacionamento com Leo *é* um lixo. Você devia tentar melhorar. O tempo está passando...

Ele olhou de relance a hipócrita do outro lado da bancada de ferro:

— Oi, roto! Aqui é o esfarrapado...

— O que você quer dizer com isso?

— Quero dizer que antes de você começar a me dar conselhos, é bom dar uma boa olhada no seu relacionamento com sua mãe.

Clare cruzou os braços abaixo dos seios e olhou para o homem ao lado dela. As listras brancas da camisa eram a parte mais visível dele.

— Minha mãe é impossível.

— Impossível? Se existe alguma coisa que aprendi nesses últimos dias é que sempre existe um jeito de assumir um compromisso.

Ela abriu a boca para responder, e logo a fechou. Anos atrás, havia desistido de um compromisso.

— Não adianta nada tentar. Não consigo agradar-lhe. A vida toda tentei fazer isso, e a vida toda eu a decepcionei. Larguei a Comunidade de Voluntárias porque não tinha tempo, e não faço mais parte de nenhum grupo de caridade. Tenho trinta e três anos, sou solteira e não lhe dei netos. Para ela, estou jogando a vida fora. Na verdade, a única coisa que eu fiz e que ela aprovou foi meu noivado com Lonny.

— Ah, olha aí o motivo.

— Quê?

— Fiquei tentando descobrir por que uma mulher viveria com um gay.

Clare encolheu os ombros e a outra alça escorregou-lhe até o braço.

— Ele mentiu para mim.

— Talvez você quisesse acreditar nessa mentira para agradar à sua mãe.

Ela parou para pensar por um momento. Embora não fosse ainda o grande *insight*, o instante mágico de inspiração pelo qual estivera esperando, aquilo tinha um fundo de verdade.

— É. Talvez — ajeitou as alças no lugar. — Mas isso não quer dizer que eu não o amasse e que estou sofrendo menos porque ele não me traiu com uma mulher — sentiu uma pontada atrás dos olhos que a apavorou. A semana toda não tivera aquele choro de lavar a alma, e sem dúvida não poderia deixar que acontecesse naquela hora — Não quer dizer que todas as esperanças que eu tinha no futuro de repente se tenham ido e eu me sinta aliviada, pensando: "Nossa, desviei-me daquela bala perdida!" Talvez eu devesse, mas... — A voz foi cortada, e ela se levantou como se alguém a tivesse puxado de repente.

Clare caminhou para longe da festa e parou debaixo de um velho carvalho. Colocou a mão sobre a casca da árvore, áspera e irregular. Enxergava através de olhos que rapidamente começavam a embaçar as florestas no horizonte distante. Só havia passado uma semana? Parecia mais tempo e, no entanto... também parecia que tinha sido ontem. Esfregou abaixo dos olhos e enxugou as lágrimas. Estava em local público. Não chorava em local público.

Por que estava tendo um ataque de choro naquela hora? Com tantos lugares para acontecer? Respirou fundo e, aos poucos, permitiu-se aquilo. Provavelmente, porque estivesse se mantendo ocupada. A preocupação com o teste de HIV e com o planejamento da festa de Leo drenaram-lhe muita energia física e mental. Agora que não tinha essas inquietações para bloquear seu emocional, estava tendo um colapso.

E aquilo era bastante inconveniente.

Sentiu Sebastian aproximando-se por detrás. Sem tocá-la, mas tão próximo que conseguia sentir o calor do corpo dele.

— Você está chorando?

— Não.

— Está, sim.

— Se você não se importa, eu quero ficar sozinha.

Claro, ele não foi embora. Pelo contrário, colocou as mãos sobre os ombros dela.

— Não chore, Clare.

— Tudo bem — enxugou as faces úmidas. — Estou bem, agora. Você pode voltar para a festa. Leo pode estar preocupado com sua ausência.

— Você *não está* bem, e Leo sabe que eu já estou bem crescidinho — Sebastian deslizou as mãos pelos braços desnudos dela, até os cotovelos. — Não chore por alguém que não vale a pena.

Clare baixou o olhar até os pés, as unhas tratadas invisíveis no escuro:

— Eu sei que você acha que eu não deveria levar tudo tão a sério por eu não ter o equipamento adequado... mas você não entende que eu amava Lonny. Achava que ele era a pessoa com quem eu passaria o resto da minha vida. A gente tinha muita coisa em comum — uma lágrima rolou por sua bochecha e caiu sobre o peito.

— Só não tinham sexo.

— É, a não ser por isso, mas sexo não é tudo. Ele incentivava demais a minha carreira, e a gente cuidava um do outro de todas as formas importantes.

As palmas quentes e grossas de Sebastian resvalaram dos braços aos ombros de Clare.

— O sexo é importante, Clare.

— Eu sei, só que não é a coisa *mais* importante em um relacionamento — Sebastian fez um som de deboche, que ela ignorou. — A gente estava planejando ir a Roma em nossa lua-de-mel, para que eu pudesse pesquisar um livro, mas isso tudo acabou. Eu me sinto idiota e... vazia — a voz saiu entrecortada e ela ergueu uma das mãos, enxugando os olhos. — Como é que você ama alguém num dia e no outro não? Eu queria s-s-saber...

Sebastian virou-a para si e pôs as mãos nos lados do rosto dela.

— Não chore — disse, e roçou as faces molhadas de Clare com os polegares.

O som distante dos grilos trinando misturou-se e fundiu-se à *Son of a preacher man*, que saía suavemente do aparelho. Clare fitou a silhueta escura e manchada de Sebastian.

— Vou ficar bem daqui a um minuto — mentiu.

Ele baixou a fronte e o toque suave de seus lábios deteve o ar nos pulmões dela.

— Shh... — sussurrou no canto da boca de Clare. As mãos deslizaram por trás da cabeça dela e os dedos passavam pelos cabelos. Beijos suaves tocavam-lhe as faces, as têmporas e a testa. — Não chore mais, Clare.

Duvidava que poderia, mesmo se quisesse. Enquanto Dusty cantava sobre o único rapaz que poderia ensinar algo a ela, um choque travou o peito de Clare, e ela não conseguia respirar.

Sebastian beijou-a no nariz e lhe disse, pouco abaixo da boca:

— Você precisa de outra coisa para pensar — com toda gentileza, ele levou a cabeça dela para trás. Os lábios dela abriram-se levemente. — Assim como sentir o abraço de um homem que consegue fazer uma mulher pensar em outra coisa.

Clare pôs as mãos no peito dele e sentiu os músculos sólidos abaixo da camisa fina. Aquilo não podia estar acontecendo. Não com Sebastian.

— Não — garantiu-lhe, um pouco desesperada. — Eu me lembro.

— Eu pensei que você tinha esquecido — seus lábios comprimiram-se contra os dela e relaxaram um pouco. — Você precisa de um lembrete... de um homem que saiba como usar a colher de pau.

— Queria que você esquecesse que eu disse isso — respondeu, tentando vencer a pressão no próprio peito.

— Nunca. Apesar de eu não conseguir imaginar que algo da finura de uma colher de pau possa servir para alguém.

Ela arfou, enquanto a boca dele se abria sobre a dela, e a língua intrometeu-se entre os lábios. Com o sabor de uísque e algo mais. Algo que não havia provado há muito tempo. Desejo sexual. Quente, inebriante, direcionado totalmente a ela. Devia se sentir apavorada, e estava, um pouco. Mas, acima de tudo, gostava do sabor em sua boca. Como algo sedutor e rico, que não experimentara há tempos, que se despejava através dela, aquecendo a cavidade de seu estômago e seus vazios interiores.

Tudo à sua volta se afastava como a maré baixa. A festa. Os grilos. Dusty. Lembranças de Lonny.

Sebastian estava certo. Esquecera-se do que era ter um homem fazendo amor em seus lábios. Não se recordava de quando havia sido tão bom. Ou, quem sabe, Sebastian é que era bom naquilo. As palmas das mãos dela deslizaram até os ombros e o lado do pescoço dele, conforme a língua deslizava, provocava e seduzia, até Clare se entregar e retribuir o beijo, devolvendo a paixão e a possessão com que ela a alimentava.

Os dedos de seus pés reviravam-se nas sandálias, e ela correu os dedos pelos cabelos curtos que roçavam o colarinho da camisa dele. A boca de Sebastian não abandonava a dela, embora lhe sentisse o beijo em todos os lugares. Os lábios molhados dele sobre os dela deixavam cada célula de seu corpo cheia de necessidade e voracidade, e desejando mais.

Clare ergueu-se quase nas pontas dos pés e comprimiu o corpo contra o dele. Ele gemeu dentro de sua boca, um som profundo de desejo, e reviveu lembranças que lhe ventilaram o ego, acendendo a chama da feminilidade que quase deixara morrer. Voltou a cabeça para um lado e a boca uniu-se à dele.

A mão de Sebastian correu-lhe até a cintura, e os polegares gelaram-lhe o estômago através do fino algodão do vestido dela. Os dedos pressionavam-se contra ela, e ele a mantinha contra a virilha, onde estava duro e inchado. Ele a desejava; ela se esquecera de como aquilo era realmente bom. Beijou-o como se quisesse devorá-lo, e queria mesmo. Até o último pedaço. Naquele instante, não ligava para quem ele era. Apenas para como ele a fazia sentir-se. Desejada e cobiçada.

Ele recuou e arfou, recuperando o fôlego:

— Deus do céu! Pára!

— Por quê? — perguntou, e beijou-o no pescoço.

— Porque — retrucou, a voz áspera e torturada — nós dois temos idade para saber onde isso vai dar.

Ela sorria sem abandonar o pescoço.

— Onde?

— Numa rapidinha entre os arbustos.

Clare não era assim tão sem limites. Apoiou-se nos calcanhares e recuou alguns passos, apoiou as costas na árvore e respirou bastante, a fim de recobrar o juízo. Olhava

Sebastian penteando os cabelos com os dedos e tentava entender o que acontecera. Havia acabado de beijar Sebastian Vaughan e, por mais que sua mente lhe dissesse que parecia loucura, não se arrependia.

— Você vem ensaiando isso desde os nove anos — disse, ainda um tanto confusa com tudo aquilo.

— Não era para ter acontecido. Desculpe... eu tenho pensado nisso desde a noite em que você se despiu na minha frente. Lembro exatamente como você é sem roupas, e as coisas saíram do controle e... — friccionou o rosto com as mãos — não teria acontecido se você não tivesse começado a chorar.

A expressão do rosto de Clare relaxou, enquanto observava as sombras escurecidas e levava os dedos aos lábios, ainda umedecidos pelo beijo. Desejava que ele não tivesse se desculpado. Sabia que talvez estivesse furioso, apavorado ou se sentisse ofendido pelo modo como ambos se comportavam, mas não ela. Naquele instante, não se sentia ofendida, apavorada nem mesmo arrependida. Sentia-se viva, apenas isso.

— Você está jogando a culpa em mim? Não fui eu quem o agarrou e atacou sua boca.

— Atacou? Eu não ataquei você — apontou-lhe o dedo. — Não consigo ver uma mulher chorando. Sei que parece clichê, mas é verdade. Eu faria qualquer coisa para que você parasse de chorar.

Tinha certeza, porém, de que mais tarde sentiria muito. Assim que tivesse de vê-lo à luz do dia.

— Você poderia ter ido embora.

— E você ainda estaria se desmanchando em lágrimas. Igualzinho àquela noite no Double Tree — inspirou fundo e lentamente soltou o ar. — Mais uma vez, eu lhe fiz um favor.

— Você está brincando?

— De jeito nenhum. Você parou de chorar, não parou?

— É essa palhaçada de motivo futuro de novo? Você me beijou para eu me sentir aliviada?

— Não é palhaçada.

— Nossa, como você é nobre — riu ela. — Acho que você perdeu a cabeça porque... Por quê?

— Clare — disse ele, suspirando —, você é uma mulher atraente, e eu sou um homem. É lógico que você me faz perder a cabeça. Eu não preciso ficar aqui tentado imaginar como você é sem roupa; *sei* que você é bonita de corpo inteiro. Então é lógico que eu senti algo. Se não tivesse sentido um mínimo de desejo, ia ficar bastante preocupado comigo.

Ela não fez caso de salientar que o desejo dele media quase vinte centímetros sólidos. Gostaria de evocar alguma indignação ou raiva honestas, mas não conseguia. Fazer aquilo significaria que ela estava arrependida. Naquele exato momento, não estava. Com um único beijo, ele lhe devolvera algo que nem sabia que lhe havia escapado. Seu poder de fazer com que um homem a quisesse usando nada mais do que um beijo.

— Você devia me agradecer — disse ele.

Certo. Provavelmente deveria, mas não pelos motivos que ele pensava.

— E você deveria ir lamber minha bunda.

Meu Deus, ela parecia ter voltado aos dez anos, mas não se sentia como tal. Graças ao homem bem à sua frente.

Sebastian riu, muito baixo e bem dentro de si mesmo.

— E caso você esteja confuso, Sebastian, isso não foi um convite.

— Bem que parecia — respondeu. Recuou um pouco e acrescentou. — A próxima vez que eu vier à cidade, talvez eu aceite.

— Não sei. Será que eu vou agradecer?

— Não. Não precisa, mas vai.

E sem mais palavras, ele se voltou e foi embora, não na direção da festa, mas rumo à casa dos fundos.

Clare conhecia Sebastian desde sempre. Algumas coisas não haviam mudado. Como as tentativas de persuadi-la e fazê-la pensar que o dia era a noite, dar uma porção de desculpas esfarrapadas e, de quando em quando, fazê-la sentir-se maravilhosa. Como quando lhe disse que os olhos dela eram da cor dos íris que cresciam no jardim de sua mãe. Apesar de não lembrar quantos anos tinha, ela se lembrava que aquele elogio a deixara feliz durante dias.

Sentia as pontas afiadas da árvore contra as costas, enquanto via Sebastian caminhar pela varanda da casa dos fundos. A luz acima de sua cabeça deixou seu cabelo dourado, e as listras brancas da camiseta quase viraram néon. Abriu a porta vermelha e desapareceu lá dentro.

Novamente ela levou os dedos aos lábios, que tinham ficado sensíveis graças ao beijo dele. Conhecia-o há mais tempo do que ninguém, mas uma coisa era certa: Sebastian não era mais um garoto. Era um homem, sem dúvida. Um homem que fazia mulheres como Lorna Devers observarem-no como se fosse um pedaço de suave imoralidade, de dar água na boca. Como algo em que desejaria cravar os dentes ao menos uma vez.

Clare conhecia esse sentimento.

Dez

Na segunda semana de setembro, Sebastian embarcou em um vôo internacional com destino a Calcutá, Índia. Pouco mais de doze mil quilômetros e vinte e quatro horas mais tarde, apanhou um avião menor para as planícies de Bihar, Índia, onde a vida e a morte dependiam dos caprichos das monções anuais e da habilidade de encontrar umas poucas centenas de dólares para enfrentar kala azar — a febre da Lábrea.

Aterrissou em Muzaffarpur e seguiu de carro por quatro horas até a aldeia de Rajwara, com um médico local e um fotógrafo. De longe, a aldeia parecia bucólica e intocada pela civilização moderna. Homens em *dhoti kurtas* tradicionais brancos cultivavam os campos com arados de madeira e búfalos d'água, mas como em todos as locais subdesenvolvidos do globo que cobrira no passado, Sebastian sabia que aquela cena pacífica era ilusória.

À medida que ele e os outros dois homens caminhavam pelas vielas sujas de Rajwara, enxames de crianças entusiasmadas os cercavam, erguendo a poeira pelo caminho. Um boné de beisebol dos Seattle Marines protegia-lhe o rosto do sol, e ele enchera os bolsos de suas calças cargo com baterias sobressalentes para seu gravador. O médico era bem conhecido na aldeia, e mulheres em *saris* de cor viva surgiram das cabanas cobertas de palha, uma atrás da outra, conversando depressa em hindi. Sebastian não precisava do médico para traduzir o que diziam. O som dos pobres implorando por ajuda era uma linguagem universal.

Ao longo dos anos, Sebastian aprendera a colocar uma muralha profissional entre si e o que acontecia ao redor. A fazer uma reportagem sem afundar na névoa negra da depressão desesperada. Cenas como aquela, no entanto, ainda eram difíceis de encarar.

Permaneceu nas planícies de Bihar durante três dias, entrevistando os trabalhadores do Instituto One World Health e dos Médicos sem Fronteiras que prestam socorro. Visitara hospitais. Conversara com um químico farmacêutico dos EUA, que desenvolvera um antibiótico mais forte e mais eficiente, mas, como todo o desenvolvimento de remédios, o dinheiro era o segredo do sucesso. Visitou uma última clínica e caminhou entre as filas de camas comprimidas antes de voltar a Calcutá.

Pela manhã, tivera de pegar um avião e achava-se mais do que pronto para descansar no saguão do hotel, longe da cidade entupida, dos cheiros avassaladores e do barulho constante das barragens. A Índia apresentava algumas das belezas mais impressionantes da Terra, e a pobreza mais assustadora que existia. Em alguns lugares, ambas viviam lado a lado, e nenhum deles tinha isso com mais evidência do que Calcutá.

Houve uma vez em que desprezara jornalistas que considerava fracos — sujeitos "da antiga", que descansavam em bares de hotéis confortáveis e pediam para comer o que havia ali. Quando era um jovem jornalista, sentia que as melhores histórias se encontravam lá fora, nas ruas, nas trincheiras e nos campos de batalha, nos hotéis de quinta categoria e favelas, esperando para serem contadas. Tinha razão quanto a isso, embora não fossem as únicas histórias que valessem a pena, ou sempre as mais importantes. Costumava acreditar que precisava sentir as balas zunindo perto de sua cabeça, mas aprendera que esse tipo de reportagem com alta adrenalina poderia tirar a perspectiva de um jornalista. A pressa para relatar poderia levá-lo à perda da objetividade. Algumas das melhores reportagens nasciam de um olhar completo e não-tendencioso. Ao longo dos anos, aperfeiçoara a às vezes difícil arte do equilíbrio jornalístico.

Aos trinta e cinco anos de idade, Sebastian padecera diversos casos de disenteria, havia sido roubado, pisado em águas correntes de esgotos e visto morte o suficiente para uma existência. Havia realizado feitos aqui e ali, e fizera por merecer cada pedacinho de seu sucesso. Não mais precisava lutar por uma matéria assinada. Depois de anos de correndo a toda velocidade, vivendo situações de risco, caçando histórias e parágrafos de abertura, merecia um tempo relaxando em um hotel com ar-condicionado.

Pedira uma cerveja Cobra e um frango *tandoori* enquanto verificava os e-mails. No meio da refeição, um antigo colega o reconheceu:

— Sebastian Vaughan.

Sebastian olhou na direção e um sorriso surgiu-lhe nos lábios, assim que reconheceu o homem que caminhava em sua direção. Ben Landis era mais baixo, tinha o cabelo escuro e espesso, e um rosto franco e amistoso. A última vez que o vira Ben era correspondente do *USA Today*, e ambos haviam ficado em um hotel no Kuwait, esperando pela invasão do Iraque. Sebastian ergueu-se e apertou a mão do amigo.

— O que traz você aqui? — perguntou.

Ben sentou-se diante dele e pediu uma cerveja.

— Eu estou escrevendo uma matéria sobre os Missionários da Caridade dez anos depois da morte de Madre Teresa.

Sebastian fizera uma reportagem sobre aquele grupo em 1997, poucos dias após a morte da freira católica, da última vez em que estivera em Calcutá. Embora pouca coisa houvesse mudado, aquilo não o surpreendia. As mudanças eram lentas na Índia. Ergueu a cerveja e bebeu.

— Como está indo? — perguntou.

— Ah, você sabe como as coisas caminham por aqui. A menos que você esteja em um táxi, parece que tudo está parado.

Sebastian colocou a garrafa sobre a mesa, e ambos começaram a trocar histórias de guerra e pedindo outras cervejas. Recordavam-se como era insuportável vestir roupas de proteção quentes, suadas, sempre que parecia uma ameaça química durante a pressão no Iraque. Riram dos equipamentos dos fuzileiros navais, com uniformes verdes camuflados, que haviam sido enviados para eles no lugar dos beges cor de tempestade de areia, embora na época não tivessem achado a menor graça. Lembraram-se de histórias de caminhar todas as manhãs em um buraco oco, a poeira fina cobrindo-lhes as faces, e riram um pouco mais da briga demorada entre um ativista canadense, que chamara Rumsfeld[31] de instigador da guerra, e um repórter

[31] N.T.: Donald Rumsfeld, ex-secretário da Defesa dos Estados Unidos da América nos governos George Bush e George W. Bush.

americano de notícias via internet, que reagiu contra. A briga estava empatada até que duas mulheres da agência Reuters se juntaram à confusão e separaram os dois.

— Lembra-se da repórter italiana? — perguntou Ben, em meio a um sorriso. — A mulher de lábios vermelhos grande e... — ergueu as mãos diante do peito como se estivesse segurando melões — Como ela se chamava?

— Natala Rossi — Sebastian ergueu a garrafa até os lábios e bebeu.

— Isso, ela mesma.

Natala era repórter do *Il Messaggero*, cujos seios que desafiavam a gravidade haviam sido uma fonte de fascínio e especulação constantes por parte dos colegas do sexo masculino.

— Eram de silicone — disse Ben enquanto tomava um gole demorado de cerveja. — Tinham de ser.

Sebastian poderia ter esclarecido tudo ao amigo. Passara uma longa noite com Natala, dentro de um hotel da Jordânia, e tivera um reconhecimento em primeira mão — por assim dizer — que aqueles seios adoráveis eram naturais. Pouco entendia de italiano; o inglês dela era paupérrimo; a conversa, porém, não era o objetivo.

— Disseram que ela tinha levado você ao quarto de hotel dela.

— Interessante — Sebastian nunca foi do tipo que contava vantagem. Nem se tivesse escondendo boas histórias. — Disseram também se eu me dei bem com ela? — ao lembrar daquela noite, nem sequer conseguia se recordar do rosto de Natala ou de seus gritos apaixonados. Por algum motivo que não conseguiu entender, outra garota de cabelos escuros surgiu e se alojou no cérebro dele.

— Então foi tudo boato?

— Foi — mentiu, em vez de dar uma descrição de como gozou (por assim dizer) sua noite com a repórter italiana. Conforme as lembranças de Natala iam sumindo, as de Clare usando tanguinha rosa e do beijo que trocaram pareciam crescer mais nítida a cada dia. Lembrava-se perfeitamente das curvas suaves de seu corpo pressionando o dele da textura suave de seus lábios exuberantes por baixo dos dele, e do calor daquela boca ávida. Havia beijado várias mulheres na vida. Mulheres boas, ruins e extremamente fogosas. Nenhuma, porém, o beijara como Clare. Como se quisesse usar a boca para sugar-lhe a alma. O que o deixava confuso era o fato de querer que ela fizesse isso. Quando ela lhe pediu para lamber aquela bundinha linda, sabia exatamente onde queria executar a ação.

— Soube que você se casou — disse, esforçando-se para mudar de assunto e parar de pensar em Clare, em seu traseiro macio, sua boca suave. — Parabéns!

— Casei, sim. Minha esposa está para ter nosso primeiro filho a qualquer instante.

— E você aqui, esperando para falar com freiras?

— Tenho de ganhar a vida — um garçom colocou sobre a mesa a terceira cerveja de Ben e desapareceu. — Sabe como funciona.

Sim, ele sabia. Precisou de muito esforço e uma boa dose de sorte para ganhar a vida como jornalista. Principalmente no caso de um repórter *free-lance.*

— Você ainda não disse o que está fazendo em Calcutá — disse Ben, e apanhou a garrafa.

Sebastian contou-lhe sobre o que estivera investigando nas planícies de Bihar e a mais recentes deflagração da febre da Lábrea. Os dois homens bateram papo por mais uma hora e, então, Sebastian deu a noite por encerrada.

No vôo de volta para casa, no dia seguinte, escutou as entrevistas que gravara e rascunhou anotações. Enquanto redigia um esboço, lembrou-se da falta de esperança miserável que vira nas faces dos mendigos. Sabia que não lhe restava nada a fazer além de contar a história daquelas pessoas e lançar alguma luz sobre a epidemia que atormentava a região. Tanto quanto sabia que iria aparecer uma nova peste e uma nova epidemia para fazer uma reportagem no mês seguinte. Gripe aviária, malária, HIV/aids, cólera, seca, furacões, maremotos, fome. Faça sua escolha. Guerra e desastres naturais eram um ciclo interminável e um contratador constante. Em um dia qualquer haveria um novo surto de enfermidade e, se não fosse, algum ditadorzinho ou líder terrorista ou escoteiro alucinado iria começar alguma merda em algum lugar do planeta.

Durante uma pausa de duas horas em Chicago, arranjou o que comer em um bar de esportes e sacou seu *laptop*. Como fizera centenas de vezes antes, pediu algo para beliscar enquanto comia sanduíche de carne defumada. Brigou um pouco, mas não era nada comparado ao que enfrentara com aquela matéria sobre terrorismo doméstico.

Dormira um pouco no vôo que viera de O'Hare, acordando no momento exato em que o Boeing 787 aterrissou no Aeroporto de Seattle. A chuva caía na pista de decolagem e filetes de água corriam pelas asas da enorme aeronave. Eram dez da manhã, horário do Pacífico, quando saiu do avião e caminhou com facilidade pelo aeroporto até seu Land Cruiser no estacionamento mensal. Não se lembrava mais de quantas vezes andara por aquele aeroporto ao longo dos anos. Muita coisa para contar, embora, desta vez, fosse diferente. Por algum motivo que não sabia explicar, sabia que seria seu último vôo internacional. Cruzar metade do mundo atrás de uma história não o atraía tanto quanto antigamente, e agora ele pensava em Ben Landis e sua esposa grávida.

Conforme seguia pela Rodovia Interestadual 5, um sentimento incômodo de solidão o perturbava. Antes da morte da mãe, nunca se sentira só. Tinha amigos homens e mulheres. Para muitas delas, telefonava e convidava para tomar uma bebida ou para algo mais que desejasse.

Apesar de sua mãe ter partido, tinha uma vida boa, exatamente como gostava, do jeito que sempre imaginara. Entretanto, cada pancada silenciosa de seus limpadores de pára-brisa vinha acompanhado de um sentimento que o arranhava um pouco mais fundo. Imaginava que era fadiga de viagem, e tão logo chegasse em casa, em seu condomínio, e descansasse, essa sensação sumiria.

Havia adquirido o condomínio dois anos antes de seu livro atingir o topo das listas de mais vendidos do *New York Times* e do *USA Today*. A obra permanecera nas listas durante catorze meses, dando-lhe mais dinheiro do que já havia feito ou esperava acumular com jornalismo. Investiu o dinheiro em propriedades, bens de luxo e algumas ações de risco que pagavam bem. Em seguida, mudou-se estilo Os Jeffersons[32], de um pequeno apartamento em Kent para aquele condomínio de luxo no distrito de Queen Anne, em Seattle. Tinha uma panorâmica da baía que valia um milhão de dólares e uma vista para o Pacífico. A área útil de 232 m^2 era composta por duas

[32] *The Jeffersons* era uma série cômica norte-americana que foi ao ar de 1975 a 1985 e tratava das peripécias de um casa de negros novo-ricos. (Disponível em: http://www.imdb.com/title/tt0072519/)

suítes com boxes e banheiras embutidas em cada banheiro. Das telhas de cerâmica até o piso de madeira maciça, passando pelo carpete de veludo e os móveis de couro, tudo era em tons vermelho-terra. O cromo e o vidro encerados brilhavam como dinheiro novo, um símbolo de seu sucesso.

Sebastian colocou o veículo utilitário na vaga e, em seguida, dirigiu-se até o elevador. Uma mulher vestindo *tailleur* e um garoto trajando uma camiseta Lizard esperavam perto das portas e entraram com ele no elevador.

— Que andar? — perguntou, enquanto as portas se fechavam.

— Seis, por favor.

Apertou os botões seis e oito e apoiou as costas na parede.

— Estou doente — disse-lhe o garotinho.

Sebastian observou o rosto pálido da criança.

— Catapora — afirmou a mulher. — Espero que você já tenha tido.

— Com dez anos — sua própria mãe o deixara rosado com loção de calamina.

O elevador parou, e a mulher colocou uma mão gentil sobre a parte de trás da cabeça do filho e caminharam pelo corredor do hall:

— Vou preparar uma sopa e colocar você na cama, vendo televisão. Pode ficar sentado com o cachorro e assistir a desenho animado o dia todo — disse ela, enquanto as portas se fechavam.

Sebastian ficou mais dois andares no elevador, saiu e entrou no condomínio à esquerda. Largou a maleta de viagem na entrada, provocando um som desordenadamente alto no piso de telhas. Não havia nada que quebrasse o silêncio para recebê-lo. Nem mesmo um cão. Nunca tivera um cachorro, nem quando criança. Imaginou se deveria arrumar um. Talvez um boxer bem musculoso.

A luz do sol se derramou pelas amplas janelas enquanto Sebastian caminhava do salão principal e colocava seu *laptop* na bancada de mármore, na cozinha. Preparava um bule de café e tentou justificar seu repentino interesse em um cachorro. Estava cansado. É o que havia de errado nele. A última coisa de que precisava era um cachorro. Não ficava em casa tempo suficiente para tomar conta de uma planta ou deixar um animal sozinho. Não faltava nada em sua casa e ele não estava solitário.

Dirigiu-se da cozinha ao quarto e pensou que talvez fosse o próprio condomínio. Quem sabe, precisasse de algo mais... caseiro. Não de cachorro, mas alguma coisa. Talvez precisasse se mudar. Talvez fosse mais parecido com a mãe do que pensava e tivesse de experimentar uma dúzia de casas ou mais antes de encontrar a ideal.

Sebastian sentou-se na ponta da cama e tirou as botas; a poeira das ruas de Rajwara ainda grudada nos cadarços. Jogou longe as meias e tirou o relógio de pulso enquanto se dirigia ao banheiro.

Muitos anos atrás, tentara convencer a mãe a se aposentar e ir para uma casa mais bonita. Ofereceu-se para comprar algo mais novo e mais moderno, mas ela recusou totalmente. Gostava da casa dela:

— Levei vinte anos para encontrar uma casa que parecesse um lar — dissera-lhe. — Não vou sair daqui.

Sebastian despiu-se e enfiou a mão no box. Conforme girava a torneira e entrava, sentia o metal frio ao toque. Se a mãe levara vinte anos até encontrar um espaço confortável, imaginou que tinha mais alguns anos para descobrir isso. A água quente caía-lhe sobre a cabeça e pelo rosto. Fechou os olhos e sentiu a água lavando a tensão. Havia várias coisas com as quais se desgastar. No momento, onde morava não era uma delas.

Tinha de vender a casa da mãe. Logo. Myrna, a melhor amiga e sócia, tinha mudado todo o estoque de produtos de beleza do salão e levado todas as plantas. Doara todos os alimentos enlatados e perecíveis a uma campanha de arrecadação. Sobrava para ele descobrir que fim dar ao restante dos pertences de sua mãe. Assim que tirasse esse peso dos ombros, sua vida voltaria ao normal.

Pegou o sabonete, passou nas mãos e lavou o rosto. Pensou no pai e imaginou o que o velho estaria fazendo. Supôs que, provavelmente, aparando rosas. E pensou em Clare. Mais especificamente, na noite em que a beijara. Dissera a verdade a ela. Teria feito de tudo para que parasse de chorar. As lágrimas de uma mulher eram a única coisa que o deixavam indefeso. E, raciocinou, beijá-la pareceu uma idéia melhor do que dar-lhe um murro ou jogar-lhe um inseto nos cabelos, como fez quando era um garoto.

Ergueu o rosto e lavou o sabonete do corpo. Mentira para Clare. Ao se desculpar pelo beijo, na verdade não sentira culpa de nada. Uma das coisas mais difíceis que havia feito foi dar as costas e deixá-la em meio às sombras. Uma das mais difíceis — mas a mais sábia. De todas as solteiras que conhecia, Clare Wingate não se achava disponível para beijos, toques, nem para pegar nua de vez em quando. Não para ele.

Aquilo, porém, não o impedia de pensar nela. Em seus seios arredondados e biquinhos rosados e escuros. A luxúria chacoalhou seu estômago, enquanto fechava os olhos e pensava em endurecer aqueles mamilos enquanto seus dedos acompanhavam a alça rosa da tanguinha até o quadril, na direção do triângulo de seda que cobria a virilha.

Seus testículos doeram, e ele ficou excitado. Imaginou-a usando sua boca linda nele, e a necessidade por sexo latejou-lhe nas veias. No entanto, não havia ninguém para acompanhá-lo no chuveiro e cuidar daquela necessidade. Poderia chamar alguém, pensou, mas não achava certo que uma mulher terminasse aquilo que outra começou. Com o pensamento de Clare em sua mente, ele mesmo resolveu seu problema.

Depois do banho, Sebastian enrolou uma toalha na cintura e dirigiu-se à cozinha. Sentia-se meio ridículo por ter tido fantasias com Clare. Não apenas era ela a garotinha esquisita de sua infância, mas nem mesmo gostava dele. Em geral, tentava ter fantasias com mulheres que não o achavam um escroto.

Encheu um caneco de café e foi até o telefone na bancada. Teclou os números e esperou enquanto tocava.

— Alô — respondeu Leo, depois do quinto toque.

— Eu voltei — disse, afastando Clare da cabeça. Mesmo após o tempo que tinham passado juntos recentemente, ainda era um pouco estranho ligar para o pai.

— Como foi de viagem?

Sebastian ergueu a caneca:

— Bem.

Conversaram sobre o tempo e, então, Leo perguntou:

— Você pretende aparecer por aqui em breve?

— Não sei. Preciso arrumar as coisas de mamãe e preparar para venda — mesmo enquanto dizia aquilo, parte dele se encolhia ao pensar em colocar a vida da mãe dentro de caixas. — Eu venho adiando isso.

— Vai ser difícil.

Aquilo era um eufemismo, e Sebastian riu sem humor:

— É.

— Quer que eu ajude?

Sebastian abriu a boca para responder "não" automaticamente. Ele podia empacotar algumas caixas. Sem problema.

— Você viria?

— Se você precisar de mim.

Eram só algumas coisas. Coisas da sua mãe. Ela não ia querer Leo em casa *de forma nenhuma*, mas a mãe tinha falecido, e seu pai estava oferecendo ajuda.

— Eu gostaria, sim.

— Vou dizer a Joyce que terei de me ausentar por alguns dias.

Encaixotar os utensílios da cozinha foi mais fácil do que Sebastian imaginara. Conseguia manter-se desprendido enquanto ele e Leo trabalhavam lado a lado. A mãe jamais apreciara peças de porcelana ou de cristal. Comia em louças brancas. Assim, se quebrasse um prato, conseguiria substituí-lo. Comprava copos no Wal-Mart; se deixasse cair um, não tinha importância. Seus potes e panelas eram antigos e estavam em ótimas condições, porque ela raramente cozinhava, em especial quando Sebastian tinha se mudado.

Apesar disso, só porque a mãe não era materialista, não significava que não havia sido meticulosa quanto à aparência até o dia de sua morte. Vivia cuidando do cabelo, da cor do batom, e se os sapatos combinavam ou não com a bolsa. Adorava cantar as músicas antigas de Judy Graland, e quando estava a fim de ostentar, comprava globos de neve. Tinha tantos que havia transformado seu antigo quarto em um local para guardar a coleção. Cobrira as paredes com prateleiras personalizadas, e Sebastian sempre desconfiou que ela fizera aquilo para que ele não pudesse mais voltar a morar ali.

Depois que Leo e Sebastian empacotaram as coisas da cozinha, apanharam jornais e caixas de papelão e dirigiram-se ao quarto antigo de Sebastian. O piso de madeira rangia sob seus pés, e a luz do sol brilhava ali através das cortinas totalmente brancas e pelas filas de globos. Quase esperou que a mãe aparecesse, com um espanador cor-de-rosa na mão, limpando as estantes.

Sebastian colocou duas caixas em uma mesa de jogos e uma pilha de jornais em uma cadeira reclinável que havia deixado ali antes. Lembrara-se de propósito de sua mãe com o espanador de pó. Apanhou um globo que trouxera da Rússia e girou-o na mão. A neve branca flutuava sobre a Catedral de São Basílio na Praça Vermelha.

— Bom, eu... Quem diria que Carol ia guardar isso durante todos esse anos?

Sebastian observou o pai, enquanto este apanhava um globo antigo, de Cannon Beach, Oregon. Uma sereia sentada em uma pedra penteava os cabelos, enquanto pedacinhos de *glitter* e conchas flutuavam ao redor.

— Comprei para sua mãe em nossa lua-de-mel.

Sebastian apanhou um pedaço de jornal e embrulhou o globo russo.

— É um dos mais antigos. Não sabia que você lhe tinha dado de presente.

— Tinha. Naquela época, eu achava que a sereia se parecia com ela — o pai ergueu os olhos. As linhas profundas nos cantos dos olhos ficaram ainda mais fundas e um sorriso fraco esboçou-se em seus lábios. — A não ser pelo fato de sua mãe estar grávida de sete meses de você.

— Isso, sim, eu já sabia — colocou o globo na caixa.

— Ela era linda e cheia de vida. Uma pessoa única — Leo curvou-se e pegou um pedaço de papel. — Gostava de tudo a mil por hora, como uma montanha-russa, e eu... — parou e balançou a cabeça — eu era mais tranqüilo. — Embrulhou o globo. Em meio ao som do papel, disse — Acho que ainda sou. Você tem mais da sua mãe do que me mim. Você gosta de ir atrás de emoção.

Nem tanto quanto antes. Pelo menos nem tanto quanto as que tive meses atrás.

— Acho que estou diminuindo meu ritmo — Leo encarou-o. — Depois dessa última viagem, estou pensando seriamente em pendurar meu passaporte. Ainda tenho algumas tarefas e, então, acho que vou trabalhar apenas como *free-lance*. Quem sabe, tire férias.

— O que você vai fazer?

— Não sei bem. Só sei que não quero mais fazer reportagens no exterior. Pelo menos por um tempo.

— Você consegue?

— Lógico — conversar sobre o trabalho mantinha a mente longe do que estava fazendo. Apanhou um globo de Reno, Nevada, e embrulhou — Que tal o Lincoln novo?

— Macio como seda.

— E Joyce? — perguntou, não que se importasse, mas era melhor pensar na mulher do que naquilo que estava fazendo.

— Planejando uma grande lista para o Natal. Isso sempre a deixa alegre.

— Nem estamos em outubro.

— Joyce gosta de se antecipar.

Sebastian colocou o globo embrulhado na caixa

— E Clare? Já superou o noivado que desmanchou com o gay? — perguntou, apenas para manter a conversa com o pai.

— Não sei. Faz tempo que não a vejo, mas duvido. Ela é muito sensível.

Ou seja, mais um motivo para se manter longe dela. Garotas sensíveis gostam de namoros prolongados. E ele nunca fora o tipo de sujeito que se comprometesse com alguma coisa por muito tempo. Apanhou um Globo do Mágico de Oz, com Dorothy e Totó seguindo pela estrada de tijolos amarelos. Mesmo se nunca tivesse acontecido, ele deixou a mente divagar sobre a possibilidade de passar uma ou duas noites com Clare. Não se importaria em deixá-la nua, e tinha certeza de que algumas transas fariam muito bem a ela. Iria deixá-la relaxada e aliviada. Ficaria com um sorriso no rosto durante semanas.

Em suas mãos, os primeiros acordes de *Somewhere over the rainbow*[33] começaram a tocar, saindo da caixinha de música dentro da base do globo. O clássico de Judy Garland era a favorita de sua mãe e, dentro de Sebastian, tudo parou. Milhares de ferroadas subiram velozmente a espinha e apertaram-lhe o couro cabeludo. O globo caiu-lhe

[33] *Somewhere over the rainbow* é a música principal do já mencionado filme *O Mágico de Oz.*

das mãos e espatifou-se no piso. Sebastian observava a água espirrando em seus sapatos, enquanto Doroty, Totó e uma porção de macaquinhos voadores espalhavam-se pelo chão. A máscara de distanciamento que mantinha dentro da alma estilhaçou-se como o vidro quebrado a seus pés. Seu único porto seguro na vida tinha partido. Partido, e não voltaria mais. Nunca mais iria limpar o pó dos globos de neve nem se afobar por causa de sapatos que não combinavam. Nunca mais ouviria a voz falsete de soprano ficar amolando-o para aparecer e cortar o cabelo.

— Porra! — afundou na cadeira. — Não consigo fazer isso — estava amortecido e saturado ao mesmo tempo, como se tivesse enfiado uma chave no soquete de luz. — Achei que ia conseguir, mas não posso embrulhar ela como se ela nunca mais fosse voltar — a parte de trás de seus olhos espetava e ele engoliu com dificuldade. Fincou os cotovelos nos joelhos e cobriu o rosto com as mãos. Um som como o de um trem de carga se misturava em seus ouvidos, e ele sabia que era da pressão de estar se segurando. Não iria chorar igual a uma mulher histérica. Principalmente diante do pai. Se pudesse se conter por mais alguns segundos, aquilo passaria, e ele estaria bem novamente.

— Não precisa ter vergonha de amar sua mãe — ouviu a voz do pai pairando sobre a explosão em sua cabeça. — Na verdade, isso é sinal de que você é um bom filho — sentiu a mão do pai sobre a cabeça, pesada, familiar, consoladora. — Sua mãe e eu não demos certo, mas sei que ela amava você com todas as forças. Quando se tratava de você, ela parecia um pit bull. E ela nunca iria admitir que o filho dela fizesse qualquer coisa errada.

Era verdade.

— Ela fez um ótimo trabalho criando você quase sozinha, e eu sempre lhe fui grato por isso. Deus sabe que eu não estive por perto tanto quanto deveria.

Sebastian apertou as palmas contra os olhos. Então, largou as mãos entre os joelhos. Fitou o pai em pé perto dele. Respirou fundo e o aperto entre seus olhos atenuou.

— Ela não facilitou muito as coisas.

— Não fique me arrumando justificativas. Eu poderia ter me empenhado mais. Poderia ter voltado ao tribunal. — A mão de Leo foi ao ombro de Sebastian, apertando-o de leve —, poderia ter feito uma porção de coisas, mas eu... eu achei que lutar não seria bom e que haveria mais tempo quando você ficasse mais velho. Eu estava errado e me arrependo disso.

— Todos nós temos alguma coisa de que nos arrependemos — Sebastian tinha uma tonelada dessas coisas, mas o peso da mão de seu pai parecia um porto seguro em um mundo que de repente se tornava vertiginoso. — Talvez a gente não devesse lutar contra eles. Talvez devesse só seguir em frente.

Leo balançou a cabeça e deu tapinhas nas costas de Sebastian como quando ele era garoto.

— Por que você não vai tomar um leite gelado com Nescau? Você vai se sentir melhor. Enquanto isso, eu termino aqui.

Apesar de si mesmo, Sebastian sorriu:

— Pai, eu tenho trinta e cinco anos. Não tomo mais leite gelado com Nescau.

— Ah... Tudo bem, então vai descansar um pouco enquanto eu termino este quarto.

Sebastian ergueu-se e enxugou as mãos nas calças:

— Não. Eu vou achar uma vassoura e uma pá — respondeu, agradecido por ter a presença sólida do pai naquela casa.

Onze

Na primeira semana de dezembro, uma neve suave enchia de pó as ruas do centro de Boise e cobria a base das montanhas com um branco intocado. Grinaldas de Natal ficavam penduradas nos postes de luz, e as entradas das lojas estavam enfeitadas para a estação. Compradores repletos de pacotes enchiam as calçadas.

Na esquina entre a Oitava e a Principal, a música *Holly jolly Christmas* tocava suave dentro do The Piper Pub and Grille[34], o muzak com o som um ou dois pontos abaixo do murmúrio uniforme de vozes. Guirlandas douradas, verdes e vermelhas acrescentavam um ar festivo ao restaurante no andar de cima.

— Um ótimo feriado para todos! — Clare erguia uma xícara de café com menta e batia suavemente a taça com as amigas. As quatro mulheres tinham acabado de almoçar e provavam café com sabores especiais em vez da sobremesa.

[34] N.T.: Um restaurante estilo pub que fica no centro de Boise.

— Feliz Natal! — brindou Lucy.

— Feliz Hanukkah! — exclamou Adele, embora não fosse judia.

— Feliz Kwanzaa! — acrescentou Maddie para completar todas as alternativas, embora não fosse afro-americana, afrodescendente ou tivesse posto os pés na África.

Lucy tomou um gole e disse, enquanto baixava seu caneco:

— Puxa! Quase esqueci! — mergulhou as mãos na bolsa pendurada no encosto da cadeira e puxou vários envelopes. — Finalmente lembrei-me de trazer cópias da fotografia de todas nós juntas na festa de Halloween! — deu um envelope para Clare, sentada à sua direita, e os dois outros para as amigas do outro lado da mesa.

Lucy e o marido, Quinn, tinham dado uma festa à fantasia em sua casa nova, em Quill Ridge, num dos pontos elevados da cidade. Clare puxou a foto do envelope e pôs os olhos sobre si mesma fantasiada de coelhinha ao lado das três amigas. Adele vestia-se de fada com asas delicadas e enormes, Maddie tinha uma fantasia de Sherlock Holmes e Lucy trajava um uniforme de polícia feminina dominadora. Havia sido uma festa bastante divertida. Tudo o que Clare precisava depois de dois meses e meio complicados. Ao final de outubro, sua dor de cabeça começava a abrandar um pouco, e ela até tinha sido convidada para sair por Darth Vader. Sem o elmo, Vader era atraente, com um tipo de "tira durão". Tinha um emprego, todos os dentes e cabelo no lugar, e parecia cem por cento heterossexual. A antiga Clare teria aceitado o convite para jantar com a esperança inconsciente de que um homem acalmaria a falta de outro. Mas, apesar de ficar lisonjeada, disse não. Era cedo demais para namorar.

— Quando é a noite de autógrafos do seu livro? — perguntou-lhe Adele.

Clare levantou o olhar e guardou a foto dentro da bolsa.

— Tenho uma na Borders, dia 10, outra em Walden's[35] dia 24. Tomara que eu saia no lucro com todas aquelas pessoas que fazem compras de última hora.

Fazia quase cinco meses que encontrara Lonny com o rapaz da assistência técnica, e tinha superado a crise. Embora não precisasse mais segurar o choro nem sentisse um aperto no peito ultimamente, não se achava pronta para namorar. Ainda não. Talvez não por um bom tempo.

Adele tomou um gole de café:

— Eu apareço no dia 10.

— É, eu vou estar lá! — afirmou Lucy.

— Eu também. Mas não chego nem perto do shopping dia 24 — Maddie ergueu os olhos da foto. — O lugar vai estar cheio de gente, eu posso esbarrar em algum antigo namorado.

Clare ergueu a mão:

— Eu também.

— Isso me lembra que eu tenho uma fofoca — Adele pousou o caneco sobre a mesa. — Um dia desses esbarrei com Wren Jennings, e ela deixou escapar que não está encontrando ninguém interessado na proposta de seu próximo livro.

Clare não era exatamente uma fã de Wren. Achava que tinha ego demais para pouco talento. Havia feito uma sessão de autógrafos com ela, e já estava ótimo. Wren não

[35] N.T.:Borders e Walden's são duas livrarias grandes dos EUA.

só monopolizara por completo as duas horas, como dizia a qualquer um que se aproximasse da mesa que escrevia "romances históricos verídicos, e não dramas de época". E olhava diretamente para Clare, como se ela fosse uma criminosa. Agora, não conseguir uma editora para seu livro seguinte era horrível.

— Caramba, isso assusta!

Lucy balançou a cabeça:

— Pois é, ninguém é tão verborrágica quanto Wren, mas não ter quem publique seu livro deve ser um terror.

— Deve ser um alívio gigantesco para o pessoal do Earth First!.[36] Não é preciso mais derrubar árvores por causa dos livros medonhos de Wren.

Clare olhou Maddie e deu um risinho:

— Se morder a língua, morre envenenada!

— Por favor, vocês sabem que essa mulher não sabe nem construir uma frase inteligente e nem reconheceria uma trama decente mesmo se esta lhe mordesse a bunda. E haja bunda ali!

Maddie franziu a testa e encarou cada uma das amigas:

— Eu não sou a única venenosa nesta mesa. Só falei o que todo mundo pensa.

Aquilo era verdade.

— Bem — disse Clare, levando a mocha de menta aos lábios —, de vez em quando, eu tenho um impulso incontrolável de ficar mostrando a língua.

— E eu estou com um desejo de comer um boi inteiro sem mastigar — ajudou Lucy.

---

[36] N.T.: O *Earth First!* É um movimento ecológico radical surgido nos EUA em 1979.

Adele engasgou:

— Você está grávida?

— Não — retrucou Lucy e ergueu o copo, que estava misturado com licor kahlúa.

— Ah! — a empolgação de Adele logo murchou. — Achava que uma de nós pudesse se apressar e ter um filho. Estou virando uma pata choca.

— Não olhe pra mim — Maddie enfiou a foto do Halloween na sacola. — Não tenho a menor vontade de ter filhos.

— Nunca?

— Não. Acho que sou dessas raras mulheres do planeta que nasceu sem aquele desejo ardente de procriar — Maddie encolheu os ombros. — Apesar disso, não ligo de praticar com um homem bonito.

Adele ergueu seu café:

— *Idem*. Celibato não está com nada.

— *Idem* pra mim também — afirmou Clare.

Lucy sorriu:

— Eu tenho um homem bonito para praticar.

Clare terminou o café e apanhou a bolsa:

— A senhora é uma fanfarrona!

— Não quero um homem permanente — insistiu Maddie. — Roncando e pegando o lençol todo pra ele. Essa é a vantagem do Banderas. Depois do bem-bom, eu o ponho volta no criado-mudo.

Uma das sobrancelhas de Lucy ergueu-se:

— Banderas? Você deu um nome para o seu?...

Maddie balançou a cabeça:

— Sempre quis ter um amante latino.

Clare olhou ao redor para ver se ninguém escutara Maddie:

— Psiu! Fale baixo! — ninguém estava olhando para elas, e Clare voltou às amigas. — Às vezes a gente não está segura em público.

Maddie inclinou-se para frente e sussurrou:

— Você tem um!

— Eu não dei nome para ele!

— Então, quem você homenageia?

— Ninguém — sempre era bem silenciosa ao fazer sexo, e nunca entendera como ou por que uma mulher podia ou iria perder a dignidade e começar a gritar. Sempre se achou boa de cama. Ao menos tentava ser, mas um gemidinho ou murmúrio suave era o mais alto que conseguia.

— Se eu fosse você, ia praticar com Sebastian Vaughan.

— Quem? — Lucy quis saber.

— O amigo gostoso de Clare. Ele é jornalista, e só de olhar dá para dizer que ele sabe o que colocar, onde e com que freqüência.

— Ele mora em Seattle — Clare não via Sebastian desde a noite da festa de Leo. A noite em que ele a beijara e fizera se lembrar como era ser uma mulher. Quando ele incendiou o desejo bem fundo dentro dela, quase fazendo a relação que tivera com Lonny desaparecer. Não sabia em primeira mão se ele conhecia quem, o quê, onde, o quando e o porquê, mas ele sabia *como* beijar uma mulher[37].

— Acho que não vou vê-lo durante os próximos vinte anos ou mais — Leo passara o Dia de Ação de Graças em Seattle, e a última coisa que soubera e que ele também pensava em passar

[37] N. T.: No jornalismo, diz-se que o parágrafo inicial de uma reportagem precisa mostrar todos esses dados: quem, como, o quê, onde, quando e o porquê. A autora fez uma brincadeira com isso, dado o fato de Sebastian ser jornalista.

o Natal por lá, o que era muito triste. Leo sempre passara o dia de Natal com ela e Joyce. Clare sentiria saudades dele — Preciso ir — disse, e se levantou. — Eu falei para a minha mãe que eu ia ajudar ela na festa de Natal deste ano.

Lucy encarou-a:

— Pensei que você não ia fazer isso, depois do ano passado.

— Eu sei, mas ela se comportou bem no Dia de Ação de Graças, e nem falou do *mousse* de Lonny — apanhou o casaco de marinheiro no espaldar da cadeira e passou os braços por ele. — Ela quase morreu, mas nem chegou a falar de Lonny. Então, como prêmio, eu disse que ia ajudá-la — colocou o xale vermelho ao redor do pescoço — Também fiz ela prometer que ia parar de mentir a respeito do que eu escrevo.

— Você acha que ela vai conseguir cumprir a promessa?

— Claro que não, mas vai tentar — agarrou a bolsa vermelha de couro de crocodilo. — Vejo vocês todas dia 10! — despediu-se das amigas e saiu do restaurante.

A temperatura do lado de fora havia aumentado, e a neve no chão começava a derreter. O ar frio roçava-lhe as faces enquanto Clare caminhava pelo terraço até a garagem do estacionamento. Retirou as luvas vermelhas de couro do bolso do casaco e vestiu-as. Os saltos de seus sapatos espocaram pela telha branca e preta, quando fez uma curva à direita em um restaurante italiano. Se caminhasse direto, chegaria ao Balcony Bar — aquele local que Lonny sempre garantiu que *não era* um bar gay. Sabia agora que ele também mentira quanto a isso, como faltara com a verdade em uma porção de coisas. Na ocasião, ela quis muito acreditar nele.

Abriu as portas que levavam à garagem e caminhou até o carro. Pensar em Lonny não lhe dava um aperto no coração.

O que sentia mais era raiva, de Lonny, por ter mentido para ela, e de si mesma, por querer acreditar nele de modo tão desesperado.

A temperatura dentro da garagem estava mais fria do que do lado de fora, e sua respiração ficava-lhe diante do rosto conforme abria o Lexus e se punha atrás do volante. Se pensasse sobre aquilo, não estava realmente tão zangada. A única coisa boa que resultara de seu relacionamento fracassado com Lonny foi ter se obrigado a parar e olhar muito bem para sua vida. Até que enfim. Ia fazer trinta e quatro anos dali a alguns meses e estava cansada de relacionamentos fadados ao fracasso.

O momento óbvio do *insight* mágico pelo qual estivera aguardando, e que revelaria e resolveria todos seus problemas, jamais aconteceu. Cerca de um mês atrás, enquanto dobrava a roupa lavada e assistia a *The Guiding Light*[38], percebeu que o motivo pelo qual não era capaz de experimentar o momento "eureka!" era por não existir apenas um — eram vários. Começando com a questão com o pai e percorrendo seu desejo subconsciente de irritar ou agradar a mãe. E Clare namorara homens que atendiam a ambas as condições. Odiava ter de admitir o grau de influência da mãe sobre sua vida pessoal, mas admitia. Acima de tudo, era uma viciada em amor. Amava o amor, e embora isso ajudasse sua carreira, não fazia tão bem para sua vida pessoal.

Saiu da vaga no estacionamento e dirigiu-se à cancela. Estava um pouco envergonhada de ter chegado aos trinta

[38] Diz-se que é a novela de televisão mais longa da história da TV, tendo entrado, em 2007, em sua 72ª Temporada (Disponível em: http://en.wikipedia.org/wiki/The_Guiding_Light).

e três anos e só agora mudava os padrões destrutivos de sua vida.

Já era tempo de assumir o controle. Tempo de romper o ciclo de agressividade e passividade com a mãe. Tempo de parar de se apaixonar por todo homem que prestasse atenção nela. Chega de amor à primeira vista — chega —, e desta vez era sério. Chega de se prender — mesmo —, e aquilo incluía, mas não se limitava a enganadores, mentirosos e falsos. Se e quando ela se envolvesse com um homem — e pode colocar um belo *se* e um *quando* bem cuidadoso —, ele se sentiria "o" sortudo por ter a *ela*.

Um dia antes da festa anual de Natal de Joyce Wingate, Clare vestia um jeans velho e um suéter de crochê. Por cima disso, usava sua parka branca de esqui, luvas de lã e um xale de lã ao redor do pescoço e do nariz para baixo. Passara a tarde acrescentando os toques finais do lado de fora da casa na Warm Springs Avenue.

Desde as duas semanas mais recentes, quando encontrara as amigas para almoçar, vinha ajudando a mãe e Leo a decorar a imensa residência, por dentro e por fora. Um pinheiro Douglas de quase quatro metros achava-se no meio da sala de espera, enfeitado com ornamentos antigos, arcos vermelhos e luzes douradas. Cada quarto do térreo havia sido decorado com pinhas, castiçais de latão, presépios ou a coleção completa de quebra-nozes de Joyce. A louça de cerâmica de Natal e os cristais Waterford tinham sido limpos, e os guardanapos de linho apertados, esperando no porta-malas do carro de Clare haviam sido levados para dentro.

À véspera, Leo tinha pego um resfriado. Ela e Joyce insistiram para que ele abandonasse as tarefas externas restantes, temendo que o resfriado piorasse. Ele ficou com o trabalho de polir a prataria e embrulhar as guirlandas de pinho e as fitas de veludo vermelho sobre os corrimãos de mogno.

Clare se ocupou do lado de fora, e, sempre que se aventurava a entrar para tomar café ou aquecer os pés, Leo reclamava e respondia que estava bem o bastante para colocar as luzes nos arbustos que faltavam. Poderia estar, mas, naquela idade, Clare não queria arriscar que um resfriado se tornasse uma pneumonia.

O trabalho externo não era difícil nem pesado. Só frio e enfadonho. A enorme residência estava enfeitada com ramos de luz penduradas perto da porta, ao longo da varanda e em volta de cada coluna de pedra. Um par de renas de feitas de grãos de pimenta[39] de um metro e meio postavam-se no pátio da frente, e *candy canes*[40] iluminados alinhavam-se pela calçada e pela garagem.

Clare havia levado a escada até o último arbusto e se livrava da faixa restante de lampadinhas coloridas. Após aquela fileira, sua tarefa havia terminado e ela estava querendo voltar para casa, encher a banheira com água quente e permanecer ali até enrugar a pele.

O sol aquecia o vale a uma temperatura agradável de meio grau abaixo de zero. Um avanço diante dos dois graus abaixo de zero da véspera. Clare subiu na escada e enrolou as luzes ao redor do topo da árvore de dois metros e meio. Leo poderia ter dito a ela tanto o nome comum quanto o científico do arbusto. Nesse aspecto, ele era espetacular.

---

[39] N.T.: *Pepperberry* no original.

[40] N.T.: *Candy canes* são doces em forma de bengala.

A folhagem congelada fazia um som áspero à medida que escorregava pela gola do casaco de Clare; dentro das botas, seus dedos haviam ficado dormentes uma hora atrás. Não sentia mais as bochechas, mas os dedos ainda trabalhavam dentro das luvas de pêlo. Inclinou-se sobre o arbusto para ajeitar as luzes em torno da parte de trás e sentiu seu celular deslizando do bolso do casaco. Por um segundo não conseguiu apanhá-lo, e o aparelho desapareceu no meio do vegetal.

— Diacho.

As mãos mergulharam no vegetal, afastando-o. Viu de relance o telefone dobrável prateado e preto que deslizava ainda mais no meio do arbusto. Inclinou-se para frente, dobrando-se por cima do alto da escada e indo o mais longe que conseguia. As pontas de suas luvas roçaram o aparelho, e este sumiu no meio da folhagem densa. Enquanto tirava a cabeça do arbusto, um veículo voltou para a garagem e continuou rumo aos fundos da casa. Assim que olhou em volta, o caro estava fora de vista. Concluiu que era o florista entregando a encomenda da mãe: copos-de-leite, açafrões e amarílis para a festa, chegando um pouco cedo.

Foi para a parte de trás do arbusto, mais perto da casa, e afastou os ramos. Os galhos congelados roçaram-lhe o rosto, e ela pensou em aranhas. Pela primeira vez desde que tinha colocado os pés para fora da casa estava feliz com a temperatura congelante. Se fosse verão, ela teria comprado um telefone novo em vez de arriscar-se com aranhas no cabelo.

— Oi, Boneca de Neve!

Clare empertigou o corpo e virou-se tão depressa que quase escorregou. Sebastian Vaughan caminhava na direção dela, a luz do sol apanhando-lhe os cabelos, acendendo-o como se um arcanjo tivesse descido dos céus. Vestia um jeans, uma parka preta acolchoada e um sorriso que dava uma mínima pista daquele pensamento celestial.

— Quando você chegou? — indagou ela, e saiu de trás da vegetação espessa.

— Agora há pouco. Reconheci seu bumbum quando estacionei na garagem.

Ela franziu a testa:

— Leo não disse que você vinha — a última vez que o vira, ele a beijara, e a lembrança fez com que o rosto congelado ganhasse um tom de rubor.

— Ele não sabia até o avião ter pousado, uma hora atrás — o ar saía de seus pulmões em névoas esbranquiçadas. Tirou uma mão sem luva do bolso do casaco e estendeu-a até ela.

Clare recuou e agarrou o pulso dele com a mão enluvada:

— O que você está fazendo?

O sorriso marcou os cantos de seus olhos verdes.

— O que você pensou que eu ia fazer?

Ela sentiu o peito apertado assim que se lembrou, com uma nitidez alarmante, do que ele lhe fizera na festa de aniversário do pai. Além do que ele fizera, lembrou-se da própria reação. E o mais intrigante: queria se sentir daquele jeito novamente. Queria o que toda mulher queria: sentir desejo e ser desejada.

— Tratando-se de você, eu nunca sei.

Sebastian apanhou um raminho no cabelo dela e mostrou:

— Suas bochechas estão vermelhas.

— É porque está congelando aqui fora — respondeu, colocando a culpa no clima. Tirou a mão do pulso dele e recuou um passo. Quem precisava de um homem para se sentir bem era a Clare antiga, disse a si própria. A Clare nova é mais sábia e aprendeu que não precisava de um homem para se sentir bem. — Por que você não faz algo de útil e liga para o meu celular?

— Pra quê?

Apontou atrás de si:

— Eu deixei ele cair ali.

Ele riu e apanhou o BlackBerry pendurado no cinto:

— Qual é o número ?

Clare passou, e em poucos instantes *Don't phunk with my heart*[41] tocava de dentro do enorme arbusto.

— Seu toque é a música do *Black eyed peas*?

Clare encolheu os ombros e mergulhou novamente no vegetal:

— É meu novo lema. — respondeu, afastando vários galhos e conseguindo ver o celular de relance.

— Isso quer dizer que você superou o namorado gay?

— É — não amava mais Lonny. Esticou o braço o mais que pôde e agarrou o celular. — Peguei! — sussurrou e afastou-se do arbusto. Virou-se, e a parte da frente de seu casaco roçou no de Sebastian. Ele segurou-a nos antebraços para que ela não caísse. O olhar de Clare foi do zíper do casaco dele para o pescoço e o queixo, passou pelos lábios até os olhos, encarando os dela.

— O que você está fazendo aqui? — perguntou ele. Em vez de largá-la, apertou mais, e ele colocou-a em pé, trazendo a face dela mais perto da dele — Além de perder seu celular.

[41] N.T.: "Não brinque com meu coração".

— Arrumando as luzes do Natal — ela poderia ter recuado um passo, afastando-se dele.

O olhar dele foi para os lábios dela:

— Aqui está mais gelado do que o rabo de um escavador de poços!

Sim, ela poderia ter dado um passo para trás, mas não deu.

— Você já apalpou o rabo de um escavador de poços?

Sebastian balançou a cabeça negativamente.

— Então como você sabe quanto é fria?

— É só uma expressão. Não é... — a voz desafinou com as baforadas brancas de sua respiração.

Ele a olhou dentro dos olhos e levantou ambas as sobrancelhas:

— Você sempre levou tudo ao pé da letra — largou os braços dela e apontou para o fio com as lâmpadas. — Quer ajuda?

— De você?

— Tem mais alguém por perto?

Os dedos dos pés dela estavam congelados e os polegares adormecidos. Com ajuda, não ia perder tempo subindo e descendo da escada e mudando-a de cá para lá. Poderia estar em casa, esquentando-se em cerca de dez minutos em vez de uma hora e meia.

— Qual o motivo futuro?

Ele riu e subiu a escada:

— Não pensei em nenhum — apanhou o fio com as luzes e enrolou-o no alto do arbusto. Era tão alto que não precisava descer e mexer a escada. — Mas vou.

Quinze minutos depois, ele tinha.

— Essa é a minha favorita — disse Sebastian, enquanto oferecia a Clare uma xícara de chocolate quente. — Teve de usar a lábia para convencê-la a entrar com ele na casa dos fundos e se perguntou por que tinha tido esse trabalho. Não estava necessitado de uma companhia feminina.

— Gosto desses *marshmallows* crocantes.

Clare tomou um gole do chocolate quente e observava-o através de seus olhos azul claros. Então ele soube por que se dera o trabalho de convencê-la a tirar o casaco e arrancá-lo à força de suas mãos fechadas. Sebastian não necessariamente gostava daquilo, mas não havia como negar que ele pensara muito nela nos meses anteriores. Bebeu um gole de sua xícara. Por razões que nem conseguia começar a explicar a si mesmo, não conseguia tirar Clare Wingate da cabeça.

— Muito bom! — disse ela, enquanto baixava a xícara. Observou-a lamber o chocolate do lábio superior e sentiu em sua virilha. — Você veio por causa do Natal?

Desejava Clare, e não como amiga. Claro que gostava muito dela, mas ficar ali tão perto dava-lhe vontade de lamber o chocolate dos lábios.

— Não pensei com tanta antecedência. Estava em Denver de manhã e liguei para papai. Ele começou a tossir e espirrar, e eu mudei meu vôo de Seattle para Boise.

— Ele pegou um resfriado.

A atração por ela era puramente física. Só. Queria-lhe o corpo. Pena que não fosse o tipo de mulher disponível para usufruto mútuo.

— Parecia que ele não conseguia respirar — afirmou, e nem queria pensar quanto isso o deixara apavorado. Entrou em contato imediatamente com a linha aérea e mudou o destino. Durante as duas horas seguintes que levou para chegar a Boise, imaginou diferentes situações. Uma pior do que a outra. No instante em que aterrissou, sentiu um peso no estômago e vários caixões apareceram-lhe na cabeça. Ele não era daquele jeito. — Mas acho que exagerei, porque, quando eu telefonei do aeroporto de Boise, ele estava lustrando a prataria na cozinha da sua mãe e reclamando de ser preso em casa como um bebê. Ele parecia irritado imaginando que eu o estivesse vigiando.

Os cantos dos lábios carnudos ergueram-se, e ela encostou o quadril na bancada.

— Acho bonitinho você se preocupar. Ele sabe que você está aqui?

— Ainda não fui até a casa maior. Fiquei distraído com a visão do seu bumbum saindo do meio do arbusto — disse, em vez de admitir que se sentia um bobo. Como uma velha neurótica. — Com certeza ele está numa locadora de carros e vai voltar quando acertar tudo.

— O que você estava fazendo em Denver?

— Dei uma palestra ontem à noite em Boulder, na Universidade de Colorado.

Uma sobrancelha levantou-se na testa lisa de Clare, enquanto assoprava a xícara:

— Sobre?

— A função do jornalismo em tempos de guerra.

Um dos lados de seu cabelo caía-lhe por sobre a face:

— Parece interessante — disse, e tomou um gole.

— É fascinante — colocou o cabelo dela atrás da orelha, e desta vez Clare não se apavorou nem agarrou-lhe o pulso. — Decidi qual vai ser o meu motivo futuro — tirou a mão.

Clare inclinou a cabeça para um lado e pousou a xícara sobre a bancada perto da dele. Um franzido surgiu os cantos de sua boca de atriz pornô.

— Não se preocupe. Você só precisa vir comigo encontrar um presente de Natal para o meu pai.

— Esqueceu o que aconteceu quando você quis um presente de aniversário para Leo?

— Não esqueci. Levei uns bons quinze minutos cortando aquela porcaria cor-de-rosa na vara de pescar.

O olhar de raiva dela se transformou em um sorriso de satisfação:

— Acho que você aprendeu a lição.

— Que lição?

— A de não me provocar.

Agora era a vez dele de sorrir:

— Clare, você gosta quando eu provoco você.

— O que você andou fumando?

Em vez de responder, ele deu um passo adiante e encurtou a distância entre ambos:

— A última vez que a provoquei, você me beijou como se não quisesse que eu parasse.

Clare pendeu a cabeça para trás e olhou-o:

— Foi você que me beijou. Eu não beijei você!

— Você praticamente sugou o ar dos meus pulmões.

— Não é assim que eu me lembro.

Ele passou as palmas das mãos sobre os braços do suéter grosso e acolchoado dela:

— Mentirosa.

Um sulco surgiu-lhe entre as sobrancelhas, e ela recuou um pouco:

— Fui educada a não dizer mentiras.

— Querida, tenho certeza de que você faz uma porção de coisas que sua mãe ensinou a não fazer — as mãos dele deslizaram para o meio das costas dela, e ele a trouxe mais perto. — Todo mundo acha que você é uma pessoa gentil. Um doce, uma amor de garota.

Ela colocou as mãos sobre o peito dele e engoliu. Pela lã azul da camisa dele, a pressão suave do toque dela aqueceu a pele de Sebastian, esquentando-lhe a cavidade do estômago.

— Eu tento ser uma pessoa gentil.

Sebastian deu risada e passou o dedo pelos cabelos suaves dela. Com uma das mãos, sustentou a parte de trás da cabeça de Clare.

— Eu gosto quando você não se empenha tanto para isso — olhou-a dentro dos olhos e viu o desejo que ela se esforçava tanto para ocultar. — Quando você deixa a verdadeira Clare sair para brincar.

— Eu não acho... — ele beijou o canto de sua boca. — Sebastian, eu não acho que essa seja uma boa idéia.

— Abra a boca — respondeu, enquanto resvalava os lábios pelos dela — e eu faço você mudar de opinião — somente uma vez. Somente por um ou dois minutos. Apenas para ter certeza de que ele não se enganara quanto à última vez que a beijara. Apenas para ter certeza de que ele não tinha exagerado aquele beijo em sua própria mente para realizar suas fantasias pornográficas.

Começou devagar. Instigando e seduzindo. A ponta da língua dele tocava a linha dos lábios carnudos de Clare, e ele dava beijos suaves nos cantos. Ela não se mexia. Rígida, a não ser pelos dedos que se recurvavam na frente da camisa dele.

— Vamos, Clare. Você sabe que eu quero — sussurrou bem acima dos lábios dela.

A boca de Clare abriu-se, e ela engoliu a respiração dele para dentro de seus pulmões. Ele aproveitou, sua língua tocando-lhe por dentro da boca quente e úmida. Tinha gosto de chocolate e gostava do desejo que tentava negar a si mesma. Então voltou a cabeça para um lado e dissolveu-se dentro do peito dele. Suas mãos deslizaram pelos ombros e para os lados do pescoço dele. Sebastian aumentou o calor e colocou um pouquinho mais de pressão. Ela reagiu com um gemido doce, que espalhou calor pela carne dele e agarrou seu baixo ventre em um punho quente e branco. Mas assim que o beijo começava mesmo a ficar bom, a porta da frente da casa abriu e fechou. Clare praticamente entrou em pânico. Afastou-se de Sebastian, e as mãos dele caíram para os lados do corpo. Os olhos achavam-se bem abertos e a respiração, irregular.

Ele ouviu as passadas do pai um instante antes de Leo entrar na cozinha.

— Ah! — disse o idoso, e veio até o outro lado da mesa, onde parou. — Olá, filho!

Sebastian nunca se sentiu mais aliviado na vida por não estar com a camisa de lã Pendleton dentro da calça.

— Como você está se sentindo? — perguntou Sebastian, apanhando sua caneca.

— Melhor — Leo reparou em Clare. — Eu não sabia que você estava aqui.

Clare, sendo Clare, sorriu e tirou qualquer expressão do rosto:

— Sebastian me ajudou com as luzes.

— Que bom. Eu estou vendo que ele lhe deu algo agradável e quente para esquentar você por dentro.

— Quê? — os olhos dela arregalaram.

Sebastian tentou não rir — por cerca de meio segundo. Em seguida, seu riso divertido encheu a cozinha.

— Ele sempre gostou do chocolate quente com *marshmallow* crocante — acrescentou Leo, e voltou-se para o filho. — Você está rindo do quê?

— Ah! — Clare respondeu em meio a um enorme suspiro de alívio, poupando Sebastian de uma explicação. — Chocolate quente. Sim, Sebastian foi muito gentil em preparar o chocolate quente — avançou alguns passos e apanhou o casaco. — Preciso apanhar os linhos em meu porta-malas. Aí, terminei meu serviço por hoje — disse, enquanto punha os braços dentro do casaco. — A menos que mamãe tenha mais coisas para mim — colocou o xale em volta do pescoço. — O que é que eu estou falando? É claro que ela tem mais coisas para mim. Sempre tem — seu olhar atravessou a cozinha. — Leo, cuide-se, para não piorar, e com certeza a gente vai se ver na festa da minha mãe — voltou o olhar a Sebastian. — Obrigada pela ajuda.

— Eu levo você até lá fora.

Uma das mãos se ergueu, e os olhos azuis abriram-se:

— Não! — o sorriso estremeceu, mas se manteve. — Fique aqui, visitando seu pai — apanhou as luvas e caminhou para fora da cozinha. Instantes depois, a porta fechou-se atrás dela.

O olhar de Leo voltou-se para Sebastian:

— Coisa esquisita. Aconteceu alguma coisa que eu precise saber?

— Não. Não aconteceu nada. — nada que fosse comentar com o pai. Leo não precisava mesmo saber sobre o beijo. — Acho que ela está estressada por causa da festa.

— É, talvez seja isso — retrucou Leo, sem se mostrar convencido disso.

Doze

Clare passava em meio aos diversos membros dos clubes sociais e organizações de caridade, dos quais sua mãe participava, sorrindo e tendo conversas ligeiras. Vários decibéis abaixo do murmúrio das vozes, Bing Crosby cantava *The First Noel*. Para a festa de Natal daquele ano, Clare prendera um ramo de azevinhos no bolsinho de cima de seu suéter angorá de penugens. O suéter era fechado com botões de pérola na frente, e a parte de baixo chegava-lhe pouco além da linha da cintura de suas calças de lã escuras. Amarrara nos pés sandálias vermelhas de salto alto e colocara o cabelo preto em um rabo de cavalo encoberto simples. Usava pouca maquiagem e o batom vermelho combinava com o suéter. Estava com ótima aparência. Sabia disso. Não tinha motivos para negar. Era muito ruim ter de ficar negando que se vestira tendo um certo repórter em mente. Podia dizer a si mesma que sempre tentara caprichar, o que, em boa parte, era verdade. Só que nunca ficara tão meticulosa com o delineador para olhos, ou aplicara máscara e separara os cílios com tanta perfeição, apenas para ir a uma das festas de sua mãe.

Ignorava o porquê de ter se dado tanto trabalho. Nem sequer *gostava* de Sebastian. Bom, nem tanto assim. Decerto não o bastante para chegar a esse nível de preocupação com sua aparência. Pena que tendia a esquecer que não se importava tanto com ele no instante em que os lábios de ambos se tocavam. Ele tinha uma maneira de fazer com que todo pensamento racional se evaporasse. De fazê-la sentir aquele calor interno e querer ser absorvida naquele tórax enorme.

Disse a si mesma que aquilo pouco tinha a ver com Sebastian e mais com o fato de ele ser um heterossexual saudável. A testosterona grudava na pele dele como uma droga intoxicante, e ele fabricava feromônios para dar overdose em qualquer mulher a cem metros. Depois de Lonny, ela estava vulnerável, principalmente a esse tipo de força sexual.

Da última vez que a beijara, tinha toda a intenção de se limitar a ficar ali, distante e sem envolvimento. A melhor forma de desmotivar um homem era permanecer imóvel ao abraço dele. Se Leo não tivesse entrado na casa dos fundos, não saberia até que ponto ia deixar o barco correr antes de deter Sebastian.

Ela, porém, o teria impedido, porque não precisava de um homem em sua vida. *Então por que o batom vermelho e um suéter de penugem?* , indagou uma voz interior. Meses atrás, nem teria parado para perguntar isso a si mesma, que dirá pensar numa resposta. Teve um diálogo superficial com as amigas da mãe enquanto pensava nisso e decidiu que era a velha e sincera vaidade, ampliada pelas inseguranças originárias da infância. De qualquer forma, porém, não importava. O carro alugado dele não estava mais estacionado diante da garagem. Talvez tivesse voltado a Seattle e ela ficava se importando com a aparência em uma casa repleta de amigas da mãe dela.

Uma hora mais tarde, na festa de Natal, e Clare reconhecia que as coisas caminhavam surpreendentemente bem. As fofocas iam das mundanas e reprováveis até as mais suculentas. Do mais novo encarregado de levantar fundos e a qualidade geral e apavorante dos membros mais jovens do clube, ao marido de Lurleen Maddigan, cirurgião cardíaco, que fugiu com Mary Fran Randall, trinta anos, filha do doutor e da senhora Randall. Era compreensível que tanto Lurleen quanto o senhor Randall recusassem o convite à festa naquele ano.

— Lurleen não anda bem desde sua histerectomia[42] — Clare escutava alguém cochichando enquanto levava uma bandeja de prata com canapés até a mesa do jantar.

Clare conhecia a senhora Maddigan há muito tempo e imaginou que ela *jamais* andava bem. Qualquer uma que fizesse Joyce Wingate parecer preguiçosa tinha sérios problemas de controle. Além disso, mentir não era correto, e ser trocada por uma mulher com metade da sua idade deve ter sido humilhante e doloroso. Talvez até mais do que dar de cara com seu noivo e o rapaz da assistência técnica.

— Como vão seus livros, querida? — perguntou Evelyn Bruce, uma das amigas íntimas de Joyce. Clare voltou a atenção à senhora Bruce e lutou contra o ímpeto de observar

[42] N.T.: Remoção do útero.

com o canto dos olhos. Evelyn se negava a acreditar que tinha chegado aos setenta anos, e ainda tingia o cabelo de vermelho. A cor era tão brilhante que a fazia ficar branca como um cadáver e não combinava nada com o *tailleur* St. John escarlate.

— Vão bem — retrucou Clare. — Obrigada por perguntar. Meu oitavo livro sai neste mês.

— Que maravilha! Sempre achei que alguém deveria escrever um livro sobre a minha vida.

Não é o que todo mundo pensa? O problema é que a maioria das pessoas acha a vida delas mais interessantes do que de fato são.

— Quem sabe eu poderia lhe contar e você escreveria para mim.

Clare deu um sorriso.

— Eu escrevo ficção, senhora Bruce. Tenho certeza de que não ia conseguir contar sua história tão bem quanto a senhora. Com licença — escapou para a cozinha, onde Leo estava preparando um novo lote de *eggnog*.[43] Uma mistura de canela e cravo da Índia fervidos em fogo brando sobre o fogão, enchendo a casa com os aromas da temporada.

— Posso fazer alguma coisa? — perguntou, enquanto se punha ao lado do velho cavalheiro.

— Vá se divertir.

Pouco provável que isso acontecesse. A velha guarda da Comunidade de Voluntárias não se constituirá exatamente de garotas divertidas. Clare bateu os olhos na janela de trás

[43] *Eggnog* é uma bebida típica dos EUA, servida no Natal. Sua receita leva leite ou creme, ovos batidos, açúcar e rum ou conhaque (Disponível em: http://www.thefreedictionary.com/eggnog).

e viu seu Lexus estacionado próximo ao Town Car de Leo. Nem sinal do automóvel alugado.

— Sebastian voltou para casa? — perguntou, apanhando um saca-rolhas.

— Não. Devolvemos o carro. Não precisamos dele, porque Sebastian pode guiar o Lincoln enquanto estiver aqui — Leo fez os ovos brancos mexidos na mistura de *eggnog*. — Ele está sozinho lá na casa dos fundos. Com certeza não vai ligar se você der um pulo para dizer um alô.

A notícia de que Sebastian ainda estava na cidade provocou um choque elétrico nos nervos dela, e ela apertou a garrafa:

— Ah... não, não, eu não posso deixar você com todo este trabalho.

— Não tem muito o que fazer aqui.

O que era mesmo verdade. A última coisa de que precisava, entretanto, era ficar a sós com Sebastian. Ele a faria esquecer seu vazio masculino.

Clare agarrou uma garrafa de Chardonnay e enfiou o saca-rolhas.

— As damas sempre podem querer mais vinho — disse.

— Aconteceu alguma coisa entre você e Sebastian ontem? — perguntou Leo, enquanto colocava uma tigela de *eggnog* na geladeira e apanhava outra, que preparara antes. — Quando entrei lá na casa, você parecia meio agitada.

— Ah, não — balançou a cabeça e sentiu as faces esquentarem, à medida que se recordava do beijo do dia anterior. Num instante estava saboreando o chocolate quente. No outro, saboreava Sebastian.

— Tem certeza? Eu me lembro de como ele te deixava toda nervosa quando você era uma menina — Leo depositou a tigela sobre a bancada e salpicou noz-moscada por cima. — Acho que ele gostava de puxar suas trancinhas só pra ouvir você gritar.

Clare puxou a rolha e deixou que um sorriso satisfeito lhe curvasse os lábios. Hoje em dia ele tinha uma forma totalmente nova de irritá-la.

— Não aconteceu nada. Ele não puxou meu cabelo nem me tapeou para ficar com meu dinheiro — nada disso, só a beijou e a fez querer mais.

Leo olhou-a bem de perto. Balançou a cabeça.

— Se você tem certeza...

Deus do céu, ela mentia bem.

— Tenho — agarrou o vinho e foi para a despensa.

Leo deu uma risadinha e chamou por ela:

— Ele pode ser um patife.

— É — respondeu Clare, apesar de haver outros termos que se encaixariam melhor. Abriu a porta da despensa para dentro e entrou, acendeu a luz e passou por uma escada e por fileiras de mantimentos enlatados. Em uma estante traseira, apanhou uma caixa de farinha e biscoitos de centeio.

Voltando à sala de jantar, Clare colocou o vinho ao lado das outras garrafas. Tornou a encher uma bandeja de vime vermelha com biscoitos e puxou uma uva verde de seu vinho. Ouviu, vinda da sala de visitas, a risada da mãe acima de um grupo de vozes no vestíbulo próximo à árvore de natal.

— Hoje em dia deixam qualquer um entrar no clube — disse alguém. — Antes de se casar, ela trabalhava no Wal-Mart.

Clare franziu a testa e estourou a uva na boca. Não via nada de errado em trabalhar no Wal-Mart; só nas pessoas que achavam que aquilo era errado.

— Como vai a vida amorosa? — perguntou Berni Lang, perto da peça central com vasos de narcisos.

— No momento, não existe — respondeu Clare.

— Você não estava noiva? Ou era a filha de Prue Williams?

Clare sentiu-se tentada a mentir, mas sabia que Berni não estava enganada. Apenas usava sua falsa ingenuidade como alavanca para fazer um pouco de inquisição insistente.

— Tive um relacionamento breve, mas não deu certo.

— Que coisa chata. Você é uma moça atraente. Não entendo como ainda está solteira — Bernice Lang contava com setenta e poucos anos de idade, um caso brando de osteoporose e um caso grave de velhice feminina. Uma aflição que atingia algumas mulheres com mais de setenta, que acreditavam poder ser tão grosseiras quanto quisessem. — Quantos anos você tem? Se não se importar em me dizer.

É lógico que se importava. Sabia o rumo daquela conversa.

— Nem um pouco. Vou fazer trinta e quatro daqui a uns meses.

— Ah! — ergueu uma taça de vinho até os lábios, mas parou no meio do caminho, como se um pensamento acabasse de lhe ocorrer. — É melhor se apressar, não? Senão seu ovário murcha. Isso aconteceu com a filha de Patrícia Beideman, Linda. Quando ela encontrou um homem, não podia mais ter filhos sem uma placa de Petri — tomou um gole e continuou. — Tenho um neto pelo qual talvez você se interesse.

E ter você como avó? Pode parar.

— Não estou namorando no momento — disse Clare, e apanhou uma bandeja de canapés. — Se me der licença... — saiu da sala de jantar antes que fosse vencida pelo impulso de dizer a Berni que o ovário dela não era da conta da velhota.

Clare não acreditava que o relógio biológico começasse a contagem regressiva até uma mulher passar dos trinta e cinco. Estava a salvo por um ano; mesmo assim, seu estômago deu um nó. Imaginou que se tratava do estresse de obrigar-se a ser educada. *Nada de ovário murchando.* Mas... esse nó estava um tanto baixo para ser no estômago. Talvez?... *Maldita Berni!* Como se não houvesse pressão suficiente em sua vida. Tinha um prazo de livro aproximando-se da cabeça e, em vez de trabalhar, ficava servindo aperitivos para as amigas de sua mãe.

Levou a bandeja à sala de visitas:

— Canapés?

— Obrigada, querida — disse a mãe, examinando a bandeja. — Esses estão lindos — arrumou os azevinhos no bolso de Clare e disse. — Você está lembrada da senhora Hillard?

— É claro — Clare segurou a bandeja de lado e beijou o ar acima da bochecha de Ava Hillard. — Como vai?

— Bem — Ava apanhou um canapé. — Sua mãe me disse que vai sair um livro novo seu este mês — mordeu o salgadinho e molhou-o com o Chardonnay.

— É.

— Acho isso maravilhoso Não consigo imaginar como seria escrever um livro inteiro — olhou Clare através de um par de óculos finos de casco de tartaruga. — Você deve ser bem criativa.

— Eu tento ser.

— Clare sempre foi uma criança muito criativa — disse a mãe, enquanto rearranjava os canapés, como se não tivessem sido colocados nos ângulos exatos. A antiga Clare agressiva-passiva teria sem querer inclinado a bandeja, e os aperitivos teriam escorregado. A nova Clare limitou-se a sorrir e deixar a mãe fazer o que bem entendesse. Arranjos de canapés não eram nada que a abalassem.

— Adoro ler — Ava era a última esposa de Norris Hillard, o homem mais rico do Estado e o terceiro mais rico do país. — Sua mãe sugeriu que eu lhe pedisse um exemplar do seu livro mais recente.

Sua mãe prometendo brindes era, porém, um tanto irritante.

— Não dou exemplares de graça, mas a senhora pode comprá-los em qualquer livraria da região — olhou para a mãe e sorriu. — Vou esquentar esses aqui — disse, segurando a bandeja — Com licença.

Foi trançando seu caminho através das amigas da mãe, distribuiu alguns canapés e dirigiu-se à cozinha sem perder a elegância ou o sorriso. Esperava encontrar Leo vadiando por ali. Em vez disso, lá estava Sebastian, perto da bancada, de costas para a sala observando o quintal. Usava uma camiseta por baixo de um suéter cinza volumoso e suas costumeiras calças cargo. Seu cabelo parecia molhado contra a parte de trás de sua cabeça e do pescoço nu. Ao som dos sapatos sobre o piso de telhas, voltou-se e olhou-a. Seus olhos verdes depararam-se com os dela e sustentaram o olhar, e Clare parou de repente.

— Onde está Leo? — perguntou, enquanto vários aperitivos deslocavam-se precariamente perto da beira da bandeja.

Sebastian, sendo Sebastian, sentia-se à vontade com o vinho tinto de Joyce e segurava uma taça perto dos lábios:

— Ele disse que estava descansando.

— Na casa dos fundos?

— É — o olhar de Sebastian baixou dos olhos de Clare até a boca. Em seguida, seguiu vagarosamente até os azevinhos. Apontou para ela com a taça. — Você fica bem de vermelho.

— Obrigada — caminhou alguns passos adiante e colocou a bandeja na bancada no centro da cozinha. Ele também estava bem vestido, de um jeito totalmente consumível, e ela manteve uma distância proposital. Seu estômago parecia leve e pesado ao mesmo tempo, e ela tentou uma conversa educada — O que você tem feito desde ontem?

— Fiquei lendo a noite toda — bebeu um gole do vinho.

A distância entre ambos permitiu que o estômago dela acalmasse, e Clare respirou aliviada.

— Sobre o quê?

Sebastian fitou-a através da taça e disse:

— Piratas.

— Piratas de internet?

— Internet? — balançou a cabeça, e um dos cantos de sua boca ergueu em um sorriso. — Não. Alto-mar. Do tipo capa e espada, mesmo.

Os dois primeiros livros dela eram sobre piratas. O primeiro era com o Capitão Jonathan Blackwell, filho bastardo do Duque de Stanhope. No segundo, o protagonista era William Dewhurst, cujo amor por saques pelo Pacífico Sul só perdia para o amor em arrebatar Lady Lydia. Quando fez sua pesquisa para escrever esses livros, aprendeu que a pirataria ainda era um problema. Sem dúvida não tanto quanto há várias centenas de anos, mas era tão violenta quanto.

— Você está escrevendo um artigo sobre pirataria?

— Não. Nada de artigos — andou na direção dela e depositou a taça perto da bandeja de prata, removendo, cedo ou tarde, a distância segura e agradável entre os dois. — Como vai a festa?

Clare encolheu os ombros:

— Berni Lag me disse que meu ovário está murchando.

Sebastian limitou-se a olhá-la com seus olhos de um verde profundo, sem a menor idéia do que ela estava falando. Lógico que não. Homens não tinham de se preocupar com relógios biológicos tocando nem óvulos envelhecendo.

— Ela está preocupada porque, se eu não tomar alguma providência, só vou poder ser mãe com uma placa de Petri.

— Ah! — meneou a cabeça para trás e baixou os olhos para o abdome dela. — Isso está perturbando você?

— Não — colocou uma mão sobre o estômago, como se estivesse se protegendo do potente olhar sexual dele. Se existia um homem que podia engravidar com um simples olhar, era Sebastian Vaughan. — Ou não estava, pelo menos até hoje. Agora, estou um pouco apavorada.

— Eu não ficaria preocupado, se fosse você — voltou os olhos para o rosto dela. — Você ainda é nova e bonita e vai encontrar alguém que faça um bebê com você.

Ele tinha dito que ela era bonita, e por algum motivo imbecil, aquilo a deixou achando que ia desmaiar e sentindo-se um tanto aquecida e confusa. Tocara naquela garotinha dentro de si, que costumava segui-lo por todo lugar. Tirou os olhos dos dele e baixou a vista até os aperitivos. Tinha ido a cozinha fazer o quê, mesmo?

— Se não encontrar, você pode adotar ou ir atrás de um doador de esperma.

Clare agarrou a bandeja de prata e rumou até a pia.

— Não. Isso pode ser bom para algumas mulheres, mas eu quero um pai para o meu filho. Um pai por tempo integral —

falar sobre esperma e doações a fez pensar em produzir bebês da forma antiga. E aquilo a fez pensar em Sebastian diante dela, só de toalha. — Quero ter mais de um filho e quero um marido para me ajudar a criá-los — removeu a sujeira de cima da pia. — Com certeza, você sabe a importância que um pai tem na vida de um menino.

— Eu sei, mas você sabe que a vida não é perfeita. Mesmo com a melhor das intenções, cinqüenta por cento dos casamentos acabam em divórcio.

Pensar nele com aquela toalha a fez pensar nele sem a toalha.

— Mas cinqüenta por cento não — afirmou, sem pensar no que fizera ao despejar os aperitivos. Assim que os viu caindo no lixo, lembrou-se de que viera à cozinha para esquentá-los, e não jogá-los fora.

— Você quer um conto de fadas.

— Eu quero uma oportunidade em um — diacho. Tinha ficado horas fazendo os rolinhos de *marshmallow*. Por uma fração de segundo pensou em tirá-los do lixo. Tinha sido culpa de Sebastian. Ele parecia ter sugado o ar do recinto e privado o cérebro dela de oxigênio. Enfiou os restos de comida de volta para debaixo da pia e fechou a porta. E agora?

— Você acredita mesmo em "felizes para sempre"?

Clare se voltou e observou-o. Não parecia estar troçando dela, apenas curioso. Será que ela ainda acreditava? Apesar de tudo?

— Acredito — respondeu, cheia de convicção. Talvez não acreditasse mais em um amor perfeito, ou em amor à primeira vista, mas será que ainda acreditava em um amor duradouro? — Eu acredito que duas pessoas podem ser felizes e ter uma vida incrível juntas.

Colocou a bandeja sobre a bancada, próxima a um prato de balas de coco sabor menta no formato de pequeninas árvores de natal. Atirou um dentro da boca e inclinou o traseiro contra a bancada. Tinha cozinhado todos os aperitivos e acabara de jogá-los fora. Olhou para baixo, avistando as unhas dos dedos dos pés, vermelhas, enquanto se lembrava de um peixe congelado no *freezer* da mãe. Não havia, porém, o que fazer com ele.

— Nossos pais nunca conseguiram.

Clare fitou Sebastian, que se voltou na direção dela com os braços cruzados sobre o peito de seu suéter volumoso.

— É verdade, mas o meu pai e a sua mãe se atiraram em um casamento pelos motivos errados. Os meus porque ela achou que poderia mudar um mulherengo charmoso e os seus porque... bom, porque...

— Minha mãe estava grávida — concluiu para ela. — E a gente sabe como tudo acabou. Foi um desastre. Os dois fizeram muito infelizes um ao outro.

— Não precisa ser assim.

— E o que vai impedir? Caixas de bombons e flores e declarações grandiosas de amor infinito? Não vai me dizer que você acredita mesmo nessas coisas?

Ela encolheu os ombros.

— Eu só quero alguém que me ame de uma forma tão sincera e apaixonada quanto eu amar essa pessoa — afastou-se da bancada e dirigiu-se à geladeira. Abriu a porta do *freezer* e encontrou ali um velho galão de sorvete, embalagens de frango e a truta que Leo dera a Joyce a última vez em que ele e Sebastian tinham ido pescar. Fechou o *freezer* e perguntou

— E você? — estava cansada de falar sobre si. — Você quer ter filhos?

— De um tempo pra cá tenho pensado em ter um algum dia — Clare olhou-o de volta enquanto abria a geladeira. Sebastian bebeu um pouco de vinho e adicionou. — Mas uma esposa é outra coisa. Não consigo me ver casado.

Nem ela conseguia vê-lo casado. Inclinou-se para frente e colocou as mãos nos joelhos para examinar a geladeira com atenção.

— Você é um desses caras.

— Que caras?

Leite. Suco de toranja. Jarras de salsa.

— Dos que não conseguem se ver ligados a uma mulher pelo resto da vida, porque existe uma porção de mulheres por aí esperando para serem conquistadas. Do tipo "Por que ter farinha de aveia todos os dias, se eu posso comer flocos de milho?" — queijo gorgonzola. Um pedaço de qualquer coisa com forma de fatia de pizza. — Sabe o que acontece com eles?

— Conta pra mim.

— Quando eles chegam aos cinqüenta, estão sozinhos e descobrem, de repente, que está na hora de sossegar. Aí tomam Viagra e arranjam uma mulher de vinte anos para casar e parir uns filhos — Queijo. Picles. Ovos. — Só que eles estão velhos demais para curtir as crianças, e quando eles chegam aos sessenta anos as mulheres de vinte os largam para ficar com alguém da mesma idade e limpam a conta bancária do sujeito. Aí eles ficam tristes, arrasados e não entendem por que estão sozinhos — pegou um jarro de azeitonas Kalamata. — Os filhos não querem esses caras por perto na escola porque eles estão quase se aposentando e todos os outros colegas de classe acham que o pai é o avô.

Nossa, pensou ela enquanto endireitava o corpo, aquilo parecia cínico. Sem dúvida, estava ouvindo Maddie demais. Leu a data de vencimento na jarra de azeitonas.

— Não que eu seja amarga ou coisa assim — disse, em meio a um sorriso, à medida que seus olhos conduziam-se até os ombros dele. — Nem todo homem é um mané imaturo — continuou, e surpreendeu Sebastian encarando-lhe o traseiro. — Mas talvez eu esteja errada quanto a isso.

Ele ergueu os olhos de novo até os dela:

— O quê?

— Você ouviu alguma coisa do que eu disse? — fechou a porta e colocou as azeitonas em cima da bancada. Não sabia o que fazer com elas, mas pareciam melhor do que qualquer coisa na geladeira.

— Ouvi. Você acha que eu não me vejo casado porque quero "conquistar" uma porção de mulheres diferentes e comer as caixinhas de flocos de milho delas — sorriu. — Não é nada disso. Não me vejo casado porque eu não paro em casa e, pela minha experiência, a distância não faz o amor crescer. Enquanto eu estiver fora, ou a mulher se foi ou eu. Se não, ela vai começar a achar que meu trabalho é um rival e pedir que eu trabalhe menos para passar mais tempo com ela.

Clare não podia culpá-lo pela última frase. Sabia o que era ter um emprego quando seu namorado estava a fim de brincar. Sentiu afinidade com Sebastian até que ele disse:

— E as mulheres não conseguem deixar nada em paz. Se tudo está caminhando direitinho, elas têm de pegar, torturar e ficar falando até a morte. Elas sempre querem discutir *sentimentos*, discutir a relação e assumir um compromisso.

— Meu Deus, você devia usar um sinal de advertência.

— Jamais menti para uma mulher. Eu já tive todo o tipo de relacionamento.

Embora não usasse tantas palavras, Sebastian tinha um jeito de olhar as mulheres que a fazia Clare achar que pudesse ser especial para ele, quando, na verdade, ela era especial até ele partir. E ela mesma, que sabia que Sebastian era como uma serpente persuasiva, não era imune. Não era imune ao modo como ele a observava, a beijava, a tocava e a seduzia da mesma forma que sabia que deveria sair correndo e berrando na direção contrária.

— Defina relacionamento.

— Jesus Cristo! — suspirou. — Que garota! — ergueu uma das mãos e, em seguida, deixou-a cair. — Um relacionamento... é como namorar e transar com a mesma pessoa com freqüência.

— E você, hein? Que garoto! — balançou a cabeça e foi até o outro lado da bancada da cozinha. — Relacionamentos deveriam ir além de sair para jantar, ver um filme e cair no sono — podia ter falado mais sobre o assunto, mas não achava que valia a pena. — Quanto durou foi seu relacionamento mais longo?

Sebastian pensou por um instante e respondeu:

— Uns oito meses.

Clare pousou as mãos nas telhas brancas e tamborilou os dedos. Enquanto o olhava nos olhos a uma distância segura. — Então, provavelmente, vocês só se viam a metade do tempo.

— Mais ou menos.

— Somando tudo, vocês ficaram juntos, mesmo, uns quatro meses — balançou novamente a cabeça e caminhou pela cozinha até a despensa, seus saltos altos pipocando sobre o piso. — Estou chocada.

— Com o quê? Que não tenha durado mais tempo?

— Não — respondeu, abrindo a porta. — Que durou *tanto* tempo. Quatro meses é tempo demais para não aborrecer você com conversas sobre compromisso e *sentimentos* — franziu o rosto para ele e caminhou para a despensa. — Essa mulher, coitada, deve ter ficado com um belo desgaste mental — passou pela escada de serviço e procurou uma caixa disto ou uma lata daquilo. Qualquer coisa que deixasse as amigas de sua mãe agitadas.

— Não fique com pena dela — respondeu ele, da entrada. — Ela era professora de yoga e pilates, e eu a deixava malhar na minha cama. Até onde eu me lembro, a posição favorita dela é a de cachorra.

O que provava, mais uma vez, que a mulher fazia tudo em um relacionamento.

— Quer dizer, "do cachorro com a face para baixo"?

— É. Conhece?

Clare ignorou a pergunta.

— Então a professora de yoga tinha de se curvar o tempo podo para satisfazer você. Imagino que ela tinha de agitar seu mundo dentro e fora da cama, mas o que ela ganhou com esse relacionamento? Além de um abdome trabalhado e glúteos de aço?

Sebastian riu como um pecador por natureza:

— Fora da cama ela ganhava jantares e filmes. Na cama, orgasmos múltiplos.

Ah. Tá. Aquilo era legal. Nunca tinha tido um orgasmo múltiplo. Embora tenha achado que tivesse chegado perto, certa vez.

Ele enfiou um ombro pelo batente da porta:

— Que foi? Não tem nada a dizer?

Na verdade, de qualquer forma, não era mesquinha. Fazia tanto tempo que ela não ligaria em experimentar um.

— Tipo?

— Tipo um relacionamento não se baseia em sexo, e uma mulher precisa mais do que orgasmos múltiplos.

— Verdade. Precisa — fechou os olhos e balançou a cabeça. — Sim, precisamos. E um relacionamento vai além do sexo — devolveu o olhar a ele, ali parado, como se fosse o gostosão do mês. Estava deixando que ele desviasse do assunto fazendo-a pensar em orgasmos. Dirigiu-se à despensa atrás de biscoitos ou...

Ele se afastou do batente e fechou a porta com o pé.

— O que você está fazendo?

Sebastian avançou alguns passos até que ela inclinasse a cabeça para olhá-lo no rosto. — Aparentemente, estou me aproximando furtivamente de você.

— Por quê? — lá vinha ele fazendo aquilo de novo. Aquilo de sugar todo o ar o recinto e deixá-la com a cabeça leve. — Está entediado?

— Entediado? — pensou por vários instantes, considerando a questão antes de responder. — Não. Não estou entediado.

Treze

Sebastian estava longe de se sentir entediado. Estava curioso e interessado, e bastante excitado. Entretanto, não era culpa dele. Era dela. Havia lido o segundo livro de Clare, *A prisioneira do pirata*, e ficara chocado com quanto gostara daquilo. Era mesmo o gênero capa e espada, com drama em alto-mar e uma poção de "cenas picantes". Qualquer mulher que escrevia aquilo tinha de ser um furacão na cama.

Clare. Clare Wingate. A garota de óculos de lentes grossas que costumava segui-lo por todo canto e o amolava demais se transformara numa mulher tão interessante e intrigante quanto bonita.

Quem podia imaginar?

Depois daquele banho frio, iria procurá-la e perguntar se queria fugir da festa e "almojantar" com ele em algum lugar no centro Um lugar público, onde ele não iria se sentir tentado a beijá-la, como no dia anterior. Ela, porém, começou a falar sobre homens devorando mulheres como se fossem caixas de flocos de milho, e isso o fez imaginar se ela tinha esse sabor mágico, e ali estavam ambos. Fechados dentro da despesa.

— Então por que você está me perseguindo aqui?

Ele deslizou as mãos pelos braços dela, até os ombros do suéter de pelúcia. A altura dos sapatos de Clare levara seus lábios pouco abaixo dos dele.

— Lembra-se de quando a gente se escondeu aqui e se entupiu com os biscoitos que as bandeirantes vendiam? Acho que eu comi uma caixa inteira de biscoitos de chocolate.

Ela engoliu com dificuldade. Os olhos de um azul espetacular o encaravam. Ela piscou.

— Você me seguiu até aqui pra falar quando a gente comia biscoitos?

As mãos dele alisaram-na desde os braços aos ombros, até os lados do pescoço, que estava quente. Por baixo dos polegares de Sebastian, a pulsação de Clare acelerou.

— Não — inclinou o queixo e baixou o rosto pouco acima do dela. — Quero falar sobre devorar você como uma caixa de flocos de milho — continuou a olhá-la nos olhos, e dizia. — Sobre todas as coisas que eu quero fazer com você. Então, a gente pode falar das coisas que eu quero que você faça em mim — todas as coisas que já havia imaginado que ela faria a ele.

Clare ergueu as mãos até o tórax dele. Sebastian achou que ela fosse empurrá-lo. Em vez disso, respondeu:

— A gente não pode fazer isso. Alguém pode entrar.

Sebastian ficou divagando se ela percebia que o único objetivo dela era que pudessem ser apanhados. Sorriu. O batom vermelho o havia deixado louco, e ele resvalava sua boca na dela.

— Não, se a gente não fizer barulho — beijou-lhe os lábios ligeiramente. — Você não quer que Joyce entre e nos pegue aqui. Ela ia ficar aterrorizada em encontrar você aqui, beijando o filho do jardineiro.

— Mas eu *não estou* beijando você.

Ele deu uma risadinha silenciosa:

— Ainda não.

Clare respirou fundo e prendeu o fôlego:

— Seu pai pode pegar a gente aqui.

Sebastian roçou-lhe o polegar na pele suave do maxilar, enquanto continuava a instigar-lhe a boca:

— Ele está tirando uma daquelas sonecas de vinte minutos que, em geral, duram uma hora. Nem vai saber.

— Por que eu deixo você fazer isso comigo?

— Porque a sensação é boa.

Ela engoliu e sua garganta se mexeu debaixo das mãos dele.

— Muitas coisas são boas.

— Não a esse ponto — os dedos dela circulavam pelo suéter dele. — Clare, você tem de reconhecer que gosta disso tanto quanto eu.

— É só porque... já faz um tempo.

— Desde quê?...

— Desde que eu não tinha essa sensação.

Também já fazia um tempo para ele. Muito tempo desde que pensara em uma mulher tanto quanto pensava em Clare. Em especial, desde que nem transava com ela. Inclinou-lhe o rosto mais um pouco e, à medida que sua boca tocava de leve a dela, ele esperava. Esperava pelo último doce momento de hesitação. O momento pouco antes de ela perder a batalha contra si mesma e se fundir a ele. Quando deixaria de ser a Clara perfeita. Sem ficar mais se escondendo atrás de sorrisos afáveis e de um autocontrole rigoroso. O momento pouco antes de se tornar, ao mesmo tempo, suave e apaixonada.

Sentia-lhe o nó da respiração e a pressão das pontas dos dedos na costura de seu suéter um segundo antes que as mãos dela deslizassem pelo seu tórax, deixando um rastro de fogo na parte de trás de seu pescoço. Os lábios dela afastaram-se em um quase imperceptível *ahh*, e ela era dele. Fazer aquilo com o consentimento dela o excitava quase tanto quanto os dedos deslizando pela parte de trás de seus cabelos. O desejo subia da carne de suas costas e de seu tórax e deixava o interesse em suas calças tão duro quanto rocha.

Sebastian manteve os beijos suaves, saboreando lentamente um quê de menta em seu hálito e sentia-lhe o calor suave da boca. Deixou-a escolher o ritmo e marcou-a com um beijo úmido e quente, tão intenso quanto doce. Sentiu a paixão dela crescer e se formar. Sentiu no toque e ouviu no gemidinho que vinha da garganta dela.

Clare recuou, a respiração acelerada, os olhos bem abertos e dilatados. As mãos prenderam-lhe nos ombros e ela disse, quase acima de um sussurro:

— Por que eu sempre deixo acontecer?

A frustração rasgava em seu tórax e entre suas pernas. Sua respiração era pouco mais calma que a dela.

— Já falamos sobre isso.

— Eu sei, mas por que com você? — lambeu os lábios úmidos. — Com tantos outros homens no mundo?

Ele puxou-a contra si até que pressionar os seios dela contra seu suéter.

— Acho que é porque, comigo, você se sente melhor.

Já não era mais hora de conversar. Sebastian baixou a boca mais uma vez. Não havia mais hesitação em Clare. Apenas paixão, uma paixão quente, fluida, e cada parte tão necessitada quanto si própria.

A mão dele se pôs naquelas nádegas redondas, e um joelho se pôs entre os dela. Sebastian colocou Clare contra a ponta intumescida de sua ereção, transformando seu desejo em algo ardente, cobiçoso, que não conseguia controlar. O beijo dela tornou-se mais molhado e mais faminto, e Sebastian deu a Clare aquilo de que ela necessitava.

Tinha se enganado sobre ele. Não queria uma mulher que se submetesse. Embora não houvesse nada errado com agitar o mundo dele na cama. Ou fora da cama. Ou na despensa. Naquele instante, ela estava fazendo um ótimo trabalho. A mão de Sebastian deslizou do traseiro até a cintura de Clare e os dedos escorregaram por sobre a parte de baixo do suéter. Tinha a pele macia, e ele fazia círculos no estômago dela com o polegar. Ela pressionou-se contra sua ereção e ele sentiu o impulso de baixar-lhe as calças e transar ali mesmo. No piso da despensa, onde qualquer um poderia aparecer, satisfazendo sua lascívia entre as coxas macias dela e aliviando o fio da navalha do desejo que se contorcia em seu estômago e adicionava uma fatia de sofrimento ao prazer.

Sebastian ergueu uma das mãos até o botão de cima do suéter dela e puxou-o. A roupa rasgou-se, e ele continuou a beijá-la de um jeito insensato, enquanto descia a mão até os botões seguintes. A última coisa que queria era que ela o interrompesse. Haveria tempo para pararem, depois. Naquele instante, ele queria só mais um pouco. Mais cinco botões e sua mão deslizou entre as bordas do suéter, e ele tocou-lhe os seios com as mãos em concha. Pela renda do sutiã, o mamilo intumescido encostou-lhe na palma mão.

Clare recuou e baixou os olhos assustados até a mão dele.

— Você desabotoou meu suéter.

Com o polegar, ele alisou o mamilo dela. Clare fechou os olhos e a respiração trancou-se em seu tórax.

— Eu quero você — sussurrou ele.

Ela o fitou, o desejo e o controle em visível conflito naqueles olhos azuis.

— Não dá.

— Eu sei — através dos conjuntinhos de renda, ele sentia partes da carne quente dela que o instigavam. — Vamos parar.

Clare balançou a cabeça, embora não retirasse a mão dele.

— É melhor parar agora. Essa porta não tranca. Alguém pode entrar.

Verdade. Normalmente, isso o teria feito parar. Hoje, não. Com as duas mãos, ele abriu ainda mais as pontas do suéter dela e baixou os olhos:

— Desde aquela noite no Double Tree — dizia — eu venho pensando nisto. Em tirar sua roupa e tocar em você — olhou o meio dos seios dela e os bicos rijos pressionando a fita vermelha do sutiã. — Em olhar novamente a pequena Clara.

— Não sou mais pequena — sussurrou.

— É. Eu sei — disse, fazendo deslizar três dedos por cima da alça no ombro. — Eu gosto disso. Você devia usar vermelho sempre — sobre a seda e a fita, seus dedos escorregaram até o arco vermelho aconchegado entre seus seios. Inclinou-se adiante e beijou-lhe um dos lados do pescoço, enquanto as mãos abriram o pequenino fecho oculto acima do arco. O sutiã soltou-se e Sebastian baixou-o, juntamente com o suéter, ao longo dos braços de Clare.

— Mas você fica melhor sem roupa hoje em dia — os seios brancos e volumosos eram bem redondos, com mamilos pequeninos, rosa-escuros, rijos e prontos, que lhe eram oferecidos como uma sobremesa. Sebastian baixou a cabeça e beijou-lhe o vão do pescoço, entre os seios, e o lado de um deles. Olhou-a no rosto enquanto abria a boca e tocava a língua na ponta do mamilo áspero, que rolou por baixo de sua língua, e Clare trouxe as mãos para os lados do rosto dele, curvando as costas para trás. As narinas abriram-se, enquanto ela o observava através de olhos azuis que a paixão tornava líquidos e brilhantes.

Sebastian levou as mãos até as costas dela, segurando Clare enquanto abria a boca ávida e sugava por dentro. A língua brincava com as texturas rígidas e macias da carne dela, enquanto a lâmina afiada do desejo puxava com força, torcia e torturava.

— Pára! — sussurrou ela, empurrando-o.

Ele a fitou, confuso e inebriado com o sabor daquela pele que ainda durava em sua boca. Parar? Nem tinha começado!

Do lado de fora da porta fechada, alguém girava a torneira da pia.

— Acho que é Leo — sussurrou Clare.

Apertou-lhe mais ainda as costas enquanto ouvia a voz abafada do pai através da porta. A última coisa que queria era parar, mas não estava a fim que o pai os encontrasse.

— Vamos para a casa dos fundos comigo — disse-lhe, próximo ao ouvido.

Ela balançou a cabeça e afastou-o de seu abraço. O som da água foi interrompido e ele reconheceu as pisadas do pai, sumindo na direção da sala de jantar.

Sebastian corria os dedos pelos cabelos, enquanto a frustração machucava-o por dentro.

— Sua casa é grande. Com certeza tem muitos quartos para a gente terminar o que começou.

Clare balançou a cabeça outra vez enquanto apanhava o sutiã e fechava a fita vermelha sobre os seios. O rabo de cavalo escuro roçava-lhe os ombros:

— Eu devia saber que você ia levar as coisas longe demais.

A frustração batia-lhe no cérebro, latejando a virilha. Que diabos, ele queria acabar o que tinham começado. Na casa dos fundos. Na casa dela. Atrás do carro. Estava pouco se lixando.

— Menos de um minuto atrás você não estava reclamando.

Ela ergueu o olhar e depois baixou, prendendo o arco entre os seios.

— E dava? Você é muito rápido.

Agora ela estava deixando-o furioso. Como naquela manhã no Double Tree:

— Você estava me acompanhando em tudo o que eu estava fazendo com você. Se Leo não tivesse entrado na cozinha, você ainda ia estar gemendo nas minhas orelhas. Mais cinco minutos e estaria totalmente nua.

— Eu não estava gemendo — juntou as pontas do suéter. — E pára de se iludir. Eu não ia deixar você tirar mais nenhuma peça de roupa minha.

— E não minta pra você mesma. Você ia deixar eu fazer o que eu quisesse — lutou contra o impulso de agarrá-la e beijá-la até que lhe implorasse por mais. — A próxima vez que você deixar eu tirar sua roupa, eu vou até o fim.

— Não vai ter próxima vez — as mãos agitavam-se ao abotoar o suéter. — A coisa saiu do controle antes que eu pudesse impedir.

— Tá legal. Você não é uma garota que mal sabia onde isso ia parar. Da próxima vez, eu vou terminar o trabalho que o seu ex-noivo nem fez.

Ela respirou fundo e o encarou. Seus olhos estreitaram e, mais uma vez, ela era a velha Clare. Perfeitamente trajada e controlada.

— Isso foi maldoso.

Ele se sentiu maldoso.

— Você não sabe nada da minha vida com Lonny.

Não, mas podia adivinhar. Mais uma vez, o som das passadas voltou à cozinha, e Sebastian inclinou-se para frente e disse, pouco acima de um sussurro:

— Vou lhe dar um aviso. Se eu enterrar minha cara nesses seios de novo, vou lhe dar o que você está sentindo tanta falta!

— Você não tem a menor idéia do que eu sinto falta. Fica longe de mim! — disse, e saiu do local como um furacão, batendo a porta atrás.

Ele adoraria ter feito o mesmo, mas havia um problema em suas calças que doía e comprimia-lhe o zíper.

Ouviu a voz do pai pela porta:

— Você viu Sebastian?

Ele esperou que ela fosse entregá-lo na mesma hora. Como fizera, anos atrás, quando ficava nervosa com ele. Procurou em volta por algo que cobrisse sua óbvia ereção.

— Não — respondeu Clare — Não, não o vi. Você olhou na casa dos fundos?

— Verifiquei. Ele não está lá.

— Bom, com certeza ele deve estar por perto.

Catorze

Fiona Winters tinha certeza absoluta de que não era o tipo de mulher que chamasse a atenção de um homem como Vashion Elliot, Duque de Rathstone. Apenas a filha de sua governanta. Não era ninguém. Uma órfã com um nome de pouco valor. Gostava de pensar que era uma boa governanta para Annabella, mas não era bonita. Ou, pelo menos, não como as cantoras de ópera ou bailarinas, famosas na preferência do Duque.

— Com licença, sua graça?

Ele recuou um passo e meneou a cabeça para um lado. Seus olhos percorreram-lhe o rosto.

— Acho que o ar fresco da Itália deu-lhe um brilho agradável às faces — ergueu uma tira e apanhou uma mecha de cabelos perdida bailando na brisa diante dos olhos dela. Os dedos dele alisaram-lhe o rosto, enquanto arrumava os fios atrás da orelha. — Parece-me ter melhorado nesses últimos três meses.

Ela segurou o fôlego e arriscou um "Obrigada" sufocado. Seguramente, uma dieta uniforme tinha mais a ver com sua saúde do que o ar fresco. Seguramente, também, o Duque de Rathstone não tinha intenção alguma em seu comentário quanto à beleza de Fiona.

— Se me der licença, sua graça — disse. — Preciso preparar Annabella para a visita do Conde e da Condessa de Dilberto.

Clare apanhou um livro de pesquisa sobre nobreza e o abriu de uma vez. Estava prestes a apresentar dois personagens novos e precisava ter certeza de que conhecia os títulos corretos da aristocracia italiana. Folheara tudo até a uma página no meio do livro quando a campainha tocou, e a música *Paperback Writer* ressoou por toda a casa. Era sábado de manhã, e ela não estava esperando por ninguém.

Levantou-se da cadeira e foi até uma das janelas do telhado acima da garagem na frente da casa. O Lincoln de Leo achava-se estacionado abaixo. Ela, porém, teve a sensação de que Leo não era o motorista. Abriu a janela, e um sopro do ar frio de dezembro atingiu-lhe o rosto e infiltrou-se através dos fios de algodão apertado de sua gola rolé preta.

— Leo?

— Não — Sebastian vinha caminhando da varanda e olhava para ela. Usava sua parca preta e um par de óculos de sol com aros grossos.

Desde o dia anterior, quando correu da despensa na casa da mãe, Clare não o via. Sentiu as bochechas esquentarem, apesar do frio. Esperava não ter de vê-lo por algum tempo. Talvez um ano.

— Por que você está aqui?

— É aqui que você mora.

Vê-lo de cima deixou-lhe o estômago um pouco leve. O tipo de leveza que nada tinha a ver com qualquer espécie de emoção profunda e tudo a ver com desejo. Aquele desejo que qualquer mulher sentiria por um homem cujo olhar, combinado com o sorriso, eram altamente destrutivos.

— Por quê?

— Deixe-me entrar que eu conto.

Entrar na casa dela? Estava louco? Ontem mesmo ele tinha avisado que ia lhe dar o que achava que ela merecia. Sem dúvida, aquilo tudo tinha sido premeditado para encontrá-la seminua novamente. E ela não tinha tanta certeza de que poderia jurar...

— Vamos, Clare. Abra a porta.

... que não ia acontecer de novo. E embora adorasse jogar a culpa toda nele, ele estava certo. Ela era adulta o suficiente para saber onde um suéter desabotoado poderia chegar.

— Estou com o rabo gelando aqui fora — chamou-a, interrompendo-lhe os pensamentos, embora não houvesse nexo neles.

Clare colocou mais ainda a cabeça para fora da janela e observou os vizinhos de ambos os lados. Graças a Deus, ninguém o escutara.

— Pára de gritar.

— Se você está achando que eu vou tentar agasalhar o croquete outra vez, não é o caso — gritou, mais alto ainda. — Não posso suportar outra rejeição tão cedo. Precisei ficar naquela maldita despensa por uma bela meia hora.

— Shhh! — fechou a janela com um estalo e deixou o escritório. Se não tivesse medo do que ele poderia berrar em seguida, não o deixaria entrar, mas desconfiava que ele sabia disso. Desceu as escadas e cruzou a cozinha até a entrada. — Que foi? — disse, enfiando a cabeça para fora da porta.

Sebastian enfiou as mãos nos bolsos e sorriu.

— É assim que você recebe seus convidados? Agora eu sei por que todo mundo acha você um doce de garota.

— Você não é um convidado — ele riu, e ela soltou um suspiro conformado. — Tá bom — a porta abriu com um giro e ele entrou. — Cinco minutos.

— Por quê? — parou diante dela e levou os óculos de sol até o alto da cabeça. — Você está em outro grupo de orações?

— Não. — fechou a porta e inclinou-se de costas para ela. — Estou trabalhando.

— Não dá pra fazer uma pausa de uma hora?

Sim, mas não queria fazer nenhuma de suas pausas na companhia dele. Sebastian tinha o aroma de um frio de rachar somado a um daqueles sabonetes para homens, como Irish Spring ou Calvin Klein. Estava mais sensível do que o normal e desligara o charme. Mesmo assim, não confiava nele. Era a vez dela de perguntar:

— Por quê?

— Para você me ajudar a escolher um presente de Natal para o meu pai.

Não acreditava que ele não tentaria nada, e não confiava que não fosse permitir.

— Não teria sido mais fácil se você comprasse um presente em Seattle?

— Papai não vai a Seattle no Natal, e eu finalmente arranjei quem comprasse a casa da minha mãe. Eu não sei se vou ter tempo de fechar o negócio e voltar para passar o Natal com ele, então eu estava achando que ia encontrar alguma coisa antes de ir embora. Você vai me ajudar com isso. Não é?

— Sem chance.

Ele balançou na ponta dos pés e olhou-a de cima:

— Eu ajudei você com as lâmpadas, e você disse que ia me ajudar com Leo.

Ela não achava que havia sido daquela maneira.

— Dá para esperar até amanhã?

Amanhã. Mais vinte e quatro horas completas até ela esquecer tudo o que ele tinha feito com a boca. Tudo o que fez e falou. Coisas nas quais ele era muito bom, mesmo.

— Amanhã eu vou embora — como se tivesse lido a mente dela, ele ergueu uma das mãos e completou. — Não vou encostar em você. Acredite, não quero passar outro dia com o saco dolorido.

Não era possível que ele tinha acabado de dizer aquilo. Espere, era Sebastian. Claro que era possível. Ele deve ter confundido a surpresa de Clare com dúvida, porque balançou a cabeça para trás e ergueu uma sobrancelha.

— Sabe por que o saco fica dolorido?

— Sei, Sebastian. Já ouvi falar de... — fez uma pausa e levantou uma das mãos — ...disso aí. Não queria falar dos testículos dele. Parecia extremamente pessoal. Algo que ele conversaria com uma namorada.

Ele abriu o zíper do casaco.

— Não me diga que você não consegue dizer "saco".

— Consigo, mas prefiro que essas palavras não saiam da minha boca — Deus do céu, ela não queria parecer a própria mãe falando.

Abaixo do casaco, Sebastian trajava uma camisa de cambraia por baixo dos jeans:

— Isso, vindo da mulher que me chamou de escroto. Não parece que você tem problemas em ter isso na boca.

— Você me provocou.

— Você também me provocou.

Talvez, mas quem ofendeu mais foi ele. Mentir sobre terem dormido juntos foi pior que acusá-lo de ter se aproveitado dela. Muito pior.

— Vista seu casaco. Acredite em mim, depois de ontem, aprendi a lição. Não quero tocar você mais do que você quer tocar em mim.

Esse era o problema. Ela não tinha tanta certeza de que não queria que ele a tocasse ou que ela tocasse nele. Embora tivesse certeza de que, provavelmente, seria uma má idéia. Franziu a testa e olhou para si mesma. Na parte de baixo de sua gola rolé marcada nas costelas, que nem chegava perto do cinto de couro preto, na cintura de seu jeans.

— Não estou lá vestida para fazer compras.

— Por que não? Você parece tranqüila. Nem um pouco empertigada. Gosto de você assim.

Olhou para ele. Não parecia estar brincando. Deixara os cabelos soltos e usava apenas maquilagem. Às vezes as amigas faziam chacota, porque todo dia ela pintava o rosto um pouquinho, mesmo que não pensasse em sair de casa. Maddie, Lucy e Adele não ligavam se dessem um susto em qualquer entregador de encomendas. Ela, sim.

— Uma hora?

— Isso.

— Eu sei que vou me arrepender disso — disse, suspirando, enquanto ia até o closet apanhar um casaco.

— Vai nada — Sebastian deu-lhe um daqueles sorrisos imensos, que marcavam os cantos de seus olhos verdes. — Vou ficar comportado, mesmo se você implorar para eu jogá-la no chão e pular em cima — caminhou atrás dela e ajudou-a a vestir o casaco preto de marinheiro. — Bom, talvez não, se você implorar.

Clare virou a cabeça e fitou-o enquanto tirava os cabelos da gola de lã. As pontas do cabelo resvalavam nas mãos dele antes que as tirasse dos ombros dela.

— Eu não vou implorar.

Sebastian baixou o olhar para os lábios dela.

— Já ouvi isso antes.

— Não de mim. Verdade.

Ele voltou a olhá-la nos olhos:

— Clare, as mulheres dizem um monte de coisas que sabem que não é verdade. Principalmente você — recuou um passo e colocou as mãos nos bolsos do casaco. — Pegou aquela bolsa que precisa levar?

Apanhou a bolsa de crocodilo e deixou a alça sobre o ombro. Sebastian acompanhou-a do lado de fora, e ela trancou a porta atrás de ambos.

— Eu vi uma *print shop* lá no centro. — disse ele, enquanto caminhava até o lado do passageiro do Town Car e abria a porta. — Queria começar lá.

A *print shop* estava mais para uma galeria de arte e uma loja de molduras. Clare já havia comprado vários itens ali. Hoje, enquanto ela e Sebastian andavam pela galeria, ela notou a forma como ele estudava as pinturas. Parava, virava a cabeça para um lado e inclinava um ombro, deixando-o mais baixo que o outro. Também reparou que parava com mais freqüência diante de nus artísticos.

— Não acho que Leo ia pendurar esse na sala de estar — disse Clare, enquanto Sebastian admirava uma bela mulher deitada sobre a barriga, em meio a lençóis brancos amarrotados, a luz do sol acariciando-lhe as nádegas desprotegidas.

— Provavelmente não. Você viu alguma coisa de que gostou aqui? — indagou.

Clare apontou uma mulher em pé em uma praia, num vestido absolutamente branco, segurando um bebê:

— Eu gosto da expressão no rosto dela. É deliciosa.

— Hmm! — a cabeça pendeu para um lado — Eu diria que está mais para "pacífico". — Foi até um desenho em giz de cera de um homem e uma mulher presos num abraço. — A expressão desta mulher aqui, sim, é deliciosa.

Ela diria que estava mais para uma expressão de orgasmo, se fosse o tipo de mulher que falasse esse tipo de coisa em público.

Por fim, ele escolheu uma litogravura assinada, de um homem e um garoto sobre uma enorme rocha, pescando à beira do rio Payette. Embora estivessem olhando amostras cobertas e emolduradas, Sebastian pediu a opinião dela sobre cada uma e acatou as sugestões. Pagou um extra para ter o trabalho terminado até o Natal. O problema seria a entrega, levando em conta o tempo apertado; antes que Clare pudesse impedir a si mesma, ofereceu-se para apanhar a encomenda à véspera do Natal.

Sebastian olhou-a pelos cantos dos olhos e franziu a testa:

— Não, obrigado.

Ela sorriu para ele:

— Juro que não vou embrulhar com um lacinho cor-de-rosa.

Enquanto puxava a carteira do bolso de trás, Sebastian pensou na oferta.

— Se não for incomodar...

Naquele dia, estaria autografando livros. De qualquer modo, achava-se pronta para tudo.

— Não vai.

— Tudo bem. Valeu. É um peso a menos — apresentou um cartão Visa *platinum* e, quando o dono da loja afastou-se, Sebastian acrescentou: — Se eu pudesse, eu lhe daria um beijo.

Clare virou-se e estendeu a mão como se fosse uma rainha. Em vez de beijar os nós dos dedos, ele virou a mão dela, puxou a manga do casaco e pousou os lábios no punho de Clare.

— Obrigado, Clare.

Sentiu um verdadeiro arrepio por todo o braço. Puxando a mão, ela respondeu:

— De nada.

A hora que ele prometera multiplicou-se por três com uma parada no P.F. Chang's,[44] no antigo Warehouse District. Foram levados até uma mesa perto dos fundos do restaurante, e Clare não pôde deixar de perceber a atenção das mulheres que os conduziram pelo recinto. Não era a primeira vez que notara, naquele dia, os olhares furtivos e de reprovação à medida que caminhavam na rua ou pela galeria. Imaginou se Sebastian reparava o modo como as mulheres o observavam. Não parecia, mas talvez já estivesse acostumado.

Começaram a refeição com alfaces enrolados em frango. Se Clare estivesse com as amigas, teria pedido o aperitivo da entrada, e aquilo seria seu almoço. Sebastian, não. Pedira também frango xadrez, *moo goo gai pan*, arroz frito com carne de porco e aspargo de Setsuan.

— Vem mais gente almoçar? — perguntou Clare, depois que as entradas chegaram.

— Eu estou com tanta fome que podia comer um cavalo — balançou a cabeça e colocou o frango com laranja no prato. — Esquece. Cavalo é muito difícil.

Clare colocou em seu prato uma porção de arroz com a colher, e dividiram as entradas na mesa.

[44] N.T.: Um restaurante de comida chinesa.

— E você sabe isso porque já comeu um?

— Comer? — ergueu os olhos do arroz. — Eu mastiguei cavalo.

Clare sentiu o nariz enrugar:

— Onde?

— Na Manchúria — serviu-se de *moo goo gai pan*, e passou-o a Clare. Ela ergueu uma mão, recusando a comida:

— Sério?

— Sério. No norte da China você pode comprar pacotes de carne de cachorro e de macaco nos mercados.

Clare olhou o frango xadrez no próprio prato.

— Você está mentindo.

— Não estou, não. Vi isso quando estava lá, em 1996. Juro por Deus — apanhou o garfo e fincou-o no aspargo. — Em muitas culturas, o cachorro é considerado uma iguaria. Eu tento não ter preconceitos.

Embora também não gostasse de ser preconceituosa, Clare não conseguiu deixar de pensar na pobre Cindy. Olhou o vão do pescoço, visível entre o decote da blusa.

— Você comeu cachorro?

Sebastian ergueu o olhar e depois voltou a atenção ao almoço:

— Nada! Mas uns caras e eu comemos macaco.

— Você comeu um macaco? — tomou um gole de Cabernet Sauvignon.

— Comi. Tem gosto de frango — disse, em meio a risadas. — Pode acreditar, depois de comer só *congee*, o macaco estava uma delícia.

Clare nunca tinha ouvido falar em *congee* e ficou com muito medo do que ele diria caso perguntasse. Observou-o examinar seu almoço e colocou a taça de volta à mesa.

— Qual vai ser sua próxima tarefa? — indagou, de propósito, saindo do assunto "caninos e primatas".

Ele encolheu um ombro.

— Não sei bem. Decidi não assinar um contrato novo com a *Newsweek*. Nem com mais ninguém. Acho que vou tirar umas férias.

— Para fazer o quê? — pegou um pouco de arroz.

— Ainda não pensei nisso.

Ela sabia que, se não estivesse sob contrato, entraria em pânico.

— Isso não assusta você?

Ele olhou para o lado oposto da mesa, e os olhos verdes dele encontraram os dela:

— Não tanto quanto há alguns meses. Eu trabalhei muito tempo e me empenhei bastante para chegar onde estou na minha carreira. No começo eu ficava apavorado de pensar que perderia a vontade de continuar. Só que eu tinha de aceitar o fato de que não gosto de viajar tanto quanto antes. Simples e direto. Daí eu estou me afastando um pouco antes de ficar esgotado. Tenho certeza de que sempre vou ser autônomo, mas quero um desafio novo. Alguma coisa diferente.

Clare desconfiou que era assim também com as mulheres. Quando o desafio terminava, ele ficava pronto para seguir para a próxima e emocionante etapa. Se estava ou não certo, não importava. Não havia como se envolver com Sebastian. Ela não apenas tinha jurado ficar longe dos homens até ter organizado a própria vida, como ele mesmo dissera que tinha problemas com relacionamentos, e a vida amorosa dele não era da conta dela.

— E você? — perguntou ele, dando um gole do vinho.

— Não. Nada de homens na minha vida.

As sobrancelhas dele baixaram.

— Achei que a gente estava falando dos nossos trabalhos. Pelo menos eu estava.

— Ah! — ergueu um sorrisinho nos lábios para esconder a vergonha. — Eu?

— Quando sai seu próximo livro? — pousou o vinho de volta na mesa e apanhou o garfo.

— Já saiu. Eu tenho uma tarde de autógrafos no sábado que vem na Walden's do shopping.

— Do que se trata?

— É um romance.

— Eu sei. Do que se trata? — acomodou-se na cadeira e esperou pela resposta.

Lógico que ele não estava nem aí.

— É o segundo livro da minha série com a personagem governanta. A heroína é, claro, a governanta, que trabalha para um duque que mora recluso com as três filhas pequenas. Uma mistura de *Jane Eyre* com *Mary Poppins.*[45]

— Interessante. Então não é um livro de piratas?

Piratas? Balançou a cabeça.

— Esse livro que você está escrevendo agora é sobre piratas?

— Não. É a terceira parte, e o último, da minha série com a governanta.

— A governanta é bonita?

— Lógico — e por que as perguntas?

[45] N.T.: *Jane Eyre* é uma obra de ficção narrada em primeira pessoa, que trata das aventuras românticas de uma órfã. Já *Mary Poppins* é uma história infantil sobre uma governanta com poderes mágicos.

O garçom interrompeu o diálogo e perguntou se estava tudo bem. Quando os deixou, Clare teve sua resposta:

— Eu vi seus livros na casa do meu pai.

Ahh!...

— Sim. Abençoado seja ele. Ele compra todos, apesar não ler, porque diz que fica vermelho.

— Devem ser bem picantes.

— Imagino que depende do que você está acostumado a ler.

Sebastian olhou para ela, e um dos cantos da boca ergueu-se num sorriso tranqüilo.

— Nem acredito que a pequena Clare Wingate cresceu e se tornou uma escritora de romances tórridos.

— E eu não acredito que você tenha crescido e comido um macaco. Pior, eu não acredito que deixei um cara que comeu um macaco beijar minha boca.

Ele esticou o braço e colocou a mão sobre o antebraço dela:

— Querida — disse, e olhou-a bem fundo nos olhos. — Eu beijei mais do que a sua boca.

Quinze

No dia 24 de dezembro, o Shopping Towne Square de Boise estava repleto de pessoas que deixaram suas compras para a última hora. A música natalina ambiental seguia o ritmo das campainhas dos caixas-registradores. Grupos de adolescentes pairavam sobre os corrimãos do segundo andar, chamando os amigos embaixo, enquanto as mães conduziam carrinhos de bebê em meio à confusão.

Na entrada da livraria Walden's Books, Clare estava sentada e rodeada por uma pilha de livros de sua obra mais recente, *Vencida pelo Amor*, e se achava parcialmente escondida por um pôster enorme, em um cavalete, de uma heroína de seios grandes com seu herói sem camisa. Para os autógrafos, Clare vestira seu *tailleur* preto de botões e uma blusa de seda esmeralda. Trajava meias pretas e sapatos de saltos de dez centímetros. O cabelo estava cacheado até os ombros. Parecia bem-sucedida e sofisticada. Em uma das mãos, segurava sua caneta de ouro. Dez minutos apenas de sua sessão de autógrafos de duas horas, e ela vendera quinze livros. Nada mau para dezembro. Era hora de relaxar e sossegar. Um leve sorriso erguia-lhe os lábios vermelhos, assim que bateu os olhos no livro aberto, escondido em seu colo: *Redneck Haiku, Edição Dupla.*

— E aí, Cinderela?

Clare tirou os olhos de cima de um *haikai*[46] sobre o casamento de Bubba e vislumbrou uma braguilha desbotada com botões em um par de jeans surrados. Reconheceu aqueles jeans e aquela voz, e sabia de onde ambos vinham antes de passar os olhos pela jaqueta de poliéster aberta, pela camisa azul e por aquele sorriso familiar de olhos verde-escuros.

— O que você está fazendo aqui? — soubera que Sebastian tinha voltado à cidade para o Natal. Estava sendo aguardado, com Leo, na casa de sua mãe, para o jantar do dia seguinte à noite, mas era um choque vê-lo em pé do outro lado de sua mesinha. A resposta dele foi um choque ainda maior:

— Vim comprar seu livro para dar ao meu pai de Natal.

Ao vê-lo, uma sensaçãozinha conhecida mexeu-lhe com o estômago. Embora não amassc Scbastian, gostava dele. Como não gostar de um homem que enfrentou as compras de Natal para adquirir um livro de romances para o pai?

— Você poderia ter telefonado e eu levaria um para você.

Dentro do poliéster escuro, ele encolheu os ombros:

— Vir até aqui não tem nada de mais.

[46] O *haikai* (*hai ku* em inglês) é uma pequena poesia com métrica e molde orientais, surgida no século XVI, muito difundida no Japão e vem se espalhando por todo o mundo desde o século XX. Com fundamento na observação e contemplação enfatizando o sentimento natural e milenar de apreciação da natureza pela arte. (Disponível em: http://www.insite.com.br/rodrigo/poet/o_zen_e_a_arte_do_haikai.html)

O que era uma mentira da grossa. Nenhuma pessoa em sã consciência estava no shopping, a menos que por uma necessidade real.

— Apanhei a litogravura de Leo esta manhã — gostava dele tanto quanto se sentia fisicamente atraída. A mesma atração que sentia por trufas Godiva. Não lhe faziam bem e eram viciantes. Se pegasse uma, teria de comer a caixa inteira. Mais tarde iria se arrepender, mas não havia como negar quanto ela queria mergulhar ali e se empanturrar.

O sorriso dele marcou-lhe os cantos dos seus olhos:

— Você viajou no lance do embrulho?

Clare riu e relaxou:

— Não desta vez — e não havia como negar a si mesma o quanto queria romper os limites com Sebastian. — Ainda não embrulhei — talvez começar no alto de sua cabeça dourada e ir descendo até o abdome rijo que, sabia, escondiam-se abaixo daquela camisa de flanela.

— Então?

— Então o quê?

— Você vai me convidar para ir à sua casa ver esse embrulho? Ou vou ter de me convidar de novo?

Ela fechou o livro sobre as coxas e olhou no relógio. Quase seis.

— Vai fazer alguma coisa à véspera de Natal?

— Não.

Apanhou um exemplar de *Vencida pelo amor* e abriu-o na página inicial:

— Já acabei aqui. Por que você não aparece e o vê antes de eu embrulhar? — escreveu uma linda mensagem de Feliz Natal a Leo e assinou. — Ou você pode embrulhar. Entregou o livro, e as pontas de seus dedos tocaram as dele sobre a heroína de seios fartos na capa.

— Xi, eu para embrulhar sou um lixo. Você pode ir em frente e lidar com isso.

Clare colocou o livro de *haikais* sobre a mesa e ergueu-se:

— Sabia que você ia dizer isso.

Sebastian deu uma risadinha, apontou o livro de capa amarela e vermelha e ergueu uma sobrancelha em dúvida:

— Poesia japonesa?

— Bom, poesia japonesa provinciana, de qualquer modo — enfiou a caneta em sua bolsinha preta de mão. — Cultura nunca é demais para uma garota — afirmou.

— Ah — pegou o livro e folheou-o. — Ouvi em algum lugar que a busca por esforços intelectuais e artísticos é necessária para uma mente saudável.

— E sinal de uma sociedade iluminada. — Mesmo uma sociedade provinciana — acrescentou, enquanto caminhavam mais para dentro da Walden's.

A escritora despediu-se depressa do gerente da livraria e deixou Sebastian esperando na enorme fila dos caixas-registradores. Em uma das mãos ele tinha o livro que ela autografara para Leo. Na outra, olhava por cima um exemplar de *Redneck Haiku.*

Deixar o estacionamento do shopping foi um pesadelo. Atravessar a cidade de carro, o que, normalmente, ela fazia em vinte minutos, estendeu-se por mais de uma hora. No instante em que caminhava até a porta, achava-se mais do que pronta para estar em casa. Atirou longe os sapatos e as meias de náilon e pendurou o *blazer* no *closet*. Enquanto desabotoava as mangas, a campainha tocou e ela saiu do quarto para a frente da casa. Abriu a porta de entrada e encontrou Sebastian ali, uma silhueta alta, de ombros largos, na escuridão. Sentiu o olhar dele antes mesmo de ligar a luz da varanda, e os olhos verdes dele encontraram os dela.

— Como você chegou tão depressa? — perguntou, e abriu ainda mais a porta para que ele entrasse.

Em vez disso, ele a admirou por muitas batidas de coração a mais antes de baixar sua atenção à boca, à frente da blusa e do vestido dela, seguindo até os pés descalços. Nuvenzinhas brancas de vapor mantinham-se no ar frio diante de seu rosto.

Clare tremia e cruzou os braços abaixo dos seios.

— Não quer entrar? — disse, achando estranho o fato de ele ficar parado, como se os pés houvessem congelado na varanda.

Sebastian voltou o olhar ao rosto dela. Pareceu hesitar um momento e, então, entrou. Fechou a porta atrás de si e inclinou-se contra ela. O candelabro acima deles derramava uma luz dourada no cabelo louro e nos ombros.

— Está com fome? Quer que eu peça uma pizza?

— Sim — disse, finalmente. — E não, não quero pizza — inclinou-se para frente, deslizou as mãos pela cintura dela e puxou-a para seu tórax. — Você sabe o que eu quero.

As mãos de Clare deslizaram pela lã macia da jaqueta dele. O modo como a olhava dizia quais suas intenções. Mesmo assim, ele explicou:

— Desde a noite em que eu a vi ficar só de tanguinha, venho pensando em fazer amor com você de uma porção de jeitos diferentes. Hoje à noite, quando fui à sua sessão de autógrafos, disse a mim mesmo que tinha ido lá só para comprar seu livro para Leo. Trinta por certo disso é verdade. Os outros setenta por cento são mentira. Vindo para cá eu pensei em todas as tentativas de fazer você tirar a roupa, mas, assim que você abriu a porta, eu notei que não quero *tentar* fazer você tirar nada. Não somos mais crianças brincando. Quero sua participação plena enquanto eu lhe tiro a roupa.

Parte dela também desejava aquilo. Desejava de verdade. A forma como ele a olhava provocava-lhe um nó de calor na cavidade do estômago. Ambos estavam totalmente vestidos, e Sebastian ainda trajava sua jaqueta, mas ele a excitara somente pressionando seu corpo e com o som de desejo na voz.

— Só para o caso de você estar confusa sobre o que estou dizendo — continuou ele —, se você não me chutar daqui neste exato momento, nós vamos transar.

Que tal amanhã?, disse-lhe a voz interior. O nó em seu estômago respondeu *Quem está ligando?* A voz da razão sobressaiu suavemente acima do desejo, em um formigamento quente que se espalhou por sua carne:

— É óbvio que eu sinto atração por você, mas não consigo deixar de pensar que a gente vai se arrepender disso. Algumas horas de sexo valem a pena?

— Eu não vou me arrepender, e vou me certificar de que você também não vai. E isso agora não interessa, estamos além do ponto de bala — baixou o rosto e beijou-a no pescoço, logo abaixo da orelha. — Precisamos de uma transa doida e gostosa, e sair de nossos esquemas. Pensei nisso e não existe outra saída.

O hálito dele aqueceu o lado do pescoço dela, e Clare fechou os olhos. Nunca fizera amor sem ser com alguém com quem não tivesse um envolvimento amoroso. Pelo menos não até onde se lembrava.

— Isso funcionou para você no passado?

— Para mim? — beijou-lhe a curva da orelha. — Funcionou.

Quem sabe ele estivesse certo. Talvez ela precisasse fazer aquilo e sair de seus esquemas. Apaixonar-se antes de mais nada, sem dúvida, não tinha funcionado com ela. Estava a fim de sexo. Não de amor.

— Quando foi a última vez que você transou, Clare? — sussurrou ele.

Quando? Putz... Hã...

— Abril?

— Faz nove meses? Antes de você terminar com Lonny, então.

— É. E quando foi a sua última vez?

— Eu vou entender que você está perguntando se com outra pessoa aqui nesta sala — sua risada calma resvalou as faces dela.

— É lógico.

— Duas vezes desde agosto, quando eu passei por uma bateria de testes, de malária até HIV. Nas duas eu usei camisinha — roçou a boca na dela e perguntou. — Pensando em você no chuveiro conta?

— Não — ela devia ter tido fantasias assim com ele uma ou duas vezes. — Foi bom?

— Não tão bom quanto você vai ser.

As mãos de Clare escorregaram até a parte da frente da jaqueta dele, e ela agarrou os dois lados do zíper aberto com os punhos. Seus lábios abriram, e ele a alimentou com um beijo ávido, úmido e devorador, que lhe invadiu a boca e a fez erguer-se nas pontas dos pés.

No brilho suave do candelabro, a língua dele tocava e instigava. A mão percorreu-lhe os cabelos até as costas, trazendo-a para perto, até que a saliência rígida de sua ereção comprimiu-se contra o estômago dela.

Em algum lugar da casa, o aquecedor foi ligado e o ar passou pela ventilação. Queria Sebastian. Por inteiro. Desejava o modo como ele a tocava, beijava e a fazia sentir, como se não ficasse saciado, e ela iria se preocupar com a repercussão e arrepender-se depois. Um gemido de aprovação veio-lhe da garganta enquanto devolvia os beijos dele, rendendo-se a um desejo maior do que sua capacidade de se controlar. Não que ela quisesse tentar.

O som do gemido dela acionou uma reação repentina, como se ele estivesse aguardando aquilo. Em segundos, suas mãos estavam em todo lugar, tocando-a onde pudesse alcançar. De algum modo ela terminou de costas para a porta e com a blusa no chão. Arrancou a jaqueta de Sebastian dos ombros, e ele a tirou, aos trancos, pelos braços. Os lábios afastaram-se tempo suficiente para que ela lhe tirasse a camisa por cima da cabeça. Logo ele estava contra a porta novamente, as mãos nos seios dela e os dedos titilando-lhe os mamilos através da seda de seu sutiã. Era uma loucura, um calor igual a nada que ela tivesse experimentado antes. Duas pessoas dando vazão a uma necessidade puramente física e ardente. Um impulso carnal por sexo, e ela não precisava se importar com o que ele estaria pensando dela na manhã seguinte. Não haveria manhã seguinte, e ela podia se render completamente àquilo pela primeira vez na vida.

Sebastian gemeu do fundo da garganta e recuou. Tinha a respiração pesada ao dizer:

— Clare — o desejo ardia em seus olhos verdes, dizendo a ela exatamente o que ele estava pensando. As mãos foram parar em suas nádegas e ele fincou seu membro incrivelmente rígido contra ela. — Uma vez só talvez não baste.

O corpo de Clare doía em resposta, e ela se inclinou na direção dele. Seus seios esfregavam-se no tórax de Sebastian.

— Duas vezes?

Balançando a cabeça, ele percorreu a mão até a coxa esquerda dela, erguendo a perna até sua cintura:

— A noite inteira.

Ela inclinou-se para frente e beijou-lhe o pescoço, enquanto as mãos subiam e desciam pelos lados de seu tronco nu.

— Hmmm, então provavelmente eu preciso falar que não tenho um quarto de safadezas.

— Posso dispensar isso, porque eu prefiro transar na cama — levou a outra mão até a coxa e ergueu-a. A saia dobrou-se ao redor da cintura. — Espero que a gente, finalmente, chegue até lá.

Através do tecido macio de seu jeans, a ereção apertava a virilha das calcinhas de renda preta. Sebastian beijava-a à medida que iam para a sala de estar. A luz que vinha do *hall* de entrada desenhava padrões retangulares brancos pela escuridão. As mãos dele seguravam as nádegas de Clare à medida que ele a levava ao sofá de espaldar oval coberto com as rendinhas de linho da bisavó. Na luz fraca do quarto, ela baixou os pés até o chão e deslizou a boca até um dos lados do pescoço dele.

— Ligue a luz — pediu ele, e Clare sentiu a vibração pesada daquela voz em seus lábios. — Não vamos fazer no escuro.

Clare tirou os cabelos do rosto enquanto se dirigia, primeiro, até um criado-mudo e, em seguida para o outro lado do quarto para acender duas lâmpadas.

— Está bom assim pra você? — desabotoou as costas de sua saia enquanto caminhava até ele. O tecido de lã em linhas escorregou-lhe pelas pernas, e ela o chutou para um lado, ficando somente com o sutiã preto de náilon e as calcinhas de renda. Há muito os tempos de modéstia haviam passado. Na noite no Double Tree, ela já se despira e ficara apenas de tanguinha. Embora não se lembrasse, ele, sem dúvida, não esquecera e obviamente gostara do que tinha visto. — Ou você prefere mais luz?

Sebastian observou-a caminhando em sua direção por baixo de suas pálpebras pesadas, seu olhar quente tocando-a em todos os lugares conforme tirava os sapatos.

— Mais? O que você tem aqui?

Uma das sobrancelhas ergueu-se na fronte de Clare, enquanto permitia que o próprio olhar passasse do vão da garganta dele aos músculos definidos do tórax, cobertos por uma pele levemente marrom. Um rastro alegre em tom louro escuro trouxe seu olhar ao abdome bem trabalhado e ao estômago bronzeado, passou pelo umbigo e pela linha da cintura do jeans:

— Eu não acho que tenha alguma coisa que você já não tenha feito antes — colocou as mãos sobre os ombros dele e percorreu os dedos pelo tórax dele. Os músculos saltaram por baixo de seu toque, e ela deslizou as mãos até o estômago liso dele — Não faço yoga. Nada de posição do cachorro — desceu a mão até a braguilha de botões e alisou o membro rijo e grande, que suas calças não detiveram. — Sinto muito. Comigo, é só sexo sem frescura.

— Estou excitado há meses, você não precisa fazer nada além de deitar ali e respirar — afundou a cabeça e beijou-a no ombro. Desabotoou-lhe o sutiã, que caiu aos pés dela. — Estou feliz por cuidar do resto.

Puxou os cinco botões de metal da braguilha. A seguir, passou a mão por baixo da cueca branca.

— Você não quer que eu faça isso? — envolveu o membro grosso e quente com a mão. Tal como suspeitou na primeira vez em que ele a beijara, Sebastian se transformara em um garoto crescido.

A resposta veio sufocada:

— Não! Sim!

— Sim ou não? — com a mão livre, enfiou as calças e a cueca para baixo das coxas dele. — Não? — o polegar deslizava pelo nervo grosso de seu pênis. — Sim?

— Sim?

— Sim! — sibilou entre os dentes. Então sua boca buscou a dela e o odor masculino de Sebastian encheu as narinas dela, e ela sorveu tudo em seus pulmões. Ele cheirava a pele limpa e tinha gosto de sexo. Não havia futuro com Sebastian. Só aquela noite. Era o bastante.

Ele agarrou-lhe os pulsos e prendeu-os atrás das costas dela, amassando-lhe os seios contra o tórax.

— Saco! — disse, a voz excitada, a respiração rápida. — Devagar, senão eu não agüento. Assim só vai durar cinco segundos.

Ela aceitaria. Cinco segundos com Sebastian pareciam melhor do que qualquer coisa que já experimentara havia muito tempo.

Sebastian afastou-se e tirou as calças, a cueca e as meias. Sem as roupas, era um belo homem. Perfeito, a não ser pela cicatriz no joelho, por ter caído da árvore na casa de sua mãe. Quando ele se curvou para apanhar a carteira no bolso de trás do jeans, Clare sentiu um impulso de inclinar-se para frente e mordê-lo.

— Eu imagino que esse adesivo no seu quadril não seja nicotina — disse, enquanto se ajeitava.

— Não. É Ortho Evra.[47]

— Noventa e cinco por cento de certeza de evitar gravidez?

— Noventa e nove.

Tomou-a pela mão e colocou o preservativo na palma:

— Vou deixar você escolher.

Embora o achasse uma delícia de homem, para Clare não havia o que escolher. Rasgou o invólucro de plástico e apanhou o anel de látex lubrificado. Colocou-o por cima da cabeça arredondada do pênis e, vagarosamente, desenrolou-o até a base do órgão.

— Fica sentado, Sebastian — disse. Quando ele obedeceu, ela baixou a calcinha até as coxas. Ele a viu deslizando pelas pernas e, então, o olhar voltou-se para a virilha dela.

— Você é linda, Clare — aproximou-se dela, que se ajoelhou, afastando as pernas até o ventre dele. Beijou o estômago dela — Linda por inteiro — curvou as mãos abaixo do umbigo e roçou-lhe os dedos entre as pernas. — Principalmente aqui — segurou o membro com uma das mãos e deitou Clare com a outra. Ela gemeu enquanto sentia a cabeça do pênis, suave, rígida e quente. Sebastian penetrou-a parcialmente, e o corpo dela resistiu à invasão. Estava tão pronta para ele que só existia prazer intenso. Clare colocou as mãos em volta da nuca dele e abaixou-se até estar completamente encaixada. A sensação rasgava-

[47] O único adesivo anticoncepcional no mercado, desenvolvido pela Ortho-McNeil Pharmaceutical. Foi aprovado pela USFDA em 2002 e está disponível na Europa e no Canadá, Hong Kong, Cingapura, Coréia do Sul, EUA e Brasil. Mais um *merchandisng* incrivelmente forçado dentro da trama. Disponível em: http://www.bibliomed.com.br/lib/ShowDoc.cfm?LibDocID=15111&ReturnCatID=200241 (N. T.).

lhe o corpo, do alto da cabeça até as os dedos dos pés. Os olhos se fecharam e ela comprimiu os músculos ao redor de cada centímetro daquela rigidez. Fazia tanto tempo... E ela sentia a glória da satisfação com a virilidade de Sebastian dentro de si.

Era evidente que ele não estava tão satisfeito. Em um instante ela estava apertando-o, aproveitando o tempo, e no seguinte se encontrava de costas no sofá, encarando-o. Sebastian tinha um dos pés fixo sobre o chão e ainda estava encaixado profundamente dentro dela.

— Este é o momento no qual você só precisa respirar — afastou-se dela quase completamente, apenas para estocada tão fundo que a fez sentir no colo do útero. — Isso é o bastante pra você? — um gemido profundo partiu de seu peito e o prazer ecoou em Clare. — Ou você quer mais?

Ela dobrou uma das pernas ao redor das costas dele:

— Eu quero mais — sussurrou, enquanto ele começava a se mexer, estabelecendo um ritmo perfeito de prazer. — Isso é tão bom — lambeu os lábios secos. — E se eu parar de respirar e desmaiar?

O rosto pouco acima do dela, Sebastian respondeu:

— Eu a acordo quando terminar.

O risinho dela se transformou em um lamento prolongado, enquanto ele aumentava o ritmo e cada célula do corpo de Clare se concentrava no órgão latejante dentro dela. Mais rápido, mais rijo e mais intenso. Mais e mais. O hálito pungente dele roçava-lhe a face enquanto a penetrava. Uma sensação de ternura crescente, acariciando-a por dentro de uma só vez. Movimentava-se com ele, devolvendo estocada com estocada. Dentro e fora, dentro e fora. Tomada pelo prazer ardente que não desejava encerrar, não sabia até quando continuariam, até que ele a chamou:

— Clare — a voz áspera, destroçada. — Querida, você vai gozar?

Antes que pudesse responder, ela gritou, à medida que um clímax delicioso se espatifava sobre ela, o calor fluindo-lhe pelo corpo. Não viu nem ouviu nada além do pulsar no peito e na cabeça. Espasmos de líquido quente. Ele a penetrou cada vez mais forte, empurrando-a no sofá da tia-avó até chegar, também, ao êxtase. Pragas explodiram-lhe da garganta e colidiram com o som do intenso prazer masculino, primitivo e possessivo. Com um último impulso, ele deslizou os braços abaixo dos ombros dela, e a pressão esmagava-lhe o tórax.

— Clare — suspirou, em meio a espasmos irregulares e ásperos. — Se eu soubesse que era tão bom com você, eu a teria lançado por cima dos arbustos e feito na primeira vez que a beijei, em setembro...

— Se eu soubesse que ia ser tão bom... — engoliu e umedeceu os lábios com a língua — ... eu talvez deixaria.

Por vários instantes ele permaneceu em silêncio, enquanto beijava um dos lados da cabeça dela, desfrutando o doce calor daquela sensação de vitória.

— Clare?

— Hmm.

— A camisinha estourou.

A sensação explodiu como uma bolha de sabão. Empurrava os ombros dele enquanto sentia o sangue fugir de sua cabeça.

— Quando?

Ele olhou fixamente para seu rosto:

— Uns cinco segundos antes de eu gozar.

— E você não parou?

Sebastian deixou escapar uma risada e tirou o cabelo dela da testa:

— Eu sei me conter, mas não até esse ponto. Não quando estou sentindo seu orgasmo apertar meu pênis desse jeito — beijou-lhe a ponta do nariz e sorriu. — Juro por Deus, Clare, eu não sabia que ia gozar com tanta força.

— Como é que você pode rir? — empurrou-lhe os ombros, mas os barcos em volta dela apertaram-na.

— Porque você está usando aquele adesivinho que tem noventa e nove por cento de eficácia — seu sorriso aumentou ainda mais. — Porque você se sentiu bem, e porque você está saudável, e sabe que eu também estou.

— Como você tem certeza disso?

— Porque eu jamais ia mentir pra você sobre uma coisa tão importante. Confie em mim, Clare, eu não vou magoá-la.

Confiar em Sebastian? Olhou dentro dos olhos dele. Não havia provocações, escárnio ou truques. Apenas a verdade sincera. Ele afastou-se um pouco então e, lentamente, penetrou-a outra vez.

— Se eu soubesse que existia a mais remota possibilidade de acontecer algo ruim, eu lhe contaria. Acredite.

Acreditar nele, que ainda estava dentro dela?

— Se você estiver mentindo, eu mato você. Juro por Deus que mato.

Sebastian sorriu como se tivesse acabado de ganhar na loteria.

— Vindo da autora de *Vencida pelo amor*, isso não é muito romântico.

— As pessoas dão valor demais ao amor e ao romance — correu as mãos pelos ombros dele até os lados da nuca. — Sexo louco e gostoso é muito melhor.

Dezesseis

Feliz Natal! — Clare agarrou Leo e lhe deu um abraço forte. Olhou por cima do ombro dele, para Sebastian, poucos metros atrás do pai, usando calças de lã pretas e um suéter caramelo escuro, quase da mesma cor de seus cabelos curtos. Também esboçava um sorriso enquanto o olhar sustentava o dela, e Clare se lembrou nitidamente da noite anterior. Sentiu um fluxo correr pelo peito e desviou os olhos.

— Adorei o quadro — afirmou Leo, quando Clare baixou os braços e afastou-se. — Sebastian me contou que você ajudou ele a escolher.

Concentrou a atenção em Leo e tentou ignorar o formigamento no estômago:

— Que bom que você gostou — vários meses antes, ela, Leo e a mãe tinham combinado não trocar presentes. Em vez disso, concordaram em doar o dinheiro que seria gasto para o Exército da Salvação.

— E ele me deu o seu livro, mas isso você já sabe.

— Sim, e eu sei que você vai colocar em cima da lareira, junto dos outros — estendeu a mão para Sebastian, escondida atrás da fachada de sofisticação e autocontrole que desenvolvera há muito. — Feliz Natal.

Sebastian tomou-lhe a mão e seu sorriso apareceu. Na noite passada e até o final da manhã, ele a tocara completamente com aquelas mãos grandes e quentes. Depois da primeira vez no sofá, fizeram uma pausa curta para comer pizza antes de recomeçarem na cama e terminaram por volta das duas e meia, ensaboando os corpos e passando a boca pelas peles molhadas e lavadas.

— Feliz Natal, Clare — polegares resvalaram e o tom de sua voz sugeria que ele estava lendo a mente dela.

Clare reprimiu o impulso de ajeitar o cabelo ou remexer a gola do cetim preto. Não estava trajando nada novo ou diferente este ano. Usava a saia de veludo vermelho que chegava até os tornozelos e o cinto de franjas que sempre colocava no Natal, com botas de couro pretas de cano alto. Nada especial para chamar mais atenção. Pelo menos era o que dizia a si própria, sem ligar muito se acreditava ou não. Estava bonita e sabia disso.

— O que os cavalheiros gostariam de tomar? — perguntou Joyce. Sebastian baixou a mão e voltou as atenções para a mãe dela. Ele e Leo pediram Glenlivet com gelo e Joyce serviu-os, dizendo achar uísque uma opção excelente, que compartilhou com ambos. Clare ficou com o vinho.

Depois de meia hora discutindo sobre o tempo e sobre os recentes acontecimentos mundiais, todos foram até a sala de jantar. Ali, entre pequeninas velas de Natal, festejaram na tradição dos jantares Wingate, com presunto com cobertura, batatas *grandmere*, batatas-doce com cobertura de açúcar e ervilhas com caju e estragão. Nas compotas de cristal da tataravô de Clare era servido ponche perto de cada prato.

Como homem mais velho presente, Leo ficou com a cabeceira da mesa, Sebastian sentou-se à sua direita e Joyce, à esquerda. Sem perder a mania de etiqueta, Joyce insistiu que Clare sentasse perto de Sebastian. Não seria correto as duas mulheres no mesmo lado da mesa. Isso, normalmente não era um problema, e Clare teria se forçado a incentivar uma conversa entre os convidados. Naquela noite, contudo, não conseguia pensar em nada a dizer ao homem que lhe dera três orgasmos na noite anterior, nem a Leo, que sempre fora uma figura paterna para ela. Tinha certeza de que havia um luminoso de neon por sobre sua cabeça, onde se lia "Tive uma transa fabulosa ontem à noite", e temia dizer a coisa errada e todos perceberem.

Sexo sem compromisso era algo novo para ela — ou, pelo menos, sexo sem um bom jantar e um cinema antes. Envergonhada não era bem o termo — não tão envergonhada quanto deveria, principalmente levando em conta o aspecto oral do banho que tomaram —, mas não sabia o que dizer ou fazer. Sentia-se um peixe fora da água. Graças a Deus ninguém parecia ter notado.

Sebastian não parecia preocupado com aquela dúvida. Achava-se tranqüilo na cadeira ao lado, encantando a mãe com historinhas sobre todos os lugares pelos quais viajara e perguntando sobre os vários clubes e atos de caridade. Estava habituado a sexo sem amarras, e Clare tinha de admitir que estava um pouco irritada com os modos dele. Só seria correto se ele estivesse tão agitado quanto ela.

— Durante anos eu tentei convencer Clarita que ela precisa se envolver com meu clube Senhoras de Le Bois —

dizia Joyce, enquanto tomava um gole de Glenlivet. — Por meio de vários benefícios, acumulamos mais de treze mil dólares este ano. Ficamos muito empolgadas, em especial porque Galvin Armstrong e sua orquestra tocaram para nós em Grove.[48] Sei que Clare ia gostar se participasse dessas coisas.

Galvin Armstrong era mais velho que Laurence Welk,[49] e Clare precisava mudar de assunto antes que se visse envolvida na levantamento de benefícios do ano seguinte.

— Sebastian já comeu macaco — Leo e Joyce voltaram as atenções, de súbito, a Sebastian, que encarava Clare com o garfo parado perto da boca. — E um cavalo — adicionou.

— Verdade, filho?

— Ah! — Joyce pousou o copo na mesa. — Não sei se eu saberia andar a cavalo. Tive uma pônei quando menina. Ela se chamava Madame Pocotó.

Sebastian foi virando a cabeça aos poucos, olhando para Clare:

— Já comi uma porção de coisas diferentes. Algumas eram boas, outras nem tanto — sorriu. — Outras eu não me importaria de não repetir. As lembranças de quando alisou o umbigo dela com beijos quentes brotou-lhe na cabeça. *Acho que você vai gostar disso*, disse, na noite passada, conforme ia descendo. *Aprendi com uma francesa na Costa Rica.* E ela gostou. Bastante —, mas agora eu estou com vontade de provar o presunto de Natal — Sebastian voltou o olhar para o outro lado da mesa, enquanto colocava a mão sobre a coxa de Clare — Está uma delícia, Senhora Wingate.

---

[48] N.T.: Cidade em Ohio.

[49] N.T.: Lawrence Welk (1903 — 1992) era músico, tocava acordeão e liderava uma banda. Apresentou o programa de TV *The Lawrence Welk Show* de 1951 a 1982.

Clare olhou-o de relance com o canto dos olhos, à medida que ele erguia-lhe o vestido.

— Por favor, me chame de Joyce.

— Obrigado pelo convite, Joyce — disse, a educação de pôster de menino do coral, enquanto seus dedos se juntavam na saia.

Clare não estava usando meia-calça e, por baixo da mesa, antes que ele lhe tocasse a pele, ela agarrou-lhe o pulso com cuidado e retirou a mão de Sebastian.

— Recebi um cartão de Natal da irmã do seu pai — anunciou Joyce, olhando na direção de Clare.

— Como vai Eleonor? — Clare afundou a colher no ponche. Quando o rum deslizou-se em sua boca, Sebastian puxou sua saia acima dos joelhos e colocou novamente a mão na coxa de Clare. O calor do contato a assustou, fazendo-a Clare endireitar-se de repente.

— Tudo bem com você? — perguntou Sebastian, como se indagasse sobre o tempo.

Clare armou um sorriso tenso no rosto.

— Estou ótima.

Alheia ao que acontecia, Joyce prosseguiu:

— Aparentemente, Eleanor descobriu a religião.

— É a época — colocou a mão sobre a de Sebastian, mas o aperto dele ficou mais forte. Além de lutar para arrancar a mão dele da sua e chamar a atenção de todos para o que se passava debaixo da mesa, não havia o que Clare poderia fazer.

— Eleanor sempre foi um teste para minha paciência — continuou a mãe. — Uma fonte de constrangimentos, uma façanha e tanto para a família.

— Quantos anos ela tem? — quis saber Sebastian, com um tom de voz educado e curioso, sua mão subindo. Pele contra pele, o calor espalhou-se na coxa, o toque recordando as memórias carnais da noite anterior. Na cama e no chuveiro e, claro, no sofá antigo.

— Acho que setenta e oito — Joyce fez uma pausa para garfar as ervilhas restantes. — Casou-se e divorciou-se oito vezes.

— Uma vez já bastou para mim — ajuntou Leo, balançando a cabeça. — Tem gente que não aprende...

— É verdade. Meu tio-bisavô Alton se feriu em uma disputa matrimonial — confessou Joyce. Não tinha o costume de revelar os podres seguintes da família. Culpa do terceiro copo de Glenlivet. — Infelizmente, ele tinha uma queda por esposas alheias, e esquecia da própria. Tão típico...

— Onde ele foi ferido? — Sebastian deslizou os dedos para a parte da frente da calcinha de Clare. O olhar dela ficou meio confuso, e ela quase escorregou para fora da cadeira.

— Uma bala na nádega esquerda. Estava fugindo com as calças abaixadas.

Sebastian riu e seus dedos roçaram os dela pelo poliéster do *collant*. Clare apertou as coxas e reprimiu um gemido enquanto a conversa prosseguia sem ela. Leo comentou sobre... alguma coisa e Joyce retrucou com... alguma coisa e Sebastian puxou o elástico ao redor do alto da perna dela e perguntou alguma coisa...

— Não é mesmo, Clare? — perguntou Joyce.

Seus olhos retornaram à mãe.

— Sim, sem dúvida — enfiou a mão dele na virilha e levantou-se, tomando cuidado para que a saia estivesse baixa. — Sobremesa?

— Acho que ainda é cedo — a mãe pousou o guardanapo de linho na mesa.

— Leo? — perguntou Clare, juntando o prato e os talheres.

— Nada para mim. Daqui a meia hora.

— Posso pegar seu prato, Sebastian?

Ele se ergueu:

— Aceito.

— Ótimo — a última coisa que queria era que a seguisse e terminasse o que tinha começado. — Fique aí e relaxe com minha mãe e com Leo.

— Depois de um jantar ótimo, preciso caminhar um pouco — insistiu.

Joyce estendeu o prato a Clare:

— Por que você não mostra a casa a Sebastian?

— Ah, eu não acho que ele...

— Eu adoraria — interrompeu Sebastian.

Sebastian a seguiu até a cozinha e colocaram os pratos na pia. Encostou o quadril na bancada e deslizou as costas dos dedos no braço dela:

— Desde que eu entrei nesta casa hoje à noite, fiquei imaginando se você estaria usando algum tipo de sutiã debaixo disso. Acho que não.

Clare olhou para baixo, para dois pontos bem distintos na frente de seu top de alça de seda negra:

— Estou com frio.

— Ahn! — deslizou os nós dos dedos pelo seio esquerdo dela. Os lábios de Clare se abriram, e ela puxava ar para dentro — Você está excitada.

Ela mordeu o lábio superior e balançou a cabeça, mas ambos sabiam que ela estava mentindo.

Sebastian suspirou e deixou a mão cair.

— Mostra-me esse saco de casa.

Clare girou sobre os calcanhares e deixou-o segui-la. Sim, a última coisa de que precisava era que Sebastian se movimentasse na casa de sua mãe. Havia, entretanto, uma parte dela que acabara de descobrir o prazer do sexo sem sentido, que desejava que ele fizesse aquilo e mais.

Mostrou-lhe a sala de visitas que a mãe usara como escritório, a sala de estar principal e a biblioteca. Ele não tocou nela, o que a deixava tão frustrada quanto nas vezes em que ele o fazia.

— Eu passava muito tempo aqui — disse, apontando as estantes de livros de capa dura que iam até o teto. O recinto estava mobiliado com cadeiras antigas de couro e vários candelabros da Tiffany.

— Eu lembro — caminhou ao longo das estantes embutidas de mogno. — Onde estão seus livros?

— Ah... meus livros são brochuras.

Sebastian olhou de seu ombro até ela — E?

— E minha mãe não acha que brochuras devem se misturar com livros de capa dura.

— Quê? Ridículo! Você faz parte da família! Muito mais importante do que autores russos depressivos e poetas mortos. Sua mãe deveria ter orgulho de colocar seus livros aqui.

Bem, ela sempre pensara isso, ou pelo menos achava que deveria ter um espaço igual na prateleira da casa da própria mãe. Escutar Sebastian dizendo aquilo fazia com que sentimentos indesejados se agitassem no peito:

— Obrigada.

— Obrigada por quê? Sua mãe sabe quão difícil é publicar um livro?

Mas este era Sebastian. Ela não podia permitir-se sentir nada por ele além de uma leve amizade e uma atração física feroz.

— Talvez não, mas não ia ter importância se ela soubesse. Nada do que eu faço é bom o bastante, ou do jeito certo, ou perfeito. Ela nunca vai mudar, então eu tive de mudar. Não me mato para agradar-lhe nem fico irritando mais ela de propósito.

— Não — riu em silêncio. — Você só desviou sua atenção de você para mim.

Ela sorriu:

— É verdade, mas você deveria sofrer só um pouquinho mais de traumas de infância — apontou a porta com a cabeça. — Vou mostrar-lhe o andar de cima.

Sebastian ia logo atrás, à medida que Clare subia pela escada curva. Visitou três quartos de hóspede, o quarto da mãe e, por fim, o quarto que era dela. Ainda havia uma cama de viúva[50] com ornamentos de madeira maciça em forma oval nos encostos, o mesmo guarda-roupas enorme, guarda-louças e penteadeira de cinco gavetas. A única coisa que mudara fora a decoração da cama.

— Eu me lembro desse quarto — afirmou Sebastian, enquanto caminhava mais para dentro. — Só que era tudo cor-de-rosa.

— Isso.

Voltou-se para ela e disse:

— Feche a porta, Clare.

---

[50] N.T.: Uma cama que mede 1m de largura por 2m de comprimento, medidas entre a cama de solteiro e a de casal.

— Por quê?

— Porque você não vai querer que sua mãe veja o que eu vou fazer com a garotinha dela.

— A gente não pode fazer nada aqui.

— Quem ouve quase acredita — caminhou até o outro lado e ele mesmo fechou a porta. — Quase — fez o caminho de volta, percorreu as mãos pelos braços até os ombros dela e até a nuca. Beijou-a, e, antes que percebesse o que ele queria, os dedos de Sebastian encontravam-se na curva de sua nuca e ele descia as alças de seu top até a cintura.

Clare recuou e cobriu os seios nus com as mãos:

— E se alguém entrar aqui?

— Ninguém vai entrar aqui — agarrou-lhe o pulso e pousou as palmas das mãos dela sobre seus ombros. — Você está com os bicos durinhos e a calcinha molhada. Logo, eu sei que você também está a fim — colocou as mãos em concha sobre os seios dela e resvalou as pontas enrijecidas com os polegares. — Eu vim pensando em fazer isso desde que entrei nesta casa. Tudo enquanto a sua mãe contava histórias de eventos de caridade. Eu fiquei imaginando se alguém ia perceber se eu sumisse por debaixo da mesa e beijasse você no meio das coxas. Fiquei imaginando se você estava tão excitada quanto eu. Daí, senti sua calcinha e soube que ia estar dentro de você alguma hora esta noite — beijou-a no pescoço e ela deslizou as mãos por baixo do suéter e da camiseta que ele usava.

— Eu achei que, depois da noite passada, você não ia mais querer transar — disse, e uma de suas mãos escorregou para o botão da calça dele. — Que eu ia ficar de fora da sua vida.

— É. Eu subestimei você. Minha previsão é de que vai acontecer pelo menos mais uma vez.

Sebastian agarrou e levantou a parte de trás das coxas de Clare. Ela abraçou-lhe a cintura com as pernas, aproximando a virilha do pênis saliente enquanto ele a carregava vencendo a curta distância até a pesada penteadeira de carvalho.

— Diz pra mim o quanto você está desesperada por isso — ajeitou-a sobre a penteadeira e subiu a saia dela até a cintura.

— Desesperada a ponto de deixar você me despir com minha mãe no andar de baixo.

Ele afastou as coxas dela e apalpou-lhe a calcinha:

— Caminhar por esta casa sabendo que você estava tão molhadinha quase me matou.

Ela abriu o zíper da calça dele e alisou-o por dentro da cueca. Sentiu a pulsação e apertou:

— Está duro.

— Vou fazer você chegar ao orgasmo.

— Eu estou contando com isso.

Em vez de puxar a calcinha pelas pernas, ele deslizou as alças do tecido para um lado. Em seguida, penetrou-a, grosso e enorme, e ela abraçou-lhe o traseiro com as panturrilhas até tê-lo todinho dentro. A carne dele era quente; Clare comprimiu os músculos ao redor de Sebastian. O beijo dele era suave e doce, enquanto ele se movia, retirando levemente e ajeitando-se por dentro.

— Você é tão gostosa quanto eu me lembro — sussurrou-lhe bem acima dos lábios. — Tão boa e apertadinha. A cabeça de Clare recuou até o espelho, e ele beijou-a no pescoço, pouco abaixo da orelha. — Eu quero tanto você — disse. — Quero beijá-la em todo o lugar, como fiz ontem à noite. — Fixou os lábios contra os dela e um gemido muito fundo lhe veio da garganta. Saía e estocava com força. Se houvesse alguma coisa nas gavetas da penteadeira, teria feito muito barulho. Ainda bem que estava vazia, e o único som do quarto era o da respiração pesada.

Ele a penetrava de forma constante, acariciando as paredes úmidas de Clare e massageando-lhe o ponto G. Não demorou para que a primeira onda de orgasmo a atingisse e lavasse seu corpo com um calor branco e intenso. Deixou-a sem fôlego e recurvou os dedos de seus pés dentro das botas pretas. Tão logo aliviou, começou de novo:

— Meu Deus! — arfava, tão logo o segundo orgasmo a atingiu de jeito. Em meio ao próprio prazer que experimentava, sentiu a ejaculação poderosa dentro de si. O gemido dele saiu das profundezas de seu peito, os joelhos prendendo um pouco, e ele apertou ainda mais as coxas de Clare para não cair.

— Jesus Todo-Poderoso! — prosseguiu, em meio a um sussurro rude e rouco.

Quando tudo terminou e o pulso ficou mais calmo, Clare retirou uma das pernas ao redor da cintura dele enquanto Sebastian lutava para recobrar o fôlego. Ela nunca sentira nada assim na vida. Quando, enfim, conseguia falar, olhou bem dentro dos olhos verdes dele e disse:

— Foi sensacional.

— Também achei.

Ela piscava várias vezes:

— Tive um orgasmo múltiplo.

— Eu percebi.

— Nunca tive um.

Um dos cantos da boca dele se ergueu:

— Feliz Natal.

Poucos dias depois o Natal, Clare se encontrava com as amigas para almoçar no restaurante mexicano favorito delas. Ao redor de uma enorme bandeja de *combo*, discutiam sobre livros e faziam *brainstorming* de argumentos. Lucy achava-se mergulhada em seu prazo final, assim como Clare. Adele tinha acabado um livro Os livros de Maddie não saíam com a freqüência das outras três escritoras especializadas, e ela levava muitos meses até se acalmar e colocar a cabeça em ordem depois do romance sobre crimes verdadeiros ais recente. Bom, tão em ordem quanto era possível, segundo achavam Maddie e Clare.

Conversavam e riam, como sempre fizeram. Partilharam uma e outra coisinha da vida dela. Dwayne ainda assediava Adele, deixando itens aleatórios na porta da casa dela; Lucy estava pensando em ter filhos; e Maddie acabara de adquirir uma casa de verão em Truly, uma cidadezinha a 161 quilômetros ao norte de Boise. A única coisa que Clare não partilhara com as amigas tinha sido seu relacionamento com Sebastian. Primeiro porque não havia um relacionamento, apenas relações sexuais, e ela não era do tipo que falava sobre a vida sexual. Não como Maddie — se ela tivesse uma. Outro motivo era porque tudo ainda era tão novo que nem ela sabia o que pensar daquilo.

Sebastian deixara a cidade um dia depois do Natal, mas não antes de levá-la até em casa e acordá-la uma vez mais. Nunca conhecera um homem que gostasse tanto de sexo quanto ele. Não. Corrigindo: há muito tempo não estava com um homem que gostasse tanto de sexo quanto ele, mas nunca conhecera algum que fosse tão bom quanto Sebastian. Um homem que dizia: “Vou fazer tal coisa com você” e, não só fazia; como também superava todas as expectativas.

Ao chegar em casa após o almoço com as amigas, havia uma mensagem na secretária eletrônica. De Sebastian.

— E aí? — começava, enquanto ela tirava seu casaco. — Tenho um festão de Ano-Novo aqui em Seattle e preciso ir. Estava pensando que, caso você não tenha nada para fazer, poderia sair comigo. Liga de volta e me diga.

Festa de Ano-Novo? Em Seattle? Ele era maluco? Serviu-se de uma Coca-cola *diet* e retornou a ligação para fazer-lhe a pergunta exata:

— É uma hora de vôo — disse ele. — O que você está planejando?

Se Sebastian fosse mesmo seu namorado, Clare talvez se fizesse de difícil. Ia fingir que tinha planos, mas estava a fim de cancelar só para ele:

— Nada.

— Eu pago as passagens — afirmou.

— Não são baratas — apanhou a Coca-Cola e subiu até o escritório no andar de cima. — Qual o seu motivo futuro?

— Quero passar um tempo com uma mulher bonita.

Poucos dias atrás ela teria ficado alucinada se ele dissesse que era bonita. Aquela porçãozinha de Clare que ainda morava no fundo dela. A porção que o seguia quando criança. Agora, não sabia ao certo o que pensar daquele elogio. Parecia agora algo que um homem diria à namorada, e Clare sentiu que não podia permitir a mínima chance de um relacionamento atravessar a muralha que construíra para proteger-lhe o coração. Não levaria a sério. Coisa que os homens sempre dizem às mulheres. Não significava nada.

— Não me diga que aí em Seattle não existem mulheres que você não possa convidar — esperou pelo primeiro beliscão de ciúme. O tormento no coração. Quando não sentiu nada, sorriu. Uma mulher não sentiria ciúmes de um amigo que não fosse namorado. Especialmente quando ele morava em outro Estado.

— Tem algumas, mas nenhuma tão interessante quanto você. Nem tão divertida.

— Ou seja, elas não vão transar com você?

— Com certeza elas vão — a risada dele atravessou a linha telefônica. — Mas já que você tocou no assunto, traga alguma coisa sexy porque eu acho que vamos ter de fazer amor mais algumas vezes para tirá-lo do nosso sistema.

Fazer amor. O que acontecera entre ambos não tinha sido amor. Tinha sido sexo. Gostoso, selvagem, inacreditavelmente bom, mas era diferente de fazer amor. Era puramente físico. A terra tremeu, e ela não sentiu que seu coração fosse explodir. Aquilo era fazer amor, e ela sabia a diferença.

— Ah. Que tal ipecacuanha?[51]

— Algo mais a ver com terapia sexual. Acho que podemos usar um programa de boa forma. Eu sei que consigo.

O que ela tinha de admitir que soava bem. Depois de se sentir nada atraente por tantos anos, ter um homem que a desejasse tanto quanto Sebastian desejava era viciante. E, naquele momento de sua vida, sexo gostoso, selvagem e inacreditavelmente bom era melhor do que amor. No futuro, ela procuraria uma alma gêmea outra vez. Alguém com quem passar a vida. Queria um marido e uma família. Queria um "felizes para sempre" com um homem "feliz para sempre". Querer aquilo estava em seu DNA, mas, por ora, só queria se divertir com um cara "alto-astral" como Sebastian.

---

[51] N.T.: A ipecuanha é uma erva com várias propriedades medicinais, entre elas a de limpeza intestinal.

Que nunca, jamais, deveria ser confundido com um homem "feliz para sempre".

— Tá bom — concordou. — Só que eu vou ter de comprar algo para vestir quando chegar aí. Você está a fim?

Houve uma pausa enorme. Então ele respondeu:

— Talvez eu precise de mais sessões de terapia para superar o trauma.

Clare deu risada e começou a selecionar as lojas na cabeça. Além da lista normal, contendo Nordstrom, Niema's e Saks, iria adicionar Club Monaco, BCBG e Bebe.

Uau, fazer compras *e, a seguir,* uma orgia. Poucos meses atrás, sua vida era um lixo. Que maneira de começar o Ano-Novo.

Dezessete

Sebastian apanhou a faca e cortou vários sanduíches de peru pela metade. Colocou-os sobre um prato e alcançou uma embalagem de batatas. Nunca havia pago um vôo para uma mulher apenas para passar o dia na cama com ela. Só então viu que jamais estivera com uma mulher como Clare antes.

Só de cuecas, apanhou o almoço e saiu da cozinha. Naquela manhã, tinha ido buscar Clare no Aeroporto de Seattle e só quando a viu descer as escadas do avião em direção a ele, linda naquele casaco preto com um xale vermelho, foi que percebeu o quanto gostava de estar com ela. Tinham muitas coisas em comum. Ela era inteligente e bonita, e não ficava exigindo nada. O mais importante era uma companhia tranqüila. Por experiência própria, bastava um homem transar com uma mulher mais de duas vezes, logo aparecia a palavra "relacionamento", sempre seguida de perto por outro termo: "compromisso". Parecia que as mulheres não sabiam ficar sossegadas. Sempre precisavam complicar tudo.

Caminhou até a cama e seu olhar dirigiu-se até Clare, sentada no meio de sua cama, um emaranhado de lençóis brancos abaixo das axilas:

— Não tem nada pra assistir além de futebol[52] — disse, decepcionada, zapeando pelos canais com o controle remoto — Detesto futebol. Uma vez namorei um cara que gravava todos os jogos.

Tinha o cabelo todo desarrumado e um chupão rosado no ombro:

— Assisto a futebol quando não tenho nada melhor para fazer — colocou o prato na beirada da cama e arrastou-se até Clare. Ofereceu-lhe meio sanduíche e beijou a marquinha. Gostava do cheiro da pele dela e o gosto dela em sua boca.

— Terminei quando o peguei vendo futebol enquanto a gente transava — mordeu um pedaço e engoliu. — Ele ligava a TV e deixava sem som para que eu não soubesse.

— Que safado! — Sebastian abriu a tampa da lata de Pringles e comeu alguns.

— Pois é. Sou um ímã de safados — desligou a televisão e atirou o controle remoto sobre a cama. — E é por isso que estou dando um tempo com os homens.

Sebastian parou de mastigar:

— E eu sou o quê?

— Apenas um amigo com vantagens. E acredite, depois de Lonny, eu merecia a maior vantagem de todas — riu e mordeu novamente o sanduíche.

Mais um motivo para gostar dela. Ofereceu algumas batatas fritas e apanhou meio sanduíche para si mesmo:

[52] N.T.: Clare se refere ao futebol americano (*football*). O efeito, porém, é o mesmo na trama.

— Diga-me uma coisa. Se você é uma garota que gosta de muitas vantagens, e nós dois sabemos que é mesmo, por que você acabou se envolvendo com um gay? Isso de querer agradar à sua mãe explica só até certo ponto.

Por alguns instantes, Clare pensou, enquanto apanhava vários Pringles:

— Foi acontecendo aos poucos. No começo era uma relação bem típica. Ele tinha menos apetite sexual que outros namorados, mas eu dizia a mim mesma que aquilo não era nada para me preocupar. Eu o amava. E quando você ama alguém tem de aceitar. E quando você já mergulhou nas negações não enxerga mais nada. Na verdade, talvez você não queira ver — ergueu os ombros. — E, além de sexo, não havia nenhum sinal descarado. Só uma porção de sinaizinhos que eu ignorava.

— Tipo as coisas femininas, todas enfeitadinhas, que ficavam em sua cama. Um heterossexual nunca ia tolerar dormir debaixo daquilo.

Ela olhou-o e ajeitou o cabelo atrás de uma orelha:

— Você dormiu.

Sebastian balançou a cabeça:

— Eu transei em baixo de um. Não durmo debaixo fitinhas — isso o fez lembrar-se da transa que tinham acabado de ter. Começara na porta da frente e terminara despido sob uma confusão de lençóis brancos na cama. Clare estava tão desejosa por Sebastian quanto ele por ela, e um homem que sabe que uma mulher o quer tanto quanto ele a deseja é um afrodisíaco poderoso. Teria sido uma transa ainda melhor se ela não tivesse lhe pedido que usasse preservativos.

— Pensei que você confiasse em mim sem preservativo — disse, comendo uma batata frita.

— Eu confio em você — disse, com um leve inclinar de cabeça e olhando para ele. — Mas eu acredito que você esteja saindo com outras mulheres, e agora preciso tomar cuidado.

— Saindo com outras mulheres? Desde o último fim de semana? Valeu pelo elogio, mas eu não sou tão rápido — ele, por sua vez, *achava* que ela não estava saindo com mais ninguém, e só de pensar que ela talvez estivesse o deixava incomodado. — Você saiu com outro?

— Não — reagiu ela.

— E que tal se a gente deixasse assim? — apanhou uma garrafa de água e tirou a tampa.

— Você está querendo exclusividade? Tanto pra você quanto pra mim?

Sebastian tomou um gole de água e, em seguida, ofereceu. Gostava da idéia de Clare só transar com ele, e não queria transar com mais nenhuma mulher.

— Claro.

— Você consegue?

Ele franziu o rosto:

— Claro! E você?

— É que, como você mora em outro Estado...

— Sem problema. Estive visitando bastante meu pai e, acredite em mim, ficava sem transar. Não gostava, mas sobrevivia.

Clare tomou um gole e pareceu pensar muito antes de devolver a garrafa.

— Tudo bem, Sebastian, mas, se e quando você conhecer alguém, me conte.

— Conhecer alguém? Conhecer alguém para quê?

Ela se limitou a encará-lo.

— Tudo bem — Sebastian inclinou-se e beijou o ombro nu de Clare. — Se eu me cansar de você eu aviso.

Ela deslizou a mão até o tórax dele e espalhou-lhe arrepios pela pele:

— Eu percebi que você não falou o que acontece se eu me cansar de você antes.

Sebastian riu e a empurrou na cama. Provavelmente aquilo não aconteceria.

Depois que terminaram de almoçar, tomaram um chuveiro e saíram do apartamento, para o que Sebastian imaginou que seria um passeio rápido ao Shopping Pacific Place. Não era dado a fazer compras e não tinha muitas roupas. Alguns ternos e camisas sociais, mas ele preferia calças cargo, com as quais poderia ocultar seus aparelhos, e camisetas de algodão confortáveis. Na verdade, ir às compras era uma das coisas de que menos gostava, mas por algum motivo ele se permitiu ser arrastado pelo centro de Seattle com Clare experimentando estantes de roupas, examinando inúmeras sacolas e alucinando-se ao encontrar sapatos prateados na Nordstrom.

Depois da quinta loja e várias bolsas, Sebastian relaxou e se limitou a aceitar a situação. Embora não pudesse dizer que tinha se divertido, havia sido uma experiência interessante. Clare tinha um estilo definido e sabia o que queria quando via. Durante o passeio em Club Monaco, ele podia prever o que chamaria a atenção dela.

Naquela manhã, quando a apanhou no aeroporto, imaginava que ela viria com duas malas enormes para uma viagem curta. Agora ele sabia.

Clare era uma viciada em compras.

Mais tarde, Sebastian a levou à festa de Ano-Novo de sua antiga amiga de faculdade, Jane Alcot-Martineau. Ele conheceu Jane muito antes de ela ganhar o hífen no sobrenome. Assistiram às mesmas aulas de jornalismo na Universidade de Washington, e, enquanto Sebastian partiu para os trabalhos autônomos pelo país e às vezes pelo planeta, Jane fincou o pé em Seattle. Ao final, conseguiu um emprego no *Seattle Times*, onde conheceu o goleiro de hóquei Luc Martineau, com quem se casou. Já estavam juntos há alguns anos e moravam em um apartamento não muito longe de Sebastian. Tinham um filho de um ano, James, e a irmã de Luc, Marie, morava com eles enquanto freqüentava a escola.

— Tem certeza de que Clare é só uma amiga? — perguntou Jane enquanto lhe oferecia um cerveja.

Sebastian encarou aquela mulher de um metro e cinqüenta e quatro centímetros diante de si e voltou o olhar para Clare, conversando com uma loira alta e magra, seu namorado ruivo, russo e marombado, que jogava na defesa.

— Tenho.

Clare vestia um tubinho prata brilhante que a fazia parecer ter sido embrulhada em papel-alumínio, e as mãos de alguém deixado marcas no corpo dela. O vestido não chegava a ser escandaloso, mas, várias vezes durante a tarde, Sebastian reparou que alguns jogadores de hóquei musculosos a desembrulhavam com os olhos. Ao descobrir que ela era escritora de romances, o interesse aumentava. Ele sabia o que os safados estavam pensando.

— Porque você parece pronto para derrubar Vlad com um taco de hóquei — afirmou Jane.

Com cuidado, Sebastian descruzou os braços de cima do tórax de sua camisa social azul e bebeu um gole de cerveja:

— Você acha que eu posso enfrentá-lo?

— De jeito nenhum. Ele acabaria com sua raça — Jane sempre fora *quase* tão esperta quanto ele era espertalhão. — Não o chamam de "Vlad, o empalador" à toa. Quando você o conhece, ele é um cara bem legal — balançou a cabeça e o cabelo curto escuro resvalou-lhe no rosto. — Se você não quer que esses caras caiam matando, não deveria ter apresentado como "amiga".

Talvez Jane estivesse certa, mas parecia cedo demais apresentá-la como namorada. E Clare talvez não gostasse se ele dissesse: "Essa garota é minha. Podem cair fora!" Clare poderia não ser sua namorada, mas estava saindo com ele, e ele não gostava de ver outros homens avançando o sinal.

— Você sabe que é brincadeira, né?

— Sobre enfrentar Vlad? Sim. Sobre Clare ser "apenas uma amiga", acho que você é quem está de brincadeira consigo mesmo.

Ele abriu a boca para retrucar, mas Jane afastou-se para ter com o marido. Naquela noite, enquanto via Clare dormindo, imaginou o que havia nela que o atraía e não o deixava sair de perto. Não era só o sexo. O lance de fazer compras ao qual fora submetido deveria ter-lhe esfriado o interesse. Não esfriou. Talvez porque ela não tivesse expectativas. Parecia não querer nada dele, e quanto mais Clare se afastava, mais ele queria trazê-la para perto.

Às seis horas da manhã seguinte, Sebastian acordou, inquieto, e enfiou-se em uma camiseta e um par de calças cargo. Enquanto Clare dormia, ele preparava um bule de café. Enquanto isso, ligou para o pai. Embora fossem sete da manhã em Boise, sabia que Leo acordava cedo. Seu relacionamento com o pai estava melhorando aos poucos, a cada visita. Não eram lá muito próximos, mas ambos se esforçavam de fato para consertar os erros do passado.

Apesar de não haver conversado com o pai desde o Natal, tinha certeza de que Leo não sabia nada a respeito da convidada que dormia em sua cama. Não havia comentado, e não sabia o que o velho ia achar do que estava acontecendo entre ele e Clare. Tudo bem, era uma mentira. Leo não ficaria entusiasmado, mas, sem dúvida, sabia o que estava acontecendo. Sabia desde a primeira vez em que a beijara, e sabia da última vez em que fizera amor com ela na noite anterior. Chegaria à conclusão de que ele e Clare eram adultos e o que tinham acertado era entre ambos e mais ninguém.

Depois de encerrado o telefonema com Leo, Sebastian se dirigiu até seu escritório. Nos últimos meses, esteve se divertindo com a idéia de escrever ficção. Uma série de novelas de suspense/mistério com um personagem central fixo, na linha de Dirk Pitt de Clive Cussler ou de Jack Ryan de Tom Clancy. Seu protagonista, porém, seria um jornalista investigativo.

Sebastian sentou-se diante da escrivaninha e ligou o computador. Tinha um argumento esboçado e uma vaga idéia de seu personagem. Depois de duas horas escrevendo sem parar, entretanto, estava mais nítido em sua mente.

Um som vindo da cozinha desviou-lhe a atenção do drama que se desenrolava em sua cabeça, e seus olhos saíram da tela de computador No instante em que Clare entrou no quarto usando uma camisola azul que combinava com seus olhos. Era curta, com alcinhas e extremamente sexy, pela única razão de ser bastante natural. Clare também era muito assim.

— Ah, desculpe! — disse, e parou na entrada. Não sabia que você tinha de trabalhar.

— Não tenho — parou e se espreguiçou. — Não estou trabalhando de verdade. Estou mesmo é brincando um pouco.

— De paciência? — caminhou para dentro do quarto e tomou um gole de café da caneca em sua mão.

— Não. Tenho uma idéia para um livro — era a primeira vez em muito tempo que estava empolgado com o fato de escrever alguma coisa. Provavelmente, desde antes da morte da mãe.

— Sobre uma história que você cobriu recentemente?

— Não. Ficção — também era a primeira vez que mencionava o que estava fazendo. Não contara nem mesmo a seu agente. — Estava pensando mais em seguir a linha de um jornalista investigativo que descobre segredos do governo.

As sobrancelhas de Clare ergueram-se:

— Tipo Ken Follett ou Frederick Forsyth?

— Talvez — saiu de trás da escrivaninha e sorriu. — Ou talvez eu me torne um escritor de ficção para mulheres.

Por detrás da caneca, os olhos dela se arregalaram, e ela começou a rir.

— Do que é que você está rindo? Eu sou um cara romântico.

Clare colocou a caneca sobre a escrivaninha e, de algum modo, a risada dela se transformou em uma série de espasmos que durou até que ele a jogou por cima do ombro e a levou até a cama como Valmont Drake, do livro mais recente de Clare, *Vencida pelo amor*.

No dia três de março, Clare completava trinta e quatro anos sentindo-se dividida por ter ganho mais um ano de vida. Por um lado, gostava da sabedoria que vinha com a idade e a confiança que essa sabedoria trazia. Por outro, não gostava do tique-taque do relógio marcando o tempo em seu corpo. Aquele que a acompanhava todos os dias e todos os anos, lembrando-a de que ainda se achava sozinha.

Semanas atrás, planejara comemorar o aniversário com as amigas. Lucy havia feito uma reserva para as quatro jantarem no The Milky Way, no antigo edifício Empire, que ficava no centro, mas esperavam encontrar-se antes com Clare, na casa dela, para uma taça de vinho e para dar-lhe os presentes.

Enquanto Clare se arrumava para a tarde em um vestido de jérsei que comprara no Nieman Marcus, pensou em Sebastian. Até onde sabia, ele se achava na Flórida. Fazia uma semana que não conversavam, e na ocasião ele contara que havia decidido escrever uma matéria sobre a mais recente onda de migração de cubanos para Little Havana. Nos dois últimos meses ela o vira pelo menos semana sim, semana não, quando ele ia de carro ou de avião até Boise para visitar o pai.

Clare prendera um par de brincos de prata nas orelhas e borrifara perfume nos punhos. Por enquanto, seu não-relacionamento com Sebastian estava dando certo. Divertiam-se juntos, e não havia pressão para tentar impressioná-lo. Podia conversar com ele sobre qualquer coisa, pois não havia a preocupação sobre se ele era ou não a pessoa certa para ela. Sem dúvida alguma, não era. Seu príncipe chegaria. Enquanto isso, ela ficava feliz divertindo-se com Sebastian, "o cara errado".

Quando ele chegou à cidade, ela ficou feliz, mas seu coração não acelerou nem apertou, e o estômago não ficou leve nem embrulhado. Bem, quem sabe um pouquinho, que tinha mais a ver com o modo como ele a olhava do que com o que sentia por ele. Não perdia o fôlego nem deixava de pensar racionalmente. Sebastian era uma companhia fácil. O dia em que não funcionasse mais aquele relação ela terminaria — ou ele. Sem ressentimentos. Era o trato. Por enquanto, apesar da exclusividade, Clare sabia que não ia durar para sempre, e não se permitia pensar com muita antecedência.

Apanhou o batom vermelho e inclinou-se para frente, diante do espelho da penteadeira. Não se achava preparada para um relacionamento sério. Ainda não. Somente semana passada havia decidido testar o terreno e encontrara Adele no restaurante Montego Bay, onde acontecia a noite dos encontros de oito minutos. Ali, uma pessoa passava oito minutos tentando conhecer alguém antes de passar para a mesa seguinte. Os homens que conhecera naquela tarde, em sua maioria, pareciam perfeitamente bons. Não havia mesmo nada de errado com eles, mas dois minutos depois do primeiro "encontro", ela abriu a boca para dizer "Eu tenho quatro filhos". Como aquilo não o desinteressara de todo, ela acrescentou "Todos com menos de seis anos". Ao final da tarde, ela se tornara algo do tipo uma mãe solteira que colecionava gatos vira-latas. Quando aquilo não fez perder o interesse por completo daquele rapaz tão solidário, mencionou "problemas femininos", e ele, enfim, praticamente derrubou a mesa na pressa de se afastar dela.

A campainha tocou no instante em que Clare terminara de passar batom, e ela caminhou pela casa até a porta da frente. Adele e Maddie estavam na varanda, com os presentes em mãos.

— Eu disse para vocês que não precisavam me comprar nada — disse, sabendo muito bem que elas fariam o contrário.

— O que é isso? — perguntou Maddie, apontando para uma caixa de correio expresso aos pés dela.

Clare não estava esperando nenhuma encomenda postal nem nada de sua editora. Ao abaixar-se para apanhar, reconheceu o endereço do remetente em Seattle. Tinha um carimbo do correio da Flórida.

— Acho que é talvez um presente de aniversário.

Sebastian havia se lembrado de seu aniversário, e ela tentou prender a alegria antes que esta lhe atingisse o coração. Ao ouvir passos na rua, quase esperou ver Sebastian. Era Lucy, obviamente, carregando um buquê de rosas cor-de-rosa e uma caixinha dourada.

— Achei que ia pegar vocês aqui — afirmou, deixando as amigas entrarem em sua casa.

Clare apanhou as rosas de Lucy e saiu à procura de um vaso, enquanto as amigas penduravam os casacos. Na cozinha, cortou as pontas dos cabos das flores e seu olhar foi levado para a caixa branca sobre a bancada. Estava surpresa por Sebastian ter lembrado do aniversário dela. Em especial, pelo trabalho que teve, e o prazer que tentava reprimir arrepiou-lhe toda a pele. Disse a si mesma que talvez não fosse um presente criativo. Muito provavelmente, a caixa trazia um presente que um homem também desfrutaria. Tipo uma *lingerie* com uma abertura para a vagina ou um sutiã com franjas nos mamilos.

— Deus, não agüento mais este frio — reclamava Maddie, enquanto as outras mulheres iam à cozinha.

— Uma de vocês pode servir o vinho? — pediu Clare, enquanto arrumava as flores em um vaso Portmeirion de algum parente falecido. Lucy serviu e, quando terminou, as quatro amigas foram à sala de estar. Clare colocou o vaso em uma mesinha de canto próxima ao sofá, e, quando se voltou, Adele estava dispondo os presentes sobre a mesa de café. Inclusive a caixa branca.

Enquanto as quatro conversavam sobre envelhecer, Clare abria os presentes que as amigas haviam lhe comprado. Lucy lhe dera um porta-cartões-de-visita monogramado e Adele, um bracelete com cristaizinhos violeta. Maddie, sendo ela mesma, presenteou Clare com um atordoador em forma de caneta na cor vermelha, para substituir o que estava com defeito e que lhe dera o ano passado.

— Valeu, meninas. Adorei todos os presentes — disse, enquanto sentava-se relaxada com a taça.

— Você vai abrir aquele ali? — perguntou Adele.

— É da sua mãe, outra vez? — queria saber Lucy. Poucos anos antes, quando estava evitando Joyce, a mãe lhe enviara lindos lençóis de linho para sua cama no aniversário. Apanhar o telefone e ligar para Clare não teria sido agressivo-passivo suficiente.

— Não. Este ano, minha mãe e eu estamos nos falando.

— De quem é?

— De um amigo — as três a encararam, sobrancelhas erguidas, esperando por mais informações. — Sebastian Vaughan.

— Sebastian, o repórter? — indagou Adele — O cara que Maddie acha que tem "presença"?

— É — o rosto de Clare trazia uma inexpressividade proposital quando ela acrescentou. — E ele é só um amigo.

Maddie respirou fundo:

— Só um amigo o cacete! Dá pra ver na sua cara que você está escondendo alguma coisa! Você sempre fica com esse olhar quando está escondendo alguma coisa!

— Que olhar?

Lucy apontou para ela:

— Esse olhar — bebeu um gole de vinho. — Então, ele é seu namorado?

— Não. É só um amigo — quando as amigas continuaram encarando, ela suspirou e confessou. — Tá legal. Somos amigos que transam.

— Bom para você — respondeu Maddie, balançando a cabeça. — Adele falou que você deveria usá-lo como esparadrapo de cotovelo.

Adele também balançou a cabeça:

— Eu tive alguns. Sexo sem amarras é um dos melhores.

Lucy ficou quieta por instantes. Então, perguntou:

— Você tem certeza?

— Do quê?

— De que consegue lidar com sexo sem amarras? Eu conheço você. Você tem um coração romântico. Será que você consegue mesmo lidar com sexo sem se apaixonar?

— Consigo — pousou a taça sobre a mesa de café e apanhou a caixa branca. Para provar, mostrou que o presente de Sebastian não era nada de mais. Nem um pouco. — E eu estou lidando — abriu a caixa e sorriu. Dentro havia uma caixa menor, embrulhada em papel metálico rosa e um excesso de fitas e lacinhos. — E está dando muito certo. Ele mora em Seattle e me vê quando está aqui pra visitar o pai. A gente se diverte muito e não existe nenhuma expectativa.

— Cuidado — alertou Lucy. — Eu não quero ver você se magoando de novo.

— Eu não vou — respondeu, desembrulhando o papel cor-de-rosa. — Eu não amo Sebastian e ele não me ama — baixou os olhos enquanto abria a caixa e, protegido por um tecido de bolinhas brancas e rosas havia um cinto de couro preto. Em uma fivela pesada de prata, uma inscrição em baixo-relevo: BOY TOY.

Clare ficou observando o presente enquanto experimentava uma pontada agudo no peito e um tremorzinho assustador no estômago. Ao mesmo tempo, sentia como se estivesse sendo impulsionada ao topo de uma montanha-russa. Sempre para o alto, para o alto, para o alto, e sabendo que não havia para onde ir além de diretamente para baixo. *Boy Toy.*

— O que é isso?

Ela ergueu o presente e as amigas riam.

— Ele está marcando o território? — perguntou Adele.

Clare balançou a cabeça, embora soubesse que não era bem assim. Era pior. Ele olhara dentro do coração de uma garotinha esquisita e lhe dera aquilo que ela mais desejava. Tinha prestado atenção. Tinha escutado essa garotinha e deve ter tido um trabalhão até conseguir aquilo para ela. Embrulhara em um papel cor-de-rosa e se certificara de que chegaria no aniversário dela. De repente, seu rosto se aqueceu e seu coração palpitava de forma frenética, batendo contra a muralha que erguera para afastar Sebastian. A muralha por trás da qual se ocultava para não se apaixonar louca e completamente por um homem absolutamente errado para ela. Ao seu redor, as amigas conversavam e riam, desconhecendo sua luta interior para se manter no alto da montanha-russa. Lutando e enfrentando e se segurando firme. Contudo, era tarde demais. Estava paralisada, e a descida tinha início. Emoções profundas atravessaramna velozmente, e a força arrebatadora ameaçou tirar-lhe o fôlego. Disse a si mesma que não poderia permitir-se amar Sebastian, mas era tarde demais. Aquilo a atingiu com força. Estava loucamente, profundamente, perdidamente apaixonada por Sebastian Vaughan. Plaft!

— Ah, não... — suspirou.

Lucy percebeu algo errado e perguntou:

— Tudo bem com você?

— Estou bem. Acho que fazer trinta e quatro anos deixou meu humor um tanto esquisito.

— Eu entendo isso. Quando fiz trinta e cinco, comecei a sentir um pânico daqueles — afirmou Lucy, e Clare pôde respirar um pouco melhor. — É normal.

Mais tarde, no jantar, Clare tentava dizer a si mesma que a queimação no peito não era amor *de verdade*, e sim o resultado de ter comido o camarão com pimentão que pediu de antepasto. As lágrimas que ameaçavam ferroar-lhe a parte de trás dos olhos eram o resultado de ficar um ano mais velha. Era normal, e até Lucy achava isso.

No entanto, quando a refeição se encerrou com crème brûlée, Clare soube que não era culpa do pimentão, tampouco da data. Estava apaixonada por Sebastian e não achava que seria tão apavorante. Sem dúvida havia passado por outras situações assustadoras na vida, mas sempre soubera como agir. Desta vez ela não fazia a menor idéia. De algum modo, enquanto tentava convencer a si própria de que não passava de amizade, o amor que sentia por ele veio chegando sorrateiro e em silêncio. Não foi uma pancada no tórax ou um olhar de tirar o fôlego vindo do outro lado do recinto. Nem um formigamento súbito, confuso e quente que ia até o coração quando pensava nele. Em vez disso, o sentimento crescera de uma sementinha, buscando as rachaduras e fissuras na muralha que lhe protegia o coração, enrolando-se nela sem que desconfiasse, até ter sido apanhada de jeito.

Embora ela e Sebastian tivessem conversado muito sobre uma porção de assuntos, jamais haviam conversado sobre o que sentiam um pelo outro. Pelo menos ela não estava negando. Não mais. Sim, ele queria exclusividade, mas sabia que não a amava. Estivera com homens que a amaram. Embora talvez não tivesse notado o sentimento tão forte neles, sabia como se comportava um homem que amava. Não era como Sebastian fazia.

Mais uma vez estava amando o Príncipe Desencantado. Que idiota.

Naquela noite tinha ido se deitar pensando em Sebastian e, quando acordou, ele ainda lhe ocupava a mente. Pensou no odor do pescoço e no toque das mãos dele, mas se negava a ligar para ele. Tinha uma desculpa perfeita: agradecer-lhe o presente de aniversário. Na verdade, a boa educação exigia que ao menos telefonasse, mas se recusava a cair na tentação de ouvir a voz dele. Talvez se tentasse apenas ignorar seus sentimentos eles voltassem a se esconder. Não iria se enganar, eles não iriam embora. Era uma mulher de trinta e quatro anos, veterana em relacionamentos e ex-viciada em amor. Talvez, porém, se tivesse sorte, a ausência de Sebastian faria seu coração gostar um pouco menos dele.

Dezoito

Três dias após o aniversário de Clare, Sebastian telefonou, e ela descobriu que não tinha tanta sorte assim. Nem um pouco. Se tivesse, a visão do nome dele no identificador de chamadas não lhe faria o peito doer.

— Alô? — respondeu ela, empenhando-se para parecer calma e um pouco indiferente.

— O que você está vestindo?

Olhou para seu robe e os pés descalços, enquanto escovava o cabelo despenteado:

— Onde você está?

— Em sua varanda.

Sua mão se deteve ao mesmo tempo em que o sangue fluiu para a cabeça:

— Você está do lado de fora da minha casa?

— Isso.

A escova voou para cima da cama e ela caminhou do quarto até a entrada. Abriu a porta, e lá estava ele, lindo, usando uma camiseta branca por baixo de um casaco de botões de lã verde-escuro. Linhas de sorriso marcaram os cantos de seus olhos verdes. Sebastian colocou o fone no cinto de couro marrom preso em volta dos quadris de seu jeans desbotado. Ai, meu Deus, ela estava frita.

— Oi, Clare — o som daquela voz enviava formigamentos de calor por sua espinha e dava-lhe arrepios nos antebraços.

— O que você está fazendo? — perguntou pelo *receiver*. — Você não me disse que vinha visitar Leo.

— Leo não sabe que estou aqui — tirou o fone das mão dela, apertou o botão de desliga e devolveu. — Peguei um avião para ver você.

Clare olhou atrás dele, para um Mustang estacionado diante da garagem. As placas eram de Idaho.

— Me ver? — seu coração queria entender aquilo como um sinal de que ele se importava com ela mais do que somente como uma amiga com vantagens, mas a cabeça não deixava.

— É. Eu vim para passar a noite. A noite inteira. Como quando você vinha e passava comigo lá em Seattle. Não quero dar uma escapada até a casa de Leo como se eu fosse um moleque. Como se a gente estivesse fazendo algo de errado.

Deveria mandá-lo embora antes que ficasse ainda mais apaixonada. O problema é que já era tarde demais. Abriu bem a porta e deixou-o entrar:

— Quer dormir aqui?

— Mais cedo ou mais tarde — seguiu-a casa adentro e esperou até que ela fechasse a porta antes de abraçá-la.

— Tem lacinhos na minha cama, lembra? Pode acontecer algo ruim se você dormir em uma cama muito feminina.

Ele a trouxe para perto do peito:

— Eu me arrisco.

— Obrigada pelo presente de aniversário — sorriu e pousou as mãos sobre os ombros dele. — Você foi muito criativo de enviá-lo até aqui no meu aniversário.

— Você gostou?

— Adorei.

— Mostra pra mim — disse, enquanto avançava e beijava-lhe a boca. Tocava-a como sempre fazia, só que desta vez ela respondia de um jeito diferente. Não importava quanto tentasse esconder, estava amando Sebastian. O coração estava envolvido, e quando ela o levou para o quarto foi muito mais do que uma transa. Mais do que prazer e satisfação. Pela primeira vez, ela realmente fizera amor com ele. O calor da emoção espalhava-se por seu corpo de dentro para fora. Do centro do peito em direção às pontas dos dedos das mãos e dos pés. Quando terminaram, ela o puxou para perto e beijou-lhe o ombro nu.

— Você devia estar mesmo com saudade de mim — disse Sebastian, perto da orelha dela. Havia percebido a diferença no sexo, mas interpretou errado o que havia por trás daquilo.

Sebastian ficou com ela por dois dias e conversou sobre como era crescer com a mãe e sua culpa perante o relacionamento com o pai. Dissera-lhe como ele, quando criança, ficava irritado quando era mandando embora. Clare desconfiava que aquilo era mais do que irritação. Apesar de ele não admitir, ela estava certa de que ele também estava magoado e confuso.

— Aprendi minha lição. Foi a última vez que eu contei a uma garota de onde vêm os bebês — disse ele.

— Que bom. Fiquei com pavor de sexo durante anos. Tudo sua culpa.

Com ar inocente, ele colocou a mão sobre o peito:

— Minha?

— Sim. Você disse que os espermatozóides tinham o mesmo tamanho dos girinos.

Ele caiu na gargalhada:

— Eu não lembro disso, mas provavelmente eu disse.

— Disse.

Conversaram sobre seus trabalhos literários, e ele contou que estava trabalhando duro em seu livro. Falou das reviravoltas no roteiro e revelou que achava estar quase terminando. Confessou também que lera todos os livros dela. Clare ficou tão chocada que não sabia o que dizer.

— Se não colocassem caras seminus nas capas, acho que mais homens iam ler — contou enquanto jantavam na casa dela.

Ela não achou que fosse possível, mas naquela noite, olhando-o do outro lado da mesa comendo vitela ao molho de salva, sentiu que o amava ainda mais.

— Talvez você fique surpreso em saber que eu também tenho homens entre meus leitores. Eles me escrevem o tempo todo — sorriu. — Claro, todos são homens presos por crimes que não cometeram.

Sebastian deteve-se e encarou-a:

— Espero que você não responda para eles.

— Não — talvez ele não a amasse agora, mas estava ali, e quem sabe como se sentiria na semana ou no mês seguinte.

Quando Sebastian voltou a Boise de carro, estava voltando para casa de uma viagem para esquiar em Park City, Utah. Ali, encontrou-se com alguns amigos jornalistas. A visita mais recente havia sido há três semanas, e ele planejava ficar vários dias com Leo e pescar na represa Strike, onde, segundo o pai contara, as pessoas estavam pegando peixes arco-íris de cinqüenta e seis centímetros. No entanto, poucas horas depois de sua chegada, ligou para Clare e apanhou-a em casa. Odiava fazer compras mais do que qualquer homem que conhecia, e ele a convenceu a ir ao shopping com ele. As costas de Leo tinham voltado a "agir", e os dois foram atrás de um massageador. Sebastian esperava que o pai se sentisse bem o bastante para poder ir guiando até a represa pela manhã.

Por causa da mudança nos planos, Sebastian decidiu relaxar com Clare aquela tarde e assistir a uns filmes "de porrada", comer "pipoca salgada" e "tomar cerveja". Ao menos concordaram com a pipoca. Clare era uma pessoa mais propensa a vinho e preferia filmes mais para mulheres. Ele, porém, prometeu que ela escolheria o filme da próxima vez.

— Qual era o seu filme infantil preferido? — perguntou Clare, enquanto caminhavam pela Brookstone.

Sem hesitar, respondeu:

— *A fantástica fábrica de chocolates.*

— *A fantástica fábrica de chocolates*? — Clare se deteve perto de um mostruário de travesseiros ergométricos. — Eu odiava esse filme.

Ele a olhou por cima do ombro:

— Como é que uma criança pode odiar esse filme?

Caminhavam mais adiante pela loja, passaram por um casal com gêmeos em um carrinho de bebê duplo, e Clare indagou:

— Você nunca se perguntou por que Vovô Joe não saiu daquela cama até que Willie chegasse em casa com o bilhete dourado?

— Não.

Pararam perto do mostruário de massageadores.

— Durante anos ele ficou lá, deitado, com os outros avós, enquanto a mãe de Charlie trabalhava para sustentar a todos — pegou um massageador do tamanho de uma caneta e devolveu-o ao lugar. — Aí Charlie conseguiu o bilhete e, do nada, vovô Joe fica curado como por mágica, começa a dançar pelo quarto e consegue ir para a fábrica de Wonka todo ativo e cheio de energia.

— Mais uma vez, você pensa demais nas coisas — disse Sebastian, escolhendo um massageador com uma ponta azul arredondada. — Como *a maioria* dos garotos, eu só pensava em todos aqueles doces — sorriu e mostrou o massageador. — O que isso te lembra?

— Sei lá — ela mentiu e tirou-o das mãos dele. Trocou por um com uma ponta triangular e grande, que não podia ser confundido com nada.

— Qual era o seu filme favorito? — perguntou ele, enquanto ligava o botão e esfregava o aparelho nas costas da jaqueta de poliéster cor-de-rosa dela.

— Ah, — Clare tremeu e sua voz vibrava um pouco enquanto respondia — Um monte. Quando eu era pequena, meu favorito era *Cinderela*. Naquela versão antiga para tevê, de 1957. Quando eu estava no ginásio, adorava *A garota de rosa shocking* e *Gatinhas e gatões*.

— *A garota de rosa shocking*? Não é um daqueles filmes com Molly Ringwald?

— Não me diga que você nunca assistiu.

— Lógico que não — pressionou o botão de desligar e apanhou um cinto massageador. — Sou homem. Homem não assiste a filme assim, a menos que tenha algo que nos atraia.

— Sexo.

Ele sorriu.

— No mínimo um rala-e-rola.

Clare riu e se voltou para uma cadeira de massagens. Sua risada morreu e o choque ergueu-lhe as sobrancelhas no instante em que se viu frente a frente com o passado.

— Oi, Clare.

— Lonny — estava tão bonito e bem vestido quanto se lembrava. A seu lado, uma loira da mesma altura dele.

— Como vai? — perguntou.

— Bem — e estava. Ao vê-lo de novo, não sentiu nada. Nem o coração acelerando, nem um ódio assassino.

— Esta é minha noiva, Beth. Beth, Clare.

Noiva? Rápido, hein? Clare voltou a atenção para a mulher:

— Prazer em conhecê-la, Beth — estendeu a mão à outra, que, sem dúvida, acreditava que Lonny amava-a como um homem poderia amar uma mulher. Só que ele não era capaz disso.

— Igualmente — os dedos mal encostaram nos de Clare antes de ela deixar a mão cair. Aquela mulher estava em uma negação tão profunda quanto ela esteve. Querendo tanto acreditar em algo e recusando-se a ver a realidade que a encarava. Imaginou que a coisa certa a fazer seria contar a Beth sobre a vida secreta do noivo. Contudo, abrir os olhos de uma pessoa iludida não era função dela.

Antes que Clare pudesse apresentar Sebastian, este avançou um passo e ofereceu a mão a Lonny:

— Meu nome é Sebastian Vaughan. Sou amigo de Clare.

Amigo de Clare. Ela olhou-o por cima do ombro direito, para a realidade que *a* encarava. Depois de tantos meses, ela não passava de uma amiga para ele. Seu peito implodiu bem ali na Brookstone, perto de todos aqueles massageadores de cabeça arredondada, para que todos vissem: Lonny, Beth e a mulher com os gêmeos. Nada diferente daquele dia em que encontrou Lonny no armário, literal e figuradamente. Pensou que tivesse mudado. Amadurecido. Aprendido. Ainda continuava iludida. Teve vontade de sair de lá rastejando e se encolher toda.

Em meio a uma névoa, conversou de forma superficial por vários minutos a mais antes que Lonny e Beth fossem embora. Ficou ao lado de Sebastian enquanto este comprava o cinto de massagens para Leo. Ele não viu que ela estava se despedaçando. Ao deixarem o shopping, passando por todas aquelas pessoas, ninguém parecia notar que ela morria por dentro.

Ao voltar para casa de carro, ele falou sobre sua viagem para praticar esqui e mencionou que estava pensando em levar Leo para pescarem salmão no Alasca. Foi só quando chegaram à garagem da mãe dela que Clare, enfim, olhou para o homem que não era capaz de amá-la mais do que Lonny.

— Qual é o problema? — perguntou Sebastian, parando diante da garagem. — Você ficou calada desde que encontramos seu ex-namorado. Por falar nisso, você fica muito melhor sem ele.

Clare olhou nos olhos de Sebastian. Dentro dos olhos de um homem que amava de todo coração. Os olhos de um homem que não a amava. Não queria chorar, não agora, mas podia sentir as lágrimas queimando dentro de seu peito:

— Nós somos amigos?

— Lógico.

— Só isso?

Sebastian desligou o carro:

— Não. Não é só isso. Eu gosto de você e a gente se dá muito, muito bem. O sexo entre a gente é ótimo.

Aquilo não era amor.

— Você gosta de mim?

Ele encolheu os ombros e colocou as chaves no bolso da jaqueta de poliéster preta.

— Claro que eu gosto de você.

— É isso?

Sebastian deve ter começado a perceber o rumo que aquele diálogo ia tomar. O cansaço entrou-lhe nos olhos verdes enquanto ele a fitava:

— Que mais você quer?

Que aquilo que ele perguntou só comprovava a horrível verdade:

— Nada que você possa me dar — respondeu e abriu a porta do carro. Fechou atrás de si e partiu pelo jardim rumo aos fundos da casa da mãe. Se pudesse ficar em paz, trancada consigo mesma, antes de se desmanchar em lágrimas. Chegou até o jardim inativo antes que Sebastian a agarrasse pelo braço.

— Qual é o seu problema? — ele perguntou, enquanto a girava para encará-lo. — Ficou toda nervosinha porque seu ex-namorado está comprometido?

— Não tem nada que ver com Lonny — uma brisa gelada sacudiu seu cabelo, e ela o ajeitou atrás da orelha. — Embora ver ele de novo tenha me obrigado a ver como as coisas são entre nós. Como sempre elas foram.

— Que diabos você está falando?

— Eu não quero ser sua amiga. Isso não é mais o bastante pra mim.

Sebastian recuou e largou o braço.

— Isso foi muito de repente pra mim.

— Eu quero mais.

Os olhos dele estreitaram-se:

— Não...

— Não o quê? É pra eu não querer mais?

— Não estrague tudo falando sobre relacionamentos e compromissos.

Não apenas seu coração estava arrasado, agora ele a estava deixando mesmo furiosa. Tão furiosa que Clare sentiu um impulso de fechar o punho e socá-lo.

— O que tem de errado em querer um relacionamento e um compromisso? É saudável. Natural. Normal.

Ele balançou a cabeça:

— Não. É bobagem. Uma bobagem sem sentido e sem objetivo. Mais cedo ou mais tarde alguém fica p. da vida e as brigas começam — esfregou o rosto dela com as mãos. — Clare, a gente se dá tão bem. Eu gosto de estar com você. Vamos deixar assim.

— Eu não consigo.

Os olhos dele ficaram ainda mais apertados:

— Por que não, porra?

— Porque você gosta de mim e eu amo você — a garganta doeu com a emoção reprimida. — Isso não é mais uma amizade. Não para mim, e você só *gostar* de mim não é mais o bastante. Houve uma época da minha vida em que eu ficaria quieta, esperando por mais. Mas não agora. Eu mereço um homem que me ame e queira ter um relacionamento. Um homem que me ame o suficiente para passar o resto da vida dele comigo. Não preciso dessas coisas para sobreviver, mas quero ter elas. Um marido e filhos e... — engoliu em seco — e um cachorro.

Ele começou a falar sem parar e cruzou os braços sobre o tórax.

— Por que as mulheres ficam forçando a barra e fazendo exigências? Vocês não podem desencanar dessa conversa de relacionamentos?

Deus do céu, era o que ela desconfiava. Cometera o mesmo erro das outras mulheres na vida de Sebastian. Apaixonara-se por ele:

— Eu tenho trinta e quatro anos. Meus dias de desencanada acabaram. Quero um homem que acorde de manhã querendo estar comigo. Não quero ficar com um cara que brota na minha vida só quando está a fim de uma transa.

— É mais do que só uma transa — apontou para ela enquanto uma brisa gelada brincava no zíper aberto de sua jaqueta. — E foi você quem disse que a gente era apenas amigos com vantagens. Agora você quer mudar tudo. Por que você não pode deixar as coisas em paz?

— Porque eu amo você, e isso muda tudo.

— Ah, ama... — zombou. — O que você espera de mim? Que eu mude o que eu sou e adapte a minha vida à sua porque você, de repente, acha que me ama?

— Não. Eu sei que você não pode mudar o que você é, e é por causa disso que você é a última pessoa que eu queria ter amado. Só que eu pensei que poderia lidar com esse negócio de apenas amigos. Eu achei que isso só ia me bastar, mas não. — sua voz saía tremida enquanto observava o rosto fechado e irritado do homem que amava. — Eu não posso mais ficar com você, Sebastian.

Ele estendeu a mão como se quisesse chegar até Clare, mas deixou-a cair de lado.

— Não faz isso, Clare. Se você for embora, eu não vou procurar você.

Sim, ela sabia disso, e a dor desse conhecimento era demais para ela:

— Eu amo você, mas ficar ao seu lado me faz sofrer demais. Não vou esperar que seus sentimentos mudem. Se você não me ama agora, não vai me amar nunca.

Ele deu uma risada amarga e sombria, sem um pingo de humor:

— Você agora consegue ver o futuro?

— Sebastian, você tem trinta e cinco anos e jamais teve um relacionamento sério. Não preciso de poderes premonitórios para saber que eu sou uma em uma fila imensa de mulheres na sua vida. Não preciso ter poderes premonitórios para saber que você nunca amou mesmo. Aquele tipo de amor que faz o coração bater mais forte, que tira o fôlego, aquela coisa maluca que se sente por alguém.

Sebastian franziu a testa e inclinou a cabeça para trás, olhando Clare:

— Você está começando a acreditar nos seus próprios livros. Você tem uma visão bem distorcida dos homens.

Os olhos dela se encheram de lágrimas de dor:

— Minha visão sobre você é bem nítida. Não posso mais ter um compromisso com um homem que não pode ter compromissos com onde vai estar amanhã, que dirá ficar comigo. Eu quero mais — Clare virou-se e afastou enquanto ainda conseguia andar.

— Boa sorte com isso — respondeu, pisoteando no coração já esmagado dela.

Dezenove

Sebastian entrou na casa dos fundos sentindo-se como se tivesse sido atingido por um tijolo que o pegara de surpresa. Que diabos tinha acontecido? Num instante estava tudo ótimo, daí Clare começou a falar sobre sentimentos e compromisso e amor. De onde tinha saído aquilo tudo? Num momento estava pensando em como tudo era genial entre eles, e no outro ela dizia que não queria vê-lo mais.

— Que porra é essa?

Seu pai se voltou de onde estava, olhando pela janela o quintal dos Wingate do lado de fora:

— Que foi?

Sebastian colocou o pacote da Brookstone no sofá:

— Comprei um massageador para as suas costas.

— Obrigado. Não precisava.

— Eu quis.

Leo se afastou da janela:

— Por que Clare está perturbada?

Sebastian olhou nos olhos do pai e encolheu os ombros:

— Eu não sei.

— Eu posso ser velho, mas gagá não sou. Eu sei que vocês têm se encontrado.

— Bom, acabou — mesmo dizendo isso, ainda não conseguia que seu cérebro aceitasse a situação.

— Ela é uma moça tão doce e adorável... Odeio vê-la perturbada.

— Mentira! Ela não é doce e adorável — explodiu. — Eu sou seu filho, e pra você parece que não importa que eu esteja "perturbado".

As sobrancelhas espessas de Leo abaixaram:

— Claro que importa. É que eu pensei que fosse você quem... tivesse terminado.

— Não.

— Ah.

Sebastian sentou-se no sofá e cobriu o rosto com as mãos, quando percebeu que tinha vontade de bater a cabeça na parede:

— Estava tudo ótimo, perfeito, e ela, como toda boa mulher, estragou tudo.

Lei apanhou o embrulho e sentou ao lado do filho:

— O que aconteceu?

Sebastian pousou as mãos sobre as coxas.

— Bem que eu queria saber. A gente estava indo bem. Daí ela viu um antigo namorado e logo depois veio me dizer que queria mais — inspirou fundo e expirou. Não acreditava em absolutamente nada do que tinha acontecido. — Ela disse que me ama.

— E o que foi que você respondeu?

— Não sei. Fiquei chocado de verdade. Isso me pegou desprevenido — voltou os olhos para o pai e percebeu que era apenas a segunda vez que conversavam sobre algo que não fosse pesca, carros e o tempo. A primeira desde que havia deixado o globo cair na casa da mãe. Franziu a testa. — Acho que eu disse que gostava dela. Era verdade. Gostava dela mais do que de qualquer mulher que se lembrava de ter como companhia.

— Ai — retraiu-se Leo.

— Qual o problema com isso? Eu gosto mesmo dela — gostava de tudo em Clare. Gostava de colocar a mão um pouco acima de sua cintura quando entravam em algum lugar. Gostava do cheiro do pescoço e da risada dela. Gostava até de que todos achassem que ela era uma menina doce e só ele conhecia seus pensamentos perversos. E o que ganhou por gostar dela? Um chute no tórax.

— Uma pena que sua mãe e eu não fomos exemplos muito bons de amor, casamento e relacionamentos.

— Verdade — entretanto, por mais que gostasse de jogar a culpa de sua vida em seus pais, Sebastian tinha quase trinta e seis anos e havia um certo quê patético em um homem daquela idade ficar culpando o pai e a mãe por seus problemas de compromisso. *Problemas de compromisso*? As mulheres de seu passado diziam-lhe que tinha problemas de compromisso, mas ele nunca pensou que fosse verdade. Jamais imaginara ter problemas em assumir compromissos com nada. Precisava muita dedicação e compromisso para ir atrás de histórias e publicá-las. Mas, logicamente, não era a mesma coisa. Mulheres eram muitíssimo mais complicadas de entender. — Eu achei que a fazia feliz — disse, sentindo um peso no peito. — Por que ela não podia deixar como estava? Por que as mulheres têm de mudar as coisas?

— Porque elas são mulheres. É isso o que elas fazem — Leo encolheu os ombros. — Eu já tenho idade e nunca as entendi.

A campainha tocou, e o joelho de Leo fez um estalo quando ele se ergueu.

— Volto já — disse ele — cruzou a sala de estar e abriu a porta da frente. A voz de Joyce encheu toda a casa dos fundos.

— Clarita chamou um táxi e correu para a porta da frente. Aconteceu alguma coisa que eu deva saber?

Leo balançou a cabeça:

— Nada que eu saiba.

— Aconteceu alguma coisa entre Clare e Sebastian?

Sebastian quase esperava que o pai revelasse os detalhes sórdidos e que, mais uma vez, seria banido da Joycelândia.

— Talvez eu não saiba — afirmou Leo. — Mas se eu soubesse, os dois já são adultos e podem lidar com qualquer coisa.

— Eu não permito que Sebastian a perturbe.

— Clare lhe contou que Sebastian a perturbou?

— Não, mas Clare nunca me conta nada da vida dela.

— Eu também não tenho nada para dizer.

Joyce suspirou:

— Bom, se você souber, me avise.

— Pode deixar.

Sebastian ficou parado diante do pai que entrava novamente na sala. Estava agitado, como se fosse se partir em pedaços. Tinha de sair dali. Tinha de se afastar de Clare:

— Vou pra casa.

A surpresa fez Leo parar o que estava fazendo:

— Agora?

— É!

— É meio tarde para ir para Seattle. Por que você não espera até amanhã de manhã?

Sebastian balançou a cabeça:

— Se eu ficar cansado, eu paro — entretanto, ele duvidava sinceramente que fosse se cansar. Estava bastante furioso. Havia tirado do carro uma sacola de viagem, e agora caminhava para o quarto e a apanhara. Em vinte minutos pegaria a Rodovia Interestadual I-84.

Dirigiu sem parar o caminho todo. Seis horas e meia de nada além de asfalto e raiva. Ela disse que o amava. Bom, aquilo era novidade para ele. Da última vez que tinha verificado, ela queria ser amiga. Mais especificamente em janeiro, disse-lhe que, se quisesse sair com outras mulheres, era só avisar. Parecia que estava bem sossegada quanto a isso. O engraçado é que essa idéia nem havia lhe passado pela cabeça. Nem uma vez. E agora, do nada, ela queria mais.

Ela o *amava*. Amor. O amor vem com amarras. Nunca é dado sem pedir em troca. Sempre havia coisas atadas ao amor. Compromisso. Expectativas. Mudanças.

Durante cerca de seis horas e meia seu pensamento ficou remoendo e voltando, por todos os lados, em sua cabeça. Em sua mente, os pensamentos davam piruetas e caíam, e no instante em que entrou em seu condomínio, achava-se exausto. Caiu na cama e dormiu durante doze horas. Ao acordar, não estava mais cansado, mas ainda estava furioso.

Enfiou-se em um par de calças de moletom e malhou em uma máquina de pesos em seu quarto reserva. Descarregou parte da raiva, mas não havia exercício que pudesse tirar Clare de sua cabeça. Depois de tomar um banho, entrou no escritório e transformou seu computador em uma tentativa de preencher a mente com trabalho. Em vez disso, lembrou-se da ocasião em que ela entrava naquele aposento com a camisola azul.

Após uma hora de digitação inútil, Sebastian ligou para alguns amigos e encontrou-se com eles em um bar não muito longe do condomínio. Tomaram cerveja, jogaram sinuca e conversaram sobre beisebol. Embora muitas mulheres no bar flertassem com ele, Sebastian não estava interessado. Achava-se furioso com as mulheres em geral e, por causa de seus princípios, com as inteligentes e bonitas.

Mostrou-se uma péssima companhia, teve péssimos momentos e se comportou como um escroto completo. Sua vida estava uma merda, tudo por culpa de uma certa escritora que acreditava em amor, heróis e em felizes para sempre.

Na semana seguinte, Sebastian saiu muito pouco. Limitava-se a ir ao mercado comprar pão, carne para sanduíche e cerveja. Quando o pai telefonava, conversavam sobre tudo, menos sobre Clare. Graças a um acordo implícito, evitaram falar a respeito dela. Aquilo, porém, não significava que não pensasse nela sempre que acordava.

Nove dias depois de ter saltado para dentro de seu utilitário e guiado — louco e enfurecido — de Boise a Seattle, parou em sua sala de estar, olhando os navios e balsas na baía de Elliott. Não gostava de mudanças pessoais. Principalmente quando não via de onde chegavam e não tinha como reagir a elas. As mudanças o paralisavam. Significavam começar de novo.

Pensou em Clare e na noite em que a encontrou no balcão daquele bar em uma saia balonê cor-de-rosa. A noite em que a pusera para dormir e na manhã em que sua vida mudara. Na hora, não soube. Entretanto, a escritora tinha entrado em sua vida e a modificado para sempre.

Gostasse ou não, quisesse ou não, sua vida havia mudado. *Ele* havia mudado. Sentia aquilo como um vazio no peito e em toda a fome no estômago, que nada tinha a ver com apetite. Sentia no modo como observava a cidade que adorava, embora quisesse estar em outro lugar.

Amava Seattle. Tirando os primeiros anos de sua vida, sempre vivera em Washington. Sua mãe havia sido enterrada aqui. Adorava a água, o drama e o pulsar da cidade. Adorava assistir a um jogo do Mariners ou do Seahawks[53] se estivesse a fim, e adorava a paisagem do Monte Rainier da janela de seu apartamento. Tinha trabalhado como um filho da mãe para conseguir aquela vista.

Tinha amigos em Washington. Bons amigos que fizera ao longo de uma vida. Era lá que morava, mas não se sentia mais em casa. Seu lugar era a seiscentos e quarenta quilômetros dali, com a mulher que o amava. A mulher com quem gostava de passar todo o tempo livre, a pessoa com quem mais gostava de conversar.

Sebastian baixou os olhos para a rua abaixo. O que sentia por Clare era mais do que "gostar". Não havia por que lutar contra aquilo. Era inútil, e ele admitia a verdade de algo quando esse atingia-lhe a consciência um número suficiente de vezes. Adorava o modo como ela ria e a cor com que pintava as unhas os pés. Não adorava aquelas fitinhas de menininha que ela colocava por toda a casa, mas adorava o jeitinho feminino dela. Ele a amava, e ela o amava. Pela primeira vez em sua vida, não sentia que o amor de uma mulher fosse algo de que ele precisava fugir.

Virou-se e comprimiu as costas contra a janela. Ele a amava. Ele a amava e a havia magoado. Lembrava-se da expressão no rosto dela quando lhe dera as costas e não achava que bastava apanhar o telefone e dizer: "Ei, Clare, andei pensando, e amo você".

[53] N.T.: Respectivamente, times de baseball e de futebol americano.

Em vez disso, pegou o aparelho e ligou para o pai. Não que Leo fosse especialista em mulheres e amor, mas talvez soubesse o que fazer.

Clare vasculhava o sótão da mãe atrás de uma abóbada de cama. Havia corrido a cidade inteira em busca de um que gostasse, sem encontrar. Deveria haver algo adequado nas pilhas de roupas de cama de linho no sótão dos Wingate.

Um dia depois de ter dito a Sebastian que não podia mais vê-lo, tirou as fitinhas de sua cama Battenberg. Odiava-as, pois faziam com que se lembrasse dele. Não conseguia olhar aquilo sempre que ia para a cama.

Já fazia três semanas desde o dia em que encontrara Lonny por acaso no shopping e percebera que, mais uma vez estava amando um homem incapaz de retribuir esse amor. E, daquela vez, nem poderia afirmar que havia sido enganada. Sebastian jamais a amara, e ela soube disso conforme foram se envolvendo. Só não sabia que ia acabar se apaixonando.

Depois do vexame no quintal de sua mãe, tinha ido para casa e se arrastado até a cama. Passou três dias à base de doses excessivas de filmes de John Hughes[54] e da produtora Merchant Ivory[55] até que as amigas resolveram intervir.

A boa notícia é que Clare não foi atrás de uma garrafa nem de um corpo quente para se sentir melhor. Nem ao menos teve vontade. A má notícia é que não achava que ia superar a decepção de amar Sebastian Vaughan. O

---

[54] N.T.: Diretor do já mencionado *Gatinhas e Gatões* e vários outros filmes de adolescentes dos anos 1980.

[55] N.T.: Produtora de cinema responsável pelos romances de época *Vestígios do dia* e *Uma janela para o amor*, entre outros.

sentimento era profundo. Estava muito emaranhado em volta de seu coração.

Abriu um armário antigo e procurou os lençóis de linho de seus ancestrais. Todos eram cheios de fitas e femininos demais. Após uma hora de buscas em que não encontrou nada, abandonou o local e desceu pela velha escada curva. Uma voz vinda da cozinha a deteve nos últimos degraus:

— Onde está Clare?

— Sebastian? Quando você chegou? — perguntava Joyce.

— O carro dela está lá fora. *Onde ela está?*

— Nossa Senhora! No sótão, procurando uma fita.

Passos pesados sacudiram as telhas e o chão de madeira maciça e a mão de Clare tremeu. Disseram-lhe que ele não vinha. Assim que ela se voltou, Sebastian caminhou pela entrada e ela apertou as mãos no corrimão. Novamente aquela sensação de que peito ia explodir, tão forte quanto a de morrer por dentro, naquele dia na Brookstone.

Sebastian cruzou a sala de espera como se perseguido pelo demônio e, antes que pudesse pensar em se mexer, estava diante dela, o olhar verde intenso fitando-lhe o rosto. Estava muito próximo, o cardigan preto aberto tocando a parte da frente da camisa azul.

— Clare — disse. Uma palavra que soava muito como um carinho. Então ele baixou a boca e beijou-a.

Por muitos segundos de pasmo ela deixou que a beijasse. Permitiu que sua alma se lembrasse. Que a lembrança se derramasse por ela e aquecesse a solidão que apenas ele poderia tocar. O coração de Clare parecia chorar e sorrir ao mesmo tempo. Antes, porém, que Sebastian pudesse tirar-lhe qualquer coisa a mais, ela ergueu as mãos e o empurrou.

— Você está ótima para mim — sussurrou, enquanto o olhar corria-lhe pelo rosto. — Pela primeira vez em semanas eu me sinto vivo.

E a estava matando. Tudo aquilo outra vez. Clare evitou fitá-lo antes que seu amor por ele a arrebatasse e ela começasse a chorar:

— O que você está fazendo? — indagou.

— Da última vez que a vi, disse que, se você fosse embora, eu não iria atrás de você. Mas aqui estou eu — com seus dedos quentes, trouxe o olhar dela de volta ao dele. — Daqui a dois meses eu completo trinta e seis anos, e pela primeira vez na vida estou amando. E como você é a mulher que eu amo, achei que você deveria saber.

Tudo dentro dela parou:

— O quê?

— Eu amo você.

Clare balançou a cabeça. Ele devia estar querendo instigá-la.

— É verdade. Amor daquele tipo que faz o coração bater mais forte, que tira o fôlego e nos deixa malucos por uma única mulher.

Ela não confiava nele:

— Talvez você só pense que me ama e vai superar isso.

Era a vez dele de balançar a cabeça:

— Passei a vida esperando sentir algo maior e mais forte do que eu mesmo. Algo que eu não pudesse lutar ou fugir ou controlar. Esperei minha vida toda... — a voz saiu tremida, e ele parou para respirar. — Esperei minha vida inteira por você, Clare. Eu amo você, e não me diga que eu não a amo.

Clare respondeu piscando. Seus olhos, de súbito, começaram a arder. Era a coisa mais linda que alguém já lhe havia dito. Melhor do que ela mesma poderia criar.

— É melhor que você não esteja tentando me enganar.

— Sem truques. Eu amo você, Clare. Eu amo você e quero passar minha vida com você. Até assisti à *A garota de rosa-shocking*.

— Sério?

— Sério. Odiei cada minuto —, mas eu amo você, e, se isso a faz feliz, vou assistir a dez filmes água-com-açúcar com você.

— Você não precisa assistir a dez filmes água-com-açúcar comigo.

— Graças a Deus — ergueu a outra mão e acariciou o cabelo atrás da orelha dela. — Eu trouxe uma coisa, só que está lá fora, no carro. Acho que Joyce não vai deixar entrar com ele.

— Como é?

— Você disse que queria um marido, filhos e um cachorro. Eu trouxe um Yorkshire Terrier que enjoou bastante até chegar aqui e estou louco de vontade de tratar do assunto dos filhos.

Novamente ele olhara dentro de seu coração solitário e lhe dera o que queria. Além de um cachorro.

— Eu não tenho nada para lhe dar.

— Eu só quero você. Pela primeira vez em muito tempo, eu sinto que estou exatamente onde deveria estar.

As lágrimas que ela nem ao menos tentava esconder derramaram-se por seus cílios. Ergueu-se nas pontas dos pés e envolveu o pescoço dele com os braços:

— Eu amo você.

— Não chore. Odeio choro.

— Eu sei. E fazer compras. E pedir informações sobre trajetos.

Passou os braços ao redor dela e apertou-a com força:

— Vendi meu apartamento e não tenho onde morar. Por isso demorei tanto para vir para cá assim que decidi onde precisava estar.

— Você não tem casa?

— Não. Minha casa é com você — beijou-lhe a têmpora. — Nunca entendi quando minha mãe costumava dizer como um lugar dava uma sensação tão diferente de outros. Agora, sei. Meu lar é com você, e não quero ir embora.

— Tudo bem.

— Clare — Sebastian sacou algo do bolso e estendeu um anel. Um diamante de quatro quilates, cortado em brilhante.

— Meu Deus! — engasgou, olhando para o anel e para o rosto dele.

— Case comigo. Por favor.

A emoção travou-lhe a garganta, e ela acenou com a cabeça. Embora fosse uma escritora de romances, não conseguia pensar em nada romântico a dizer, além de:

— Eu te amo.

— Isso foi um "sim"?

— Sim!

Sebastian soltou as emoções reprimidas, como se existisse ainda uma dúvida:

— Mais uma coisa — disse, colocando o anel no dedo dela — Eu tenho um motivo futuro para ter comprado o cachorro.

O anel era a coisa mais linda que Clare tinha visto. Olhou o rosto de Sebastian e corrigiu: a segunda coisa mais linda:

— Lógico que você tem — enxugou abaixo dos olhos — O que é?

— Troco o cachorro fresco e afeminado — disse, os cantos da boca erguendo-se com humor — por tirar as fitas frescas e afeminadas em cima da cama.

Como ela já havia se livrado dos enfeites, era um compromisso fácil:

— Tudo por você.

Ergueu-se na ponta dos pés e beijou Sebastian Vaughan. Ele era seu amante, amigo e herói romântico, comprovando que, às vezes, o pior pesadelo de uma garota se transformava em seu "felizes para sempre".

Epílogo

Clare enchia uma xícara de chá e olhava pela porta com tela traseira, que dava para seu quintal. Sebastian estava no meio do jardim trajando apenas um par de calças cargo bege. O sol da manhã batia-lhe no peito e no rosto com um brilho dourado enquanto apontava para o outro lado do quintal.

— Vai fazer seu serviço — dizia ao Yorkshire terrier sentado sobre seu pé descalço. O cão — chamado Westley em homenagem ao herói do filme *A princesa prometida* — parou e caminhou com suas painhas curtas para cair, de súbito, sobre o outro pé.

Westley adorava Sebastian. Seguia-o por todo lugar e o venerava. Por conta dessa devoção, era chamado menos de Westley e mais de Westgay. Mas quando Sebastian achava que não havia ninguém por perto, ele coçava a barriguinha do cachorro e chamava-o de "garanhãozinho".

Sebastian mudara-se para a casa de Clare fazia dois meses, e em uma semana a mobília antiga tinha saído. Para Clare, tudo bem. O sofá e as cadeiras dele eram mais confortáveis do que as dela, e ela não tinha um apego tão grande pelo descanso de pés do tataravô. O pedestal com o querubim, no entanto, permaneceu.

— Vamos logo — dizia Sebastian, olhando para Westley, — A gente não pode voltar pra dentro até você terminar.

Em maio, colocaram uma placa de "Vende-se" na frente da casa, e esperavam vendê-la antes de se casar, em setembro. Encontrar uma casa nova estava se mostrando mais difícil do que planejar a cerimônia. Unir ambos os gostos não era fácil, mas eles se empenharam em assumir o compromisso e trabalhavam naquilo.

Lucy, Maddie e Adele estavam felizes por Clare e animadas por serem escolhidas como suas madrinhas, embora Adele e Maddie a fizessem prometer que, daquela vez, não haveria tule.

Sebastian deu vários passos pelo quintal, e Westley o seguia de perto. Apontou para o chão.

— Aqui é um bom lugar — Westley observou, latiu como que concordando e sentou-se no pé de Sebastian.

Clare sorriu e ergueu a caneca de café até os lábios. Um dia antes, tinha se encontrado para almoçar com as amigas. Lucy ainda pensava em começar uma família. Dwayne continuava deixando pertences aleatórios na varanda de Adele, e Maddie ainda planejava passar o verão em seu chalé em Truly. Entretanto, tão logo saíram do restaurante, Maddie lhe dera uma dica de algo provavelmente incomum. Bom, incomum tratando-se dela:

— Fuçar o passado sórdido dos outros é muito mais fácil do que fuçar o próprio.

Havia coisas na vida de Maddie. Segredos obscuros que ela nunca partilhou. Se, e quando o fizesse, suas amigas estariam lá para ouvir.

Clare abriu a porta com tela e caminhou sob a luz do sol:

— Estou vendo que você acabou de obrigar esse cão a entrar em forma — disse.

Sebastian colocou as mãos na cintura dela e olhou-a:

— Seu vira-lata não vale nada.

Ela inclinou-se e apanhou o cão:

— Vale, sim. Ele é ótimo para latir pro carteiro.

Ele apanhou o caneco dela e pousou-lhe um braço ao redor dos ombros:

— E para gatos que não existem — tomou um gole de café e disse — Papai e eu vamos pescar esse sábado. Quer ir?

— Não, obrigada.

Havia pescado com ambos uma vez, e já fora o bastante. Minhocas e tripas de peixe eram algo que nunca deveriam entrar na questão de compromissos nem ser discutido a dois.

Uma das maiores surpresas com relação a Sebastian, além de suas tentativas de ser romântico, era seu relacionamento com a mãe dela. Não agüentava a personalidade gélida e tirânica de Joyce, nem qualquer de suas idiotices, e ambos se davam maravilhosamente bem. Melhor do que Clare poderia ter imaginado.

— Assim que o cachorro terminar seu serviço, vamos tomar um chuveiro — Sebastian devolveu o café e acrescentou. — Estou a fim de ensaboar você — colocou Wesley no chão e ergue-se. — *Eu estou* me sentindo meio sujo.

Ela beijou o ombro nu dele e sorriu. Ele estava sempre a fim, o que funcionava muito bem, porque ela sempre estava a fim de qualquer coisa com ele.